현직 기자 40년! [류재복 칼럼집]

4.4(死.死)에 패사(敗死)한
윤석열, 그가 갈 곳은? 外 74편

저   자 | 류재복
편   집 | 김수철
교   정 | 백정미
마 케 팅 | 박태웅

신고번호 | 제25100-2023-000110호

초판 1쇄 발행 | 2025년 5월 15일
발 행 처 | 정경시사FOCUS

우편번호 | 08381
주   소 | 서울시 구로구 디지털로271, 605호 (구로동, 벽산디지털밸리III)
전   화 | 02-783-1214
팩   스 | 02-786-1215
E-mail | rky5203@naver.com

ISBN 979-11-985659-2-1
값 : 20,000원

4.4(死.死)에 패사(敗死)한
윤석열,
그가 갈 곳은? 外 74편

저자 류 재 복

정경시사FOCUS

국민과 위대한 민주주의가 승리한 4.4 헌법재판소 판결을 보고

류 재 복

2025년 4월 4일 오전 11시, 문형배 헌법재판소장 권한대행은 입술을 파르르 떨면서 긴장의 목소리로 "주문, 피청구인 대통령 윤석열을 파면한다"고 선고를 하자 대한민국 곳곳이 우렁찬 박수와 환호소리로 가득했다. 이 얼마나 기다렸던 헌법재판소의 선고였던가? 2024년 12월 14일 탄핵심판 사건을 접수한 이래 111일 만에 나온 결정이었다. 선고가 길어지자 국민들은 온갖 억측을 가지면서 사실 불안해 했다. 이로서 대한민국은 괴물 윤석열에게 사망 선고를 내리고 진정한 민주주의 승리로 2025년 새 봄을 맞게 되었다.

사실 윤석열은 대통령이 되지 말아야 했다. 그러나 문재인의 잘못된 등용으로 검찰총장 자리에 오른 윤석열은 그때부터 국민들에게 횡포를 부리기 시작하고 대통령이 된 후에는 자기를 키워준 문재인 전 대통령에 대하여도 칼을 들이대는 배은망덕을 자행한 파렴치한 인간이었다. 때문에 헌법수호의 보루인 헌법재판소는 사필귀정으로 "피청구인 윤석열은 군경을 동원해 국회 등 헌법기관을 훼손하고 국민의 기본적 인권을 침해, 헌법 수호의 의무를 저버렸고 국민의 신임을 배반했기에 헌법수호의 관점에서 용납될 수 없는 중대한 법 위반행위를 자행했고 또한 헌법과 법률을 위반해 계엄을 선포함으로써 국민을 충격에 빠트리고, 사회·경제·정치·외교전 분야에 혼란을 야기했다"며 그에게 철퇴를 가했다.

　폭군 윤석열이 4.4(死.死)로 쓰러진 4.4 그 날! 저자는 '승리의 날 범시민 대행진' 대열에 함께 있었다. 지난해 12월 3일부터 극우의 폭력에 맞서온 이들을 보면서 저자는 이들을 대하여 참으로 고유하고, 자유롭고, 천진함을 느꼈다. 살기등등한 저들의 혐오에 맞서 다양한 깃발의 물결로 광장에 자유를 넘실케 했던 자유와 민주를 사랑했던 이들! 이들은 민생파탄도 아랑곳 않고 전쟁을 불사하려는 내란당 국민의힘에 맞서 결국은 8대0 이라는 만장일치의 위대한 민주주의 승리와 함께 헌법수호로 파면을 이끌어 낸 승리의 축제를 즐기고 있었다.

　이날 윤석열 탄핵심판 국회 탄핵소추위원장이었던 정청래 민주당 의원도 이들 대열과 함께 했는데 그는 "윤석열이 전직 대통령이 된 시각 저도 전직 소추위원장이 됐다"며 "헌법의 적을 헌법으로,

민주주의의 적을 민주주의로 물리쳐준 국민들과 헌법재판소에 깊이 감사 드린다"면서 "피로 쓴 역사와 헌법을 그 누구도 파괴할 수 없는 것이 민심이자 헌법 정신이다. 이것을 증명해준 대한민국 국민들이 자랑스럽다"며 "이제 윤석열은 감옥 속으로, 내란 정당인 국민의힘은 역사 속으로 퇴장시켜야 된다"고 외쳤다.

이 자리에서 정 의원의 외침을 듣는 저자 역시 "내란의 반역자를 용서할 수 없다. 내란 정당은 차기 대통령 선거에 참여하지 말라"는 생각을 하면서 "프랑스 공화국은 관용으로 건설되지 않는다. 오늘의 죄를 벌하지 않는다면 내일의 범죄에 용기를 주는 것"이라는 프랑스 정치가 로베스 피에르의 말이 떠 올랐다. 그러면서 순간적으로 "윤석열이 파면되지 않고 대통령직에 복귀했다면 그는 광화문에 나왔던 시민들에게 다시 총칼을 겨누고 저자와 함께 윤석열 탄핵을 외친 주변의 지인들이 너무 많이 다쳤을 것이라는 불안감도 가져보았다.

그러나 헌법재판관들이 "경고성 호소용 계엄이라는 피청구인 윤석열의 주장을 받아들일 수 없고 2시간 만에 계엄 해제가 의결될 수 있었던 건 12. 3 그날 시민들이 맞섰고 군경이 소극적으로 행동한 '덕분'"이라는 말을 다시금 상기시킬 때 저자는 가슴이 뜨거웠다. 지난 123일 동안 싸우며 그날을 막아냈던 민초들의 승리가 대한민국의 건재를 알리는 역사적인 판결문이었다.

저자의 네 번째 저서가 되는 이 책 <현직기자 40년! 류재복 칼럼집> [4.4(死.死)에 패사(敗死)한 윤석열, 그가 갈 곳은?]은 대통령이 되지 말았어야 할 無法主義者 惡漢 윤석열이 2021년 검찰총장에서 물러나 대통령이 되고 2025년 4.4에 파면을 당하면서 그 어간에 그가 취했던 비정상적인 행동들을 지켜보면서 저자가 틈틈이 쓴 글들을 정리하여 펴 낸 것이다.

그러나 저자가 이 책을 낸 이유 중 가장 중요한 것은 윤석열이 대통령 취임후 북한과 중국을 멀리하고 오직 일본과 미국만을 상대하면서 외교를 모르는 정치를 해 왔기에 이 책을 쓰게 되었고 더 큰 이유는 역대 정부가 지원해준 남북이산가족협회 지원금을 저자가 5대 회장으로 취임 후(저자는 2022년 3월 2일 당선, 윤석열은 3월 9일 당선) 일거에 끊어버린 배신감 때문이었음을 확실하게 알리며 필을 놓는다.

끝으로 이 책이 나오기까지 협조를 해주신 노영화–최화섭 고문, 이우진 편집국장, 백정미 기자와 남북이산가족협회 박태웅 사무총장, 그리고 전임 송낙환 회장님에게 감사를 드린다.

2025년 4월 구로동에서 저자

목　차

추 천 사

국가와 국민을 배신한 대통령에 대해
특수임무국가유공자가 쓴 분노의 글

이 해 학 이사장
<사단법인 한겨레살림공동체>

이 글을 쓴 류재복 대기자는 우리 시대의 흔치 않은 기인이다. 그는 1998년에 김대중 대통령의 <김일성의 시신을 확인하라>는 특명을 받고 공식적 여권도 없이 북한에 들어가 목숨 건 도박으로 특수임무를 수행한 국가유공자다. 그는 이 숨 막히는 인생 역정을 <특명>이라는 책에 묶어냈다. 그의 생애는 우리 민족의 분단역사에서 고난의 원죄를 앓고 있는 우리의 근현대사를 압축한 인생 서사이다. 그는 오늘도 남북이산가족협회 회장으로서 남북의 화해와 협력을 위해 쉬지 않는 노력을 기울여 온 실천하는 행동가다. 나는 그가 중국동포를 비롯한 이주민을 섬기는 모습에 감동을 받았다 ·

<4.4(死死)에 패사(敗死)한 윤석열, 그가 갈 곳은?>이란 칼럼집은 애국자 류재복 대기자가 국내 정치상황이 반통일적으로 전락하더니 급기야 전쟁 위기까지 선을 넘는 모습에 분노의 글을 써서 펴낸 책이다. 2024년 12월 3일의 비상계엄 선포는 윤 전 대통령의 큰

잘못으로 탄핵당해 마땅했다. 민주공화국에서 이러한 내란죄를 진 죄인들이 가는 곳은 교도소뿐이고 그들이 총칼로 민주주의를 마음대로 주무를 수 있다는 그 생각과 그 어설픈 시도는 정말로 용납할 수 없는 일이다.

역시 국민이 승리하였다. 그리고 아슬아슬하게 헌법의 법치주의를 유지하고 있는 것이다. 순발력 있게 위기에 대처하는 능력이 몸에 밴 국회의원들도 있었지만, 물밀 듯이 국회로 몰려와 민주주의를 지키려는 용기 있는 시민들이 있었기에 우리가 희망이 있음을 확인하였다. 농민들이 트랙터를 타고 달려와 남태령을 점령하는 모습, 키세스를 감고 엄동설한을 지키는 모습은 민주주의 열정이 새로운 도약의 불꽃으로 타오르며 전 국민을 충동시켰다. 또한 우리의 분노를 축제로 승화시키는 모습은 전 세계인을 감동시켰다.

저자는 4월 4일 윤석열 전 대통령이 헌법재판소로 부터 탄핵되고 파면이 되자 즉각 윤 전 대통령의 비행을 알리는 칼럼집을 발행함에는 감탄을 금할 수가 없다. 그것은 이미 그만큼 사전에 준비를 해 온 저자의 노력에 박수를 보낸다. 저자는 이미 윤 전 대통령에 대한 비정상적인 집무와 정치를 비판적 시각으로 정리해 온 듯 하다.

이는 저자가 그동안 예언자의 입장에서 윤 전 대통령을 지켜보았다는 증거로서 현재의 대한민국 시국을 관찰한 대기자로서의 시각이 매우 날카로왔다고 생각이 든다. 사실 윤 전 대통령의 비상계엄

선포가 6시간 만에 막을 내렸기에 망정이지 만약 계엄이 성공되었다면 우리 대한민국은 지금 어떻게 되었겠는가? 3천개의 시체를 담는 백을 구비하고도 1만개를 주문했다는데 생각만 해도 아찔한 소름이 돋는다 ·

　비상계엄이 선포된건 1979년 10·26 사태 이후 45년만의 일이다. 45년전과 지금의 상황은 확실히 다른데도 윤 전 대통령은 파면이 되고도 현재까지 국민들에게 사과는 커녕 반성도 없다. 오히려 "국가의 본질적 기능을 마비시키고 자유민주주의 헌정 질서를 붕괴시키려는 반국가 세력에 맞서 구국의 의지로 비상계엄을 선포했다"라는 자신만의 독단적인 생각에 갇혀 있다. 이런 것을 성경에서는 <화인 맞은 양심>이라 부른다. 저자는 이러한 잘못을 규탄하는 시국에 대한 투시력과 예견으로 이 칼럼집을 출간함에 그 뜻이 충분히 담겨져 있다고 본다. 독자들이 저자의 칼럼집을 우리 시대의 아픈 증언집으로 읽기를 바란다.

2025년 4월 23일

추 천 사

한반도평화 및 이산가족 재회 방해와
대한민국 역대 비민주적 정치 체제를 비판

이 장 희 한국외대 명예교수
<서울 자주통일평화연대 상임대표>
<내란종식 서울비상행동 상임대표>

저자 류재복 (사)남북이산가족협회 회장은 (사)남북경협운동본
부 임원으로 활동을 하면서 지난 30여년간 한반도 평화와 통일 및
역사 정의를 위해 시민운동가로서 온 몸과 펜으로 한반도와 중국
및 유라시아에서 민족 역사의 혼이 배어든 모든 현장을 누빈 언론
인이다.

그중에서도 그의 지속적 주 관심은 전쟁 없는 한반도와 남북의
이산가족 재회(인도주의)가 그를 움직이는 큰 에너지였다. 그렇기
에 그것을 방해하는 어떤 세력에 그는 온 몸과 펜으로 용기 있게 맞
서 싸워왔고 그 과정에서 그는 응축된 기록들을 정경시사FOCUS
에 칼럼으로 선보였다.

그 칼럼 중에서 75편을 엄선하여 한권의 책("4.4(死死)에 패사
(敗死)한 운석열, 그가 갈 곳은?")을 칼럼집으로 묶어 출간을 했다.

이에 진심으로 책 출간을 축하한다. 특히 저자인 류재복 대기자는 윤석열 정부를 대하면서 한반도 평화 및 남북 이산가족 재회의 방해꾼과 국내외 냉전세력과 대한민국의 역대 자주성 없는 비민주적 정치체제라고 보아왔다.

때문에 그는 2021년부터 괴물 윤석열의 출현을 보면서 그의 예리한 관찰대로 윤석열이 검찰총장에 발탁되고 그후 물러나고 국민의힘에 입당하여 대통령이 되고 12,3 비상계엄을 선포, 2024년 12월 14일 국회로부터 탄핵소추를 당해 2025년 4월 4일 헌재로부터 파면이 되기까지 한반도 평화 파괴, 비민주적 국정 운영, 건국절 논란, 한일 역사정의 퇴행으로 일관해온 윤석열을 지켜보았다.

이에 저자는 윤석열의 검찰 독재공화국 태생에서 탄핵 결의-파면까지 상세한 그의 이념과 편향성의 외교정책, 남북 정상합의 일방적 파괴, 친일외교 및 비민주적 국정 운영 작태들을 75편의 칼럼에서 예리하게 지적하고 비판을 했다. 저자인 류재복 대기자가 펴낸 이 저서는 전광훈 극우 광신도와 극우 UTV 운영자에 둘러 싸인 윤석열 정부의 대내외적 국정 운영이 대한민국의 법치 민주주의와 나라의 장래를 어떻게 힘들게 만들었는가를 극명하게 보여주고 있다. 이 저서는 역사와 철학이 없는 지도자가 대한민국이라는 열차의 운전자가 되는 경우, 개인, 한국사회, 대한민국에 얼마나 큰 위험한 결과를 초래하는지를 잘 보여주고 있다.

특히 저자는 "2025년 4월 4일, 8:0 전원일치로 윤석열에 파면 결정을 내린 헌법재판소의 평의에서 미래 한국의 희망을 보았다"고 평했다. 일상의 정상화 및 비합법의 합법화에 기초한 법치 민주주의, 한반도 평화정책 그리고 자주 외교가 대한민국에 바로 뿌리를 내리는데 있어 이 '칼럼집'은 많은 대한민국 주권자에게 큰 울림을 줄 것으로 확신하고 반드시 일독을 권하고 싶다.

2025년 4월 20일

추 천 사

40년간 외 길을 걸어 온 정론 직필로
대한민국 정치사 단면을 기록한 歷史書

박 수 현 국회의원
<더불어민주당>

 국회의원 박수현입니다. 윤석열 전 대통령이 2021년 검찰총장에서 물러나 대통령이 된 후 2025년 4월 4일 오전 11시 22분, 헌법재판소로부터 파면을 당하기까지 한국 정치사에서 윤 전 대통령이 취했던 비정상적인 행동을 지켜보면서 틈틈이 쓴 글들을 정리, 파면이 되자 즉시 관련 칼럼집을 발행한 저자에게 수고와 축하를 드립니다.

 저는 저자와는 2019년 3월, 국회 사무총장으로 있을 때 첫 만남을 가진 후 계속 저자가 카톡으로 보내오는 칼럼을 읽고 있지만 저자와 첫 만남 때 저는 저자가 김대중 정부 때 특명을 받아 대북관련 중요 임무를 수행하여 그 공로가 한국일보에 크게 보도가 된 것을 보았으며 그때 보도가 된 신문을 지금도 저는 간직하고 있습니다.

 저자는 특히 중국 전문기자로서 40여년간 외길을 걸어 온 언론인으로 강직하면서도 정론직필의 글만을 써 왔는데 그런 성격과 강인한 신념이 있기에 이번에 "4.4(死死)에 패사(敗死)한 윤석열, 그가 갈 곳은?"이란 국내 유일의 귀중한 칼럼집을 발행하였다고 봅니다. 저는 그동안 저자가 보내오는 시사성 칼럼을 읽으면서 저자는 오로지 불의를 타파하고 정의를 향한 기자로 생각했지만 저자는 이미 윤석열의 불법과 불통, 오만, 특히 국민을 무시하는 정치를 보면서 그에 관련된 글들을 써 왔음에 다시 한번 놀라고 있습니다.

저자가 칼럼집에서 밝히고 있는 내용들, 즉, [국민의힘이 본격 검증해야 할 '검사 윤석열' 행적] [국민의힘 경선 버스에 승차한 윤석열의 앞날이 걱정스럽다] [이준석과 윤석열, 그리고 尹 핵관] [국민의힘, 이준석과의 싸움은 '파국'의 시작] [문재인 정권에서 출세를 한 윤석열이 문재인 정권에게 뱉는 毒說] [윤석열 당선인은 '청와대 국방부 이전' 再考 해야] [국민 절반 이상이 반대하는 청와대 국방부 이전] [부끄럽고 창피한 뉴스... 한국 언론, 너무나 저질] 등 제목 속의 글들은 이미 윤석열의 파면을 예고한 글로 보아집니다.

이어지는 [檢察 공화국, 그 막(幕)이 오르고 있다] [대한민국 검찰과 경찰, 오직 국민이 주인임을 알아야] [檢事들이 장악한 대한민국, 앞으로 어떻게 될 것인가?] [조국혁신당 돌풍, 그것을 만들어 준 것은 윤석열 정권] [정말로 국민이 무섭다는 것을 4월 10일 밤, 보여 줘야] [국민의힘 4.10총선 大참패, 이미 예견된 일 이었다] [총선 참패 후, 아무것도 변한것이 없는 윤 대통령] [한가하게 김치찌개를 끓이는 대통령, 국민들은 무엇을 느낄까?] [尹 대통령, 개(犬)를 안고 웃는것 보다 국민들과 함께 웃는 모습 보여야] [대통령은 국민들이 좋아하고 신나는 정치 펼쳐야] 등의 글들은 국민 모두가 정독을 해야 할 역사서라고 봅니다.

그리고 또 [윤석열의 뜬금 없는 12,3 비상계엄 선포... 그는 분명 파면 될 것이다.] [윤석열, 사나이 답게 '공수처'에 자진 출두, 죄 값을 받아라!] [윤석열과 국민의힘이 내 뱉는 궤변... 참으로 개탄 스럽다] [국민의힘, 이제 문 닫고 사라져야 할 때] [헌재는 재판관 전원일치 8:0으로 윤석열 파면할 것 믿어] [헌법재판소 재판관들, 오직 국민과 국가만을 생각하라] 와 마지막 글인 [4.4(死.死)에 패사(敗死)한 윤석열, 그가 갈 곳은?]은 정확하게 윤석열이 파면이 돼야 할 글 들이었습니다. 이 귀한 글들을 많은 국민들이 읽도록 추천을 드리며 추천사를 마칩니다. 감사합니다.

2025년 4월 25일

추 천 사

국민을 위한 정치가 아닌 *私的* 이익을 위한
통치로 나라를 망치는 행태를 보면서 노여움 남겨

황 운 하 국회의원
<조국혁신당>

오는 6월 3일 제21대 대통령 선거가 있습니다. 무능, 폭정, 부패로 역사상 두 번째 탄핵을 코앞에 뒀던 윤석열 씨는 내란을 일으키며 끝내 자폭했습니다.

국민이 내란을 막았고, 국민이 탄핵을 만들었고, 국민이 헌법재판소를 지켰습니다. 그리고 6월 3일 국민이 새 대통령을 뽑습니다. 12.3 내란의 결말은 21대 대통령 선거겠지만, 내란의 1차 종결은 헌법재판소의 윤석열 파면 결정입니다. 이념 지향을 떠나 헌정질서를 지킨 8인의 재판관들은, 정의로운 결정으로 자신들의 이름을 역사에 남기게 됐습니다.

헌법재판소의 판결은 '대통령 하나 잘못 뽑아 나라가 엉망진창이 된 3년'의 종지부였습니다. 한 시절의 단락을 놓고, 정경시사포커스 발행인인 류재복 대기자가 <현직기자 40년! [류재복 칼럼집] 4.4(死死)에 패사(敗死)한 윤석열, 그가 갈 곳은? 外 74편>을 출간합니다.

류재복 칼럼집은 내용이 특별하고, 출간 시점이 시의적절합니다. 저자는 인간 윤석열을 오랫동안 관찰해 왔습니다. 저자는 윤 씨가 국민을 위한 정치가 아닌 사적 이익을 위한 통치로 국가의 위신을 추락시키고, 불의로써 정의를 몰아내며, 공정과 상식이 아닌 불통과 오만으로 나라를 망치는 행태를 보며 분노의 기록을 남겼습니다. 저자의 노여움이 그대로 담긴 칼럼들을 모아 칼럼집을 냈습니다.

류재복 기자는 40년을 언론인으로 살아온 분입니다. 언론인은 국민 대신 질문을 던지는 사람입니다. 언론인은 역사를 기록하는 사람이기도 합니다. 조선시대로 치자면 언론인은 사간원과 사관을 합해놓은 역할을 하는 존재입니다. 근 두 세대 동안 사간원과 사관을 합한 역할을 해온 저자가 바라본 윤석열 시대는 독자들에게 미래를 위해 새롭게 반추해 볼 시각들을 선사할 것입니다.

저자는 윤석열 파면을 이미 예견한 듯, 그가 파면되어야 할 이유들을 정리하고 있습니다. 하지 말아야 할 일만 했던 대통령이었다는 말은 쉽습니다만, 정작 어떤 짓을 했는지 말하는 것은 쉽지 않습니다. 분노의 기록을 써 내려간 저자의 노고에 박수를 보내면서 칼럼집 출간을 축하합니다. 많은 분들이 곁에 두고 읽으면서 파면으로 간 윤석열 시대를 기억했으면 합니다.

2025년 4월 30일

추 천 사

타인들의 무관심을 찾아 취재하는 통찰력으로
국민 무시, 오만, 불통, 불법의 정치를 질타

문 일 석
<브레이크뉴스 대표/발행인>

<"4.4(死死)에 패사(敗死)한 윤석열, 그가 갈 곳은?"> 칼럼집을 낸 류재복 대기자는 정경시사포커스 발행인으로서 언제나 정론직필을 쓰는 언론인입니다. 저자보다는 제가 언론인 경력 10년이 위지만 저자 역시 40년의 언론인 외길을 걸어오면서 남들이 관심을 갖지않는 곳을 찾아서 취재해 왔고 또한 남들이 하지않는 일만 골라서 하는 독특한 성격의 소유자입니다. 또한 불의를 참지못하고 항상 정의의 편에서 약자를 위해 필봉을 휘둘러온 강직한 대기자입니다.

이러한 강한 근성의 저자이기에 특종의 뉴스가 되는 <.4(死死)에 패사(敗死)한 윤석열, 그가 갈 곳은?">이라는 칼럼집을 발행했는데 이는 참으로 놀라운 일입니다. 저자가 말했듯이 무법주의자(無法主義者)인 악한(惡漢) 윤석열이 2021년 검찰총장이 되면서 불의의 칼을 휘두르다가 대통령이 된 후 2025년 4월 4일, 헌법재판소로부터 파면을 당하기까지 한국 정치사에서 그가 취했던 나쁜 행동

과 비정상적인 행동을 지켜보면서 틈틈이 쓴 글들을 정리한 것인데 이는 미리 저자가 세심한 준비를 해온 통찰력의 결실이라고 봅니다.

윤석열 전 대통령 촉발한 12.3계엄사태가 다행히도 6시간만에 막을 내리고 그후 윤 전 대통령은 탄핵이 되고 파면이 되면서 뜻밖의 조기대선이 실시되는 현제의 정치 형국이지만 사실 계엄이 성공이 됐다면 현재의 정국이 어땠을까하는 아찔한 생각을 하게되는데 저자의 칼럼집 75편의 내용을 보면 저자는 이미 윤석열 전 대통령의 정치 행위를 알고 그가 탄핵이 되고 파면이 돼야하는 이유의 칼럼을 사건 당시마다 써 놓았다는 사실에는 저자의 예지력에 대하여 높이 평가를 합니다.

저도 오랜생활 기자로서 생활하고 있지만 기자는 실사구시(實事求是)의 신념을 갖고 현실과 사실을 기초로 옳은 방향을 찾아야 하는데 이런 관점에서 저자는 실패한 대통령 윤석열에 대하여 근 3년간 그가 정치를 해온 과정을 샅샅이 훑어가면서 윤석열 전 대통령에 대한 비판의 글을 써 발표를 했는데 다시 그 글들을 모아 종합 칼럼집을 낸 것은 기자라고 해서 모두가 할 수 있는 일은 아닌데 어쨌든 저자는 끈기를 갖고 이러한 칼럼집을 냈는데 이 책은 서점에서도 귀하게 홍보가 되리라고 봅니다.

저자는 또 이 칼럼집을 낸 이유에서 "가장 중요한 것은 윤석열이 대통령 취임 후 북한과 중국을 멀리하고 오직 일본과 미국만을 상대하면서 외교를 모르는 정치로 한반도 위기를 몰고 왔기에 이 책을 내게 되었다"고 밝히는데 이는 저자가 중국 인민일보 기자로 활동하는 등 대북, 대중, 전문기자로 서의 시각으로 봅니다.

저자는 이 책 속에서 특히 이준석과 윤 전 대통령의 파국, 4.10 총선에서의 대참패, 국민이 반대하는 청와대 용산이전 등 국민의 힘과 대통령의 실정(失政)등을 기록했는데 그 기록대로 윤 전 대통령이 헌법재판소로부터 파면이 된 것을 보면 저자는 적중의 글들을 담았기에 특히 정치를 꿈꾸는 사람들에게도 좋은 교훈의 책이 되리라 믿으며 일반 독자들의 많은 구독이 예견됩니다.

2025년 4월 25일

1. 홍준표 復黨 '辯'을 본 윤석열, '국힘당'에 과연 입당 할까?

　홍준표 의원이 국민의힘으로 돌아왔다. 1년 3개월만이다. 그러나 그의 복당을 둘러싼 당내 시선은 불안하다. 이준석 대표가 '통크게' 홍 의원의 복당을 허용했지만, 최고위원회의에서 반대 목소리가 나오는 등 진통도 있었다. 딱히 복당을 반대할 명분은 없지만, 홍준표의 복귀는 국민의힘에 어두운 그림자를 던져주고 있다. 얼마 전 "쫓겨났던 맏아들이 돌아왔다"며 복당을 알린 국민의힘 홍준표 의원이, 복귀와 동시에 윤석열 전 검찰총장에 대한 공격을 강화했다. 이를 보고 내년 대선에서 야권 단일 후보를 내야 하는 국민의힘으로선 과연 득일지 실일지, 해석이 분분하다.

　지난 2017년 대선에서 탄핵으로 무너진 보수의 대표 주자로 나서 2위에 올랐지만, 총선 공천에서 배제되며 탈당했던 홍준표 의원이 1년 3개월의 자칭 '노숙'을 끝내고 최근에 복당을 했다. 그는 복당의 변에서(CBS 김현정의 뉴스쇼) "갑자기 집안에 계모가 들어와서 맏아들을 쫓아냈다. 이유도 없이. 그런데 그 기간이 좀 오래 걸렸다."라고 말했다. 어떻게 보면 뼈가 있는 말이다. 그리고 그는 대권 재도전 의지를 밝히면서 즉각 당 밖 주자인 윤석열 전 총장을 향해 공격 태세를 강화했다.

"신상품을 찾아 배송이 되면 집에서 훑어보고 직접 보고 흠집이 있으면 반품을 하잖아요. 그게 소위 국민적 검증 과정입니다."라고 말했다. 이를 보고 당내에선 "대선을 함께 할 주자를 너무 심하게 흠집 내는 것 아니냐"고 김재원 최고위원이 KBS 최경영의 최강시사에 출연해 밝혔다. 김 최고위원은 "아니, 이제 인간적인 매력일 수도 있는데 조금 과도하니까 주로 이제 총기 난사 식 그냥 공격을 하니까."라고 이해를 못하는 표정을 보였다.

홍준표 의원의 복당은 전국을 강타했던 이준석 바람 앞에서도 요지부동이었던 40.9%의 '당심'을 그 연결고리로 하고 있다. 홍준표의 복귀는 보수의 혁신을 바라는 시대정신과도 어긋난다. 당장 외부 인사들의 입당 문제에도 걸림돌이 될 수 있다. 홍 의원이 복당하게 되면서 생긴 가장 큰 문제는 바로 '팀킬'이다. 홍 의원은 검사 출신이다. 현재 입당이 유력시되는 지지율 1위 윤석열 전 검찰총장을 누구보다 잘 안다.

홍 의원은 그가 지난 20여년 동안 쌓아온 네거티브 대응 노하우를 윤 전 총장 '팀킬'에 적극 이용할 것이다.

홍 의원으로서는 '윤석열만 거꾸러뜨리면 판은 내가 싹쓸이할 수 있다'라고 생각할 것이다. 그래서 복당 첫 일성이 바로 '윤석열 저격'이었다. 그러나 한편에서는 "오히려 당 밖 주자의 입당을 압박하면서 당내 경선을 흥행시킬 기회라는 해석"도 나오고 있다. 즉 지난 서울시장 재보선 당시 초반 약세였던 오세훈 후보가 시장에 당선된 것처럼 역전극의 계기가 될 수도 있다는 것이다. 김종인 전 국민의힘 비상대책위원장은 "최근 야권 단일 후보 선출 과정이 난항을 겪을 것"이라면서 "국민의힘 쪽에선 모든 대통령 후보의 가능성 있는 사람들이 다 당으로 들어와서 경선 했으면 좋겠다고 하지만 그건 국민의힘 희망사항이다. 대통령을 추구하는 사람들이 간단하게 어느 집단에 확신도 없이 뛰어들어 같이 경선한다는 것은 거의 불가능하다"고 지적했다.

이어 "지금 밖에 있는 분들은 국민의힘 내부에 아무 기반이 없다. 당원이 대통령 후보 뽑는데 50% 정도 영향력 행사하게 돼 있기 때문에 당에 뿌리를 가진 사람이 유리할 수밖에 없다. 야당 후보들이 단일 후보 되는 과정은 지금 이야기하는 것처럼 간단치 않다"고 강조했다.

하지만 당내 주자의 시각은 엇갈리고 있다. 유승민 전 의원은 홍 의원의 복당변에 윤석열 검증의 시간에 힘을 보탰지만, 원희룡 제주지사는 "윤 전 총장이 무너지면 함께 무너진다"며 원팀을 강조했고, 하태경 의원은 "오히려 홍준표 입당이 리스크"라고 견제구를 날렸다.

이준석 대표는 "당 밖 주자는 서둘러 입당하라"며 당 차원의 방어에는 거리를 두면서도 지나친 네거티브 자제를 촉구했다. 이준석 대표는 "지금 이건 대선을 앞두고 벌어질 수 있는 가장 좀 아마추어스러운 상호 간의 공격이 아닌가 생각을 합니다." 돌아온 홍준표 의원에 대한 득실 계산은 각기 다르지만, 야권의 대선 가도에서 중요 변수가 될 거라는 점에는 이견이 없어 보인다.

<2021. 6. 26>

2. 법정 구속 된 尹의 장모,
6년 전엔 檢事 사위 덕에 無罪

   윤석열 전 검찰총장의 장모인 최 모 씨가 2일. 징역 3년을 선고받
고 법정에서 바로 구속됐다. 의정부지방법원은 1심에서 "최 씨가
의료인이 아닌데도 요양병원을 세워서 요양급여 수십 억 원을 부
당하게 받은 혐의"를 모두 유죄로 인정했다. 6년 전 수사에서는 무
혐의 처분을 받았었는데, 오늘재판에서는 실형의 선고가 된 것이
다. 선고는 불과 10분 만에 끝났다. 재판부는 검찰의 3년징역 구형
을 그대로 받아들여 이례적으로 구형대로 징역 3년을 선고하고 최
씨를 법정구속했다.

   법원은 의료인이 아닌데도 병원을 설립·운영해 부당하게 요양급
여를 받은 혐의를 모두 인정하여 최 씨를 실형으로 3년 선고를 했

다. 최 씨 측은 그동안 동업자가 병원을 인수할 때 2억 원을 급히 빌려준 것일 뿐이라고 주장해왔다. 하지만 재판부는 최 씨가 병원 계약서에 직접 서명하고 병원 시설 등을 구비하는 데도 관여했다고 봤다. 병원이 2013년 2월부터 2년여간 타 낸 요양급여는 무려 22억 9천만 원. 재판부는 특히 건강보험공단 재정을 악화시켜 국민 전체에 피해를 줬다는 점에서 최 씨의 책임이 무겁다고 지적했다.

이 사건은 이미 2015년 파주경찰서에서 수사를 한 차례 진행해 최씨를 제외한 동업자 3명만 재판에 넘겨져 1명은 징역 4년, 나머지 2명은 징역 2년 6월에 집행유예 4년이 각각 확정됐다. 최 씨는 6년 전에는 사위인 윤석열 검사때문인지는 몰라도 무혐의 처분을 받았으나, 지난해 4월 최강욱 열린민주당 대표 등의 고발로 재수사가 시작됐다.

이날 법정 구속된 최씨는 요양병원 불법 운영 사건 외에 경기 성남시 땅 매입 관련 불법 의혹으로 기소돼 별도의 재판이 진행 중이다. 최씨는 2013년 성남시 도촌동 땅을 매입하면서 동업자 안모씨와 함께 은행에 347억 원을 예치한 것처럼 잔고증명서를 위조한 혐의(사문서위조 및 위조사문서행사)로 지난해 3월 기소됐다. 최씨는 또 안씨 사위 명의 등으로 계약하고 등기한 혐의(부동산실명법 위반)도 받고 있다. 이 사건과 관련해 성남시는 최씨에게 부동산실명법 위반 등으로 수십억원의 과징금 처분을 내리기도 했다. 해당 재판은 현재 의정부지법 형사8단독 박세황 판사 심리로 3차 공판까지 진행됐고, 다음 재판은 8월 12일에 열린다.

공정과 정의를 외치며 지난달 29일 대선 출마를 선언했던 윤석열, 그는 이제 장모의 법정 구속으로 출마 선언 3일 만에 최대 위기를 맞았다. 특히 尹이 대선 준비를 위해 '1호 영입'했던 이동훈 전 조선일보 논설위원도 최근 거액의 금품수수 혐의로 경찰에 입건됐다. 특히 "어느 누구한테 10원 한 장 피해 준 적 없다"며 장모를 두둔했던 윤석열, 그런데 그 장모가 10원한장이 아닌 총 22억 9000만원의 요양급여를 편취한 혐의로 오늘 구속되면서 尹은 이제 자신과 아내를 향한 검찰, 그리고 공수처의 수사를 어떻게 받아야 할지 골치가 아프게 됐다. <2021. 7. 2>

3. 尹의 호위무사가 된 '左 진석- 右 성동'

"이 사진 봤냐. 난 오늘 행사에서 이게 제일 재미있더라." 지난달 29일 함께 저녁식사를 하던 야당의 모 핵심 인사가 휴대폰에 저장된 사진을 보여주며 이렇게 말했다. 과거 친이계(친 이명박계)보다는 친박계(친 박근혜계)에 가까웠던 이 인사는 "MB(이명박 전 대통령)사람들이 윤석열의 오른팔, 왼팔이 됐다"며 웃었다. 그날 오후, 윤석열은 소위 '정치 참여 선언'을 했다. 행사장엔 국민의힘 의원이 무려 24명이나 몰려갔다. 이를두고 국민의힘 내부에서는 "입당 여부조차 불투명한 사람에게 달려가서 줄 서기 하는 모습이 애처롭다" "지난 대선 때 당 밖의 반기문 전 유엔 사무총장에게 매달리던 사람들이 떠오른다"는 비판이 나왔다.

사진 속에서 尹 옆에 서 있는 사람들은 좌측에 정진석, 우측에 권성동 의원이 만면에 웃음을 띠고 서 있었다. 이들이 바로 '좌 진석-우 성동'이란 신조어를 만들어 낸 사람들이다. 옛날 YS가 '좌-형우, 우-동영'으로 불렀던 최형우-김동영을 보는 모습으로 두사람 정-권 의원이 특히 부각돼 있었다.

1960년생으로 尹과 동갑인 두 의원은 최근 '尹의 고향 친구들'로 유명세를 탔다. 왼쪽의 정진석 의원은 尹부친의 고향인 공주가 지역구다. 오른쪽의 권성동 의원은 尹외가인 강릉이 지역구로 학창시절때 외가를 찾은 尹과 자주 어울렸다고 한다. 정치적 감각이나 경륜, 친화력, 당내 영향력과 중량감을 고려할 때 두 의원이 향후 국민의힘내 '윤석열 계'의 핵심 역할을 맡을 게 분명해 보인다. 그런데 공교롭게도 두 사람 모두 MB와 가까운 정치인들이다. 정 의원은 MB 청와대에서 정무수석을, 권 의원은 법무비서관을 지냈다.

문재인 대통령에 의해 서울중앙지검장으로 발탁된 尹은 MB와 관련된 이른바 '적폐 수사'를 지휘했다. 결국 MB는 구속됐고 현재까지도 안양교도소에 수감중이다. 정치권 일각에서 "대장 MB는 윤석열 때문에 구속됐는데, 부하들은 윤석열에게 갔다"는 냉소가 나오는 건 이런 맥락에서다.

소문에 의하면 尹캠프 내부에도 'MB 청와대' 출신 '선수'들이 꽤 포진해 있다고 한다. 적과 동지가 따로 없이 '이기는 사람이 우리편'인 정치판, 지지율이 깡패일 수 밖에 없는 현실, 승자 독식의 정치 구조에서 야당인 국민의힘은 현재 지지율 1위인 尹을 끌어들이고 옹립을 해 반드시 文을 몰아내고 정권교체를 해내겠다(?)는 정열과 열망을 이해하지만 아직은 미완성의 版에서 이들 두 의원의 행동은 마치 블랙 코미디 한 편을 보는 듯한 마음으로 그저 어색한 느낌만 들뿐이다. <2021. 7. 10>

4. 윤석열이 文 대통령에게 한말, 진심일까?

"나는 문대통령에 대해 공직자로서, 인간으로서 지킬 것은 지켰다" 윤석열 전 검찰총장이 12일 "나는 문재인 대통령에 대해 공직자로서, 한 사람의 인간으로서 지킬 것은 지켰다고 생각한다"고 말했다. 그는 이날 채널A와의 인터뷰에서 '문 대통령에 대해 어떤 생각을 갖고 있느냐'는 질문에 이같이 답을 했다.

그는 또 "사법, 준사법기관 공직자는 임명되는 순간 임명권자보다는 법과 국민의 뜻을 받들어야 하는 자리"라면서도 "임명권자와 임명된 공직자 사이에 어떤 인간적인 신뢰가 있어야 하지 않나 싶다"고 했다. 검찰총장이 대통령의 뜻을 그대로 따라야 하는 자리는 아니지만, 尹은 문 대통령에게 어느 정도 신뢰를 갖고 선을 지켰다는 의미로 말을 한 것이다.

尹은 이날도 역시 문 정부를 향한 비판을 이어갔다. 대상은 정권 핵심인 '586 운동권'이었다. 그는 "엄혹한 시절 고초를 겪으며 민주화를 위해 뛴 분들에게 경의를 표한다"면서도 "동지 의식이 지나친 부분이 있다. 자기 입장과 현실이 모순되지 않게 일관성을 가졌으면 좋겠다"고 말했다.

그는 이어 현 정부의 인사를 평가하면서 "586 동지 의식으로 과거 같이 일했던 사람으로 제한을 두니까 인재가 없는 것"이라고 비판도 하면서 이준석 국민의힘 대표에 대해서는 "인간적인 매력을 많이 느끼고 호감을 갖게 됐다"고 말했고 '이 대표와 정권 교체를 같이하는데 문제없느냐'는 질문에는 "그렇다"고 답했다.

대한민국은 민주국가다. 때문에 누구든 말의 자유가 있다. 그렇다고 함부로 말할수는 없다. 필자는 사실 "윤석열 전 검찰총장과 최재형 전 원장의 대선 출마는 쿠데타다."라고 이광재 더불어민주당 의원이 지난달 28일 기자회견에서 한 말에 동의를 한다.

그리고 또 "바야흐로 배신의 계절인가. 한 번 배신한 사람은 또 배신하게 돼 있다."라고 말한 정청래 민주당 의원의 의견에도 동의를 하고 싶다. 현재 여론상으로는 尹이 차기 대권선호도 1위를 달리고 있지만 아직은 모른다. 현재 이들 尹과 崔는 차기 대권 도전과 동시에 거센 비판에도 직면해 있다.

'배신자 프레임' 때문이다. 尹과 崔는 권력 기관을 자신의 정치에 이용했다는 논란과 함께 현 정부와 가장 대척점에 섰다는 공통 분모를 갖고 있다. 이런 이유로 이들은 곳곳에서 공격을 받게 됐고, 정치 인생 시작부터 배신자 덫에 걸릴 부담을 안고 가게 됐다. 홍준표 국민의힘 의원도 지난달 19일 페이스북에 "문 대통령도 자기가 데리고 있던 인사들이 야당에 기웃거리니 참 착잡할 것"이라고 비판했다. <2021. 7. 12>

5. 국민의힘이 본격 검증해야 할 '검사 윤석열' 행적

　지난 7월 30일, 윤석열은 서울 여의도 국민의힘 당사를 전격 방문, 전격적으로 입당원서를 냈다. 尹은 이 자리에서 "정권교체를 하기위해 국민의힘에 입당을 한다"고 밝혔다. 그러나 솔직히 말해 尹의 입당을 매우 못마땅해 하는 주자들도 몇몇 있다. 이제는 이들이 尹을 향한 검증에 칼날을 세워야 할 때라고 본다.

　최근에 모 신문의 기자가 'Y파일'을 꺼냈다. 이른바 이 'Y파일'에는 방대한 분량의 '검사 윤석열' 관련 자료가 들어 있다고 한다. 모두 합쳐 1천페이지 분량 이상이라고 한다. 실제 항간에 떠돌던 '윤석열 X파일'까지 존재한다면 일부 내용은 더욱 더 겹치는 것이 있다고 본다. 최근 한겨레신문과 오마이뉴스 등이 공개한 삼부토건그룹 조남욱 회장의 일정표도 이 자료에 포함돼 있다.

'검사 윤석열'은 최소 4회 이상 조 회장의 일정표에 등장을 한다. 일정표에 근거해 이들 두 매체에서는 "골프 회동 등의 만남이 있다"고 보도하자 이에 대한 해명으로 尹은 캠프를 통한 입장문에서 "출처를 알 수 없는 '일정표'에 2011년 4월 2일 '최 회장, 윤 검' 기재가 있다며 제가 그날 골프를 쳤다고 단정적으로 보도했다"라고 주장했다.

尹은 또 "나는 당시 중수2과장이자 주임검사로서 200여명이나 되는 수사팀을 이끌고 부산저축은행 등 5개 저축은행을 동시 압수수색을 하는 등 당시는 주말에 단 하루도 빠짐 없이, 밤낮 없이 일하던 때"라며 "위 날짜에 강남300CC에서 골프를 친 사실 자체가 없다"고 주장을 했다.

尹은 또 자신과 조 전 회장과의 관계에 대해서도 "조남욱 전 회장은 알고 지내던 사이로 20여년 전부터 10년 전 사이에 여러 지인과 함께 통상적인 식사 또는 골프를 같이 한 경우는 몇 차례 있었다"라며 "최근 약 10년간 조남욱 전 회장과 만나거나 통화한 사실이 없다"라고 덧붙였다.

여기에 "평소에도 그래왔듯이 비용을 각자 내거나 번갈아 냈기 때문에 '접대'를 받은 사실은 전혀 없다"라며 "명절 선물은 오래되어 잘 기억하지 못하나 의례적 수준의 농산물 같은 걸 받았고, 값비싼 선물은 받은 적 없다"고 덧붙였다. 그럴 수 있다. 일정표에 약속이 기재됐다고 그 약속이 반드시 실행됐다고 할 수는 없다. 또 尹의 개인 사정으로 라운딩 약속에 그가 빠졌거나, 약속 자체가 취소됐을 수도 있다. 하지만 尹의 해명에는 빠진 부분이 있다. 검사와 건설회사 사장이 어떻게 '알고 지내는 사이'가 됐을까.

라운딩하면서 검사 윤석열과 건설회사 사장 사이에서 어떠한 이야기가 오갔을까. '조 회장과 함께 20여 년 전부터 10년 전 사이에 몇 차례 식사 또는 골프를 같이 친' 지인들은 누구일까. 尹이 스폰서나 접대는 아니라고 한다면 이에 대한 해명이 분명히 필요한 대목이다. 본격적인 검증 전에 확인돼야 하는 것이 尹 스스로 "이 일정표가 출처를 알 수 없다"고 주장한 대목이다. 한겨레신문과 오마이뉴스 등에서는 이 일정표에 적힌 스케줄에 실제 조 전 회장이 참석한 언론보도 등을 예로 들며 "신빙성이 높다"고 반박했다. 그런데 이 일정표의 실체를 확인할 수 있는 다른 수단도 있다.

2013년 수원지검이 조시연 당시 삼부그룹 부사장의 배임횡령 혐의를 조사하면서 회장 비서실을 압수 수색한 적이 있다. 조 부사장은 조남욱 회장의 둘째 아들이다. 당시 수원지검이 압수했다 돌려준 압수 물품 반환목록에 이 일정표들이 들어 있었다. 국민의힘 대선주자들은 이런 문제와 검증들에 대하여 尹에게 집중포화를 퍼붓는다면 尹은 어떤 해명의 답이 나올까? <2021. 8. 2>

6. 국민의힘은 윤석열의 해명이 없던 것들, 모두 검증해야

　최근 한겨레신문과 오마이뉴스를 보면 흥미로운 내용이 있다. 바로 삼부토건그룹 조남욱 전 회장이 윤석열 검사와 같이 만난 지인들이다. 尹측에서 부인한 2011년 4월 2일 회동에는 윤 검사와 최 회장(장모 최은순)만 참석 멤버로 적혀 있다. 그런데 8월 13일 말복 점심 일정에는 윤 검사의 지인 두 사람이 언급돼 있다. 바로 심무정과 황 사장이다. 다시 주목되는 것은 윤석열 검사와 부인 김건희씨를 연결시켜준 것으로 알려진 무정 스님(심무정)이 확보된 일정표의 거의 처음부터인 1997년부터 단골로 나오는 인사라는 점이다.

　황 사장의 전체이름은 2002년 6월 21일 황 사장 모친상 조의금

메모부터 나오는데, 거의 무정 스님과 함께 거론돼 있다. 조 회장의 일정표에 등장하는 검사는 윤석열만이 아니다. 오히려 윤 검사의 등장 비중은 적다. 압도적으로 많이 등장하는 이는 이른바 처가스토리에 등장하는 양재택 검사다. 체크를 해보면 약 80회의 일정이 나온다. 김건희씨의 이전 이름인 '김명신 교수'가 첫 등장하는 시점은 2003년 7월 4일이고, 두 번째로 등장하는 2005년 9월 14일에는 김명신 교수 전화번호와 함께 ("Mrs.차(cha) 453-0315")라고 병기돼 있는 것이 눈에 띈다.

尹이 골프회동 만찬에 함께한 지인들이 누구인지 거론하지 않았지만 일정표상에는 항상 일정한 사람들이 등장한다. 앞서 언급한 무정 스님과 황 사장, 그리고 최(은순) 회장이다. 무정 스님도 마찬가지이지만 황 사장은 강원도 동해, 속초 일대에서 전기공사업을 하고 있는데, 삼부토건 회장과 골프라운딩 등을 할 어떤 과거 인연이 있는지는 알려지지 않았다. 지인 황 사장이 尹관련 의혹에 다시 등장한 것은 최근이다.

"우리도 진짜 먼 친척이라고만 알고 있었다. 윤 전 총장을 삼촌, 김건희를 작은 엄마라고 불렀다. 그래서 소문이 수행담당은 윤석열의 조카가 맡고 있는 것으로 난 것이다." 전 캠프 인사의 말이다. 2021년 6월 29일 공식 출마 선언한 尹의 수행비서가 누구냐를 두고 설왕설래가 나왔다. 부동시로 군 면제를 받은 尹은 직접 운전하지 않는다. 또 본인 소유의 자동차도 없다. 캠프 주변에 흘러나온 소문은 尹의 조카가 운전하고 수행한다는 이야기였다.

황 씨 성을 가진 이 인사의 아버지가 바로 조 회장의 일정표에 등장하는 동해 전기공사업자 황 사장이라는 것이 확인된 것은 지난 7월 28일 더 팩트의 보도가 처음이다. 황 씨는 어떤 경로로 윤석열 캠프에 합류하게 된 것일까. 아들 황 씨의 존재가 주목을 받은 것은 지난 6월 29일 출마 선언 이틀 전, 선언장소인 윤봉길기념관 답사 현장에 윤 후보에 바짝 붙어 수행하는 장면이 포착되면서였다. 당시 尹은 천안함 모자를, 황 씨는 천안함 티셔츠를 입고 있었다. 7월 25일 尹 국민캠프에 청년특보로 합류한 시사평론가 장예찬씨는 과거 천안함 생존자 예비역 전우회장과 윤석열 후보 만남 자리를 주선한 바 있다. 이후 장 씨는 기자에게 6월 27일 윤봉길기념관 답사 때 쓴 모자 등은 "이때 윤석열 사비로 구입한 것"이라고 밝힌 바 있다.

7월 29일, 강원도민일보의 보도에서 황 사장은 다시 등장한다. 보도에 따르면 尹이 출마 선언하기 전 강원도를 방문했을 때, 尹은 비공개일정으로 황 사장을 만나 차를 마셨다. 황 사장은 강원도민일보에 윤 전 총장과 자신의 인연에 대해 "사법고시를 보기 전부터 서울에서부터 알던 사이로 윤 전 총장이 강원도에서 근무하게 되자 더욱 친분을 쌓게 됐다"고 밝혔다. 그렇다면 조 회장과 인연은 어떻게 만들어진 것일까.

황 사장은 강원도 동해의 전기공사업체 대표다. 업체는 지난 2009년 주식회사로 전환됐는데, 업체 등기부등본을 보면 한때 사내이사를 맡은 것으로 돼 있는 익숙한 이름이 있다. 심무정, 무정 스님이다. 다시 신용정보회사에 등록된 이 회사의 매출 현황을 보면 2014년도 매출의 85%가 삼부토건을 통해 발생했다. 삼부토건의 특수관계회사라고 볼 수 있다. 다시 궁금한 것은 조 회장과 골프 라운딩 등을 자주 가졌던 지인들이 尹의 지인이라는 점이다.

황 사장의 아들이 수행비서를 맡고 있던 점, 그리고 역시 삼부토건의 자문역을 맡았던 정상명 전 총장의 사위가 무보직으로 캠프에서 활동을 하고 있는 점을 들어 7월 28일 이재명 캠프 측 전용기 대변인은 "삼부토건 관계자의 친인척이 尹캠프에 참여했다"며 "尹과 옛 삼부토건과의 '특수관계' 의혹에 대한 심각한 우려가 일고 있다"고 주장했다.

이에 대하여 尹측은 "윤석열의 국민캠프에는 삼부토건 관련자 및 친인척이 전혀 참여하고 있지 않다"면서 "삼부토건과 관련해 제기되는 의혹은 모두 오보임을 다시 한 번 확인한다"고 답했다. 그렇다면 수행을 맡고 있던 황 사장 아들 황 모 씨는 뭘까. 이런 부분에 대하여 국민의힘 대선출마 경선에 나선 후보들은 반드시 답을 받아내야 할 것이다. 그런 답을 받는자가 국민의힘 대권주자로 등극할수도 있다. <2021. 8. 13>

7. 국민의힘 경선 버스에 승차한 윤석열의 앞날이 걱정스럽다.

　자신을 검찰총장으로 선임해준 문재인 정부를 혹독하게 비판하면서 배신, 대통령이 되겠다고 국민의힘에 입당, 대선 경선버스에 주자 12명과 승차한 윤석열, 그에게 최근 메가톤급 폭탄이 투하됐다. 정제되지 못한 온갖 說禍로 가뜩이나 지지부진한 지지율로 속앓이 하던 차, 그에게 엄청난 위력의 폭탄이 터진 것이다. 이 폭탄은 尹은 물론 국민의힘으로까지 유탄과 파편이 무차별 튈 것으로도 보여 대선을 앞둔 정국에 파문을 일으키고 있다.

　조선일보 출신 이진동 기자가 발행하는 인터넷신문 〈뉴스버스〉가 지난 2일 "지난해 4·15 총선을 코앞에 둔 시점에서 검찰이 당시 제1야당이었던 미래통합당(현 국민의힘) 측에 범 여권 정치인들에 대한 형사 고발을 사주한 사실이 확인됐다"고 보도했다.

이어 뉴스버스는 "지난해 4월 3일 당시 국민의힘 송파갑 국회의원 후보이던 김웅 의원은 미래통합당(현 국민의힘)에 고발장 한 부를 전달했다. 김 의원에게 고발장을 전달한 사람은 손준성 검사(현 대구고검 인권보호관)였고, 손 검사는 당시 대검의 수사정보정책관(차장검사)을 맡고 있었다. 대검의 수사정보정책관은 각계와 검찰 내부 주요 동향 등을 검찰총장에게 직보하고 검찰총장의 내밀한 지시를 이행하는 자리"라고 부연설명을 했다.

고발 사주 대상은 유시민 노무현재단 이사장, 최강욱 황희석 당시 열린민주당 비례대표 국회의원 후보 등 범여권 유력 정치인 3명과 언론사 관계자 7명, 성명불상자 등 총 11명이었다. 고발을 사주하면서 적시한 혐의는 공직선거법 위반(방송·신문 등 부정이용죄)과 정보통신망법 위반(명예훼손) 등이었다. 고발장에는 "이들이 선거에 영향을 줄 목적으로 지난해 3월 31일 MBC의 소위〈검언유착 의혹〉보도를 하고, 정치인 3명이 이 과정에 개입했다"는 혐의가 포함됐다.

뉴스버스는 태풍을 몰고 올 온갖 여러 가지 사건 내용들을 보도했는데 이런 내용의 보도가 사실로 밝혀지면 당시 검찰의 수장이었던 尹의 지시(사주)가 확인될 경우 사법적 심판에서 자유로울 수 없을 것으로 보인다.

이 사건을 보면서 전직 대검 범죄정보기획관 출신인 모 인사는 "수사정보정책관은 속성상 검찰총장 지시없인 움직일 수 없다"며 "반대 세력 수사를 위해 고발장을 야당에 건넸다면 선을 넘어도 한참 넘었다"고 단언했다. 과거 "검사가 수사권 가지고 보복하면 그게 깡패지 검사입니까?"라고 당당하게 소리쳤던 윤석열. 그는 이번 사실을 어떻게 설명할까?

정치권 태풍으로 등장한 고발사주의혹 보도 사건은 진위 여부를 떠나 정치권의 핫 이슈로 떠올랐고, 尹은 의혹의 한 복판에 서게 됐다. 민주당 후보들은 벌떼처럼 일어났고 아군인 국민의힘에서도 의혹의 눈초리를 보내고 있다. 특히 민주당은 "고발사주 의혹 제기만으로도 엄중한 사안"이라며 "윤석열 검찰이 정치인과 언론인에 대해 고발을 사주하는 행위가 있었다면 이는 정치공작"이라고 규정했다. 그러나 당사자자인 3명 윤석열 손준성 김웅은 부인하고 있다. 윤석열 캠프의 김병민 대변인은 논평을 통해 "명백한 허위 보도이고 날조"라며 "윤 전 총장을 흠집 내려는 음모이자 정치공작의 소산"이라고 일축했다. 그러면서 뉴스버스에 대한 법적 조치도 예고했다.

뉴스버스의 발행인 이진동 기자는 조선일보 출신이기에 민주당에 대한 호감도 없다. 때문에 이 사건은 사실일 경우가 짙다. 이진동 발행인은 또 "이런 내용을 알려준 취재제공 인사는 국민의힘 내부에 있다"는 발언을 했고 "계속해서 확실한 증거로 보도를 할 것"이라고 밝혔다.

아마도 이 사건은 진실 게임으로 흐를 공산이 크다. 그러나 어쨌든 그냥 넘어갈 수는 없게 됐다. 윤석열은 악재를 만난 셈이다. 아군측 대원인 홍준표도 "검찰총장 양해 없이 가능했겠나. 총장이 양해하지 않았다면 그것도 좀 어불성설"이라며 "윤 후보가 직접 밝혀야 할 문제"라고 압박했다.

이른바 고발사주의혹 사건, 법무부도 검찰도 현재 조사중이기에 사실은 밝혀질것이라고 본다. 그런데도 尹은 연일 핏대를 올리면서 "증거를 대라"며 얼굴을 붉히고 있다. 이런 모습에 국민들은 尹, 그를 지지하는 마음에서 점점 멀어질것으로 보여진다. 과연 그가 대통령이 되고자 승차한 국민의힘 경선버스에서 끝까지 무사히 하차를 할지 걱정이 된다. <2021. 9. 4>

8. 국민의힘, 국민들이 관심 갖는 대선 주자들 토론 열기 보여야

국민의힘이 오는 15일 1차 대선 후보 경선 컷오프(예비경선)를 앞두고 예비후보 12명을 모두 모아 정책공약 발표회를 열었지만 주자들 간 열띤 공방이 사라진 '맹탕 발표회'라는 지적이 나왔다. 지난달 25일 대선 주자 비전발표회 때처럼 공약을 일방적으로 발표하는 형식으로 진행됐기 때문이다. 특히 주자들은 자리에 앉아 졸거나 휴대전화를 보는 등 산만한 분위기가 행사 2시간 내내 이어졌다. 이런 태도로 어떻게 정권교체를 이룰수 있는 원동력인 국민들의 지지표를 모을 수 있나?

국민의힘은 어제 7일 대선 주자 12명 전원이 참석한 가운데 정책공약 발표회를 개최했다. 주자들은 각자 대표 공약을 7분씩 발표한 뒤 사전 추첨을 통해 결정된 한 명의 주자와만 각각 1분씩 질문과 답변을 이어갔다. 질문도 현장에서 언급된 공약에 한정하다 보니 날카로운 검증은 애초에 불가능했다. 주자들 사이에서도 "이런 발표회를 하는 이유가 대체 뭔지 모르겠다"는 푸념이 나왔다. 지난 4~5일에 열린 더불어민주당의 충청권 경선열기와는 너무도 다른 분위기다.

이날 국민의힘 일부 주자들은 민주당 충청권 경선에서 승리한 이재명 경기도지사와 자신을 비교하면서 대선 본선 경쟁력을 주장했다. 홍준표는 이재명을 차베스 전 베네수엘라 대통령에 비유하면서 "본선에서 경기도 차베스를 잡을 사람은 홍준표가 제일 낫다"고 강조했고 유승민도 과거 이 지사가 야당에서 가장 두려운 후보로 자신을 꼽은 발언이 담긴 영상을 틀면서 "민주당은 제가 갖는 중도 확장성을 두려워한다"며 "저는 민주당에 강하다. 내년 3월 민주당을 박살내고 정권 교체를 하겠다"고 말했다.

어제 행사는 국민의힘 유튜브 채널로도 중계를 했지만 접속자는 4000여 명에 그쳤다. 앞서 당 대변인을 토론 배틀로 뽑았던 '나는 국대다' 결승전 당시 2만 명이 넘는 시청자가 몰린 것에 비해 5분의 1 수준으로 크게 줄어든 것이다. 이런 상황에 대하여 유승민은 "토론도 안 하고, 질문자도 추첨으로 정하고 당 선거관리위원회가 왜 이렇게 유치한 결정을 하는지 모르겠다"며 "토론을 일부러 막으려고 하는 게 아닌가"라고 비판했다. 원희룡도 "일방적으로 발표를 하니까 토론만큼 깊이 들어가는 게 어렵다"고 지적했다.

또 대선 주자들중 윤석열은 의자에 앉아 졸았고, 홍준표는 비공개 일정을 이유로 자신의 발표가 끝난 후 자리를 떴다. 다른 후보들도 휴대전화를 보거나 연신 주위를 둘러보는등 산만했고 긴장감도 없었다. 이런 식으로 간다면 국민의힘이 과연 정권교체를 이룰수 있을까? <2021. 9. 8>

9. 4선의 박주선-김동철 전 의원의 윤석열 지지, 국민들은 어떻게 볼까?

최근 광주지역에서 4선을 지낸 박주선·김동철 전 국회의원이 전두환을 옹호하는 발언을 하면서 국민을 개로 보고 개에게 사과를 주는 그림을 올린 국민의힘 대선경선 윤석열 예비후보를 지지하고 나서자, 민주당 텃밭에서 두 전 의원에 대한 비판의 목소리가 커지고 있다. 물론 현재 전국에서 전현직 의원들이 尹 캠프로 몰리고 있지만 이들 두 전 의원의 행보는 자못 머리를 조아리게 한다.

박주선 전 국회부의장과 김동철 전 국민의당 원내대표가 지난 29일 국민의힘 대선주자 윤 후보를 공개적으로 지지했다. 두 사람은 지난 대선에서 안철수 전 대표 대통령 만들기에 나선데 이어, 이번에는 윤 후보 품으로 간 것이다. 이들 두 사람은 "윤 후보가 국민의힘에 새로운 변화를 주고, 중도와 합리적 진보, 개혁적 보수가 마음을 턱 놓고 함께 할 수 있는 국민통합정당으로 거듭나게 한다면 대선에서 압승할 수 있을 것"이라며 "저희 두 사람의 뿌리인 호남에서도 국민의힘 변화와 윤 후보 리더십을 인정하고 놀라울 정도의 지지를 보낼 것"이라고 주장했다.

이들은 또 문재인 정권에 대해선 "가장 큰 과오는 국민을 사분오열시키고 갈등하고 반목하도록 했다는 것. 2022년 대선은 민주당 정권을 심판하는 선거가 되어야 한다"면서 "김대중 정신은 국민통합, 민생, 실용이고, 노무현 정신은 원칙과 양심이지만, 오늘의 민주당은 낡은 이념과 운동권 진영 논리의 지배를 받고, 운동권 근본주의자들의 카르텔 정당으로 전락했다"고 맹비난했다.

이들의 尹에 대한 지지는 국민의힘 대선 경선을 코 앞에 두고 있는 상황에서 '전두환 찬양 발언'과 '개 사과 사진'으로 호남 비하 논란에 휘말리며 외연확장에 제동이 걸린 윤 전 총장에게 다소 숨통을 트이게 할 수 있는 카드로 받아들여지기는 하지만 필자의 견해로는 광주 호남의 정서상 있을수가 없는 일로 생각이 된다. 이를 두고 전남대 모 교수는 "두 전직 의원의 윤석열 지지는 전두환 발언과 관련해 호남에서 지지율이 확 빠지는 것을 막아주는 동시에, 비호남 중도표의 이탈을 차단 하는 효과가 있다고 본다"고 말했다.

민주당에서는 즉각 이 들 두 전 의원에 대해 비판의 수위를 높였다. 민주당 광주시당은 29일 성명을 통해 "한 때 광주에서 국회의원을 했던 두 중진 정치인이 오늘 윤석열 후보 지지를 선언했다"면서 "영혼없는 두 철새 정치인, 추락의 끝은 어디인가"라고 비판했다. 광주시당은 또 "윤석열이 걸어온 배신의 행보와 '유유상종'이라고 할 수도 있겠다. 그렇다고 전두환을 미화하는 후보의 바짓가랑이 밑으로 기어들어가야 되겠는가. 그 행보가 참으로 애처롭다"면서 "영혼 없는 두 철새 정치인의 추락의 끝이 어디일지 궁금하다. 현명한 국민들은 이미 그 끝을 짐작하고 있을 것이다"라고 강조했다.

김회재 민주당 의원(전남 여수을)도 성명을 통해 "김대중 전 대통령의 민주당에서 정치를 시작한 두 사람의 尹지지는 호남지역민의 눈과 귀를 의심케 만들고 있다"며 "윤석열은 최근 군사독재 시대와 전두환을 찬양하며, 전두환을 본받아 국정을 운영하겠다는 수준의 망언을 하고도 국민 앞에 제대로 고개를 숙이지 않았다"고 주장했다. 특히 김회재 의원은 "윤 후보는 국가의 폭력에 맞서, 민주주의와 헌정질서를 수호하기 위해, 추운 길가 위에서 주먹밥을 나누던 광주 정신과 광주시민을 모독했다"면서 "두 중진 의원의 윤 후보 지지는 호남 민심에 기름을 끼얹는 행위이고, 광주와 5·18의 정신을 위배한 것이며, DJ 정신마저 훼손하는 행위"라고 비판했다.
<2021. 10. 30>

10. 이준석과 윤석열, 그리고 尹 핵관

　사흘째 지방에서 잠행하고 있는 이준석 국민의힘 대표가 2일 제주에 머무르면서 "당대표는 적어도 대통령 후보의 부하가 아니다"라고 말했다. 이는 과거 윤석열 국민의힘 대선 후보가 추미애 법무부 장관에게 "검찰총장은 법무부 장관의 부하가 아니다"라고 한 말과 같은 맥락이다. 이준석 대표는 또 "저는 윤후보에게 배려를 받을 위치에 있는 사람이 아니다. 같이 협력해야 하는 관계고, 지금까지 대통령 후보 또는 대통령이 당을 수직적 질서로 관리한다는 것이 관례였다면 그것을 깨는 것부터가 시작"이라고 말했다. 모두가 맞는 말이다.

　기자들이 제주 현장에서 이 대표에게 '윤핵관(윤석열 핵심 관계

자: 측근)이 누군가'라는 질문에 대해선 "후보가 잘 알거라고 생각한다. 후보가 배석한 자리에서 그들은 나에대한 그런 모욕적인 발언을 나에게 한 걸로 들었다. 1명이 아니라 여러명"이라면서 "지금 특정하지 않겠지만 앞으로 모욕적인 언사가 계속 나오면 구체적으로 지적할 것"이라고 말했다. 이 대표는 또 "그들은 나에게 당 대표의 '당무 공백'을 지적하고 있는데 그들 후보 측 인사들은 나에게 '당 대표는 제발 아무것도 하지 말라, 후보가 중심'이라고 말해놓고, 아무것도 안 하겠다고 하니까 내가 서울에 없다고 태업이라고 하면 이는 너무도 황당하다"고 말했다.

이 대표는 또 "내가 그들에게 어떤 의견을 개진해도 받아들여지는 것도 없었다"면서 "후보측 관계자들이 방송에 나와서 나에게 공개적으로 아무것도 하지말래서 아무것도 안하겠다고 말했다'라고 말했다. 이쯤 되면 '윤석열호'는 바다에서 태풍을 만난 격이다. 그런데도 '윤핵관'들은 태평하다. 대선을 향해 하루하루를 보내고 있지만 그들은 국민들에게 감동을 주지 못하고 있다.

정책에 대한 비전도 안 보이고 윤석열 후보는 계속 검찰에서 익숙해진 행동만으로 연일 국민들에게 호감이 아닌 비호감만 보여주고 있다. 이준석 당 대표가 물론 자신보다 나이가 어리다고 하지만 그래도 정치짬밥은 어쨌든 선배 아닌가? 그런데도 尹은 이준석을 무시하고 있기에 당연히 그 마찰도 극에 달하고 있는 것이다. 그래서 국민들은 尹의 리더십에 대하여 고개를 흔들고 있다. 윤 후보는 지난달 5일 대선 후보로 선출된 뒤 당헌에 따라 당무 우선권을 쥐고 선거대책위원회 인선을 주도했다. 그러나 결과는 이 대표와 등을 지는 극한의 내부 분열뿐이다.

윤 후보, 그가 선대위에 새 인물이 아닌 과거 인사를 기용하면서 동떨어진 인선으로 정치 신인이 아닌 때 묻은 구닥다리로 그가 상징되고 있음을 그는 아직도 모르고 있다. 때문에 국민의힘은 대선 경선 이후 28일 째 선대위 인선을 두고 내홍이 지속되고 있는 것이다. 경선 후 '원팀'은 커녕 다중분열 상황이다. 더 큰 문제는 윤 후보, 자신이 주장하는 그의 상징인 '공정과 상식' 조차 훼손되고 있다는 점이다. 일각에서는 이 같은 일들이 윤 후보의 측근들로 알려진 '친윤계' 중진들과 '윤핵관'들이 주도하고 있다는 의문까지 제기하고 있다.

이준석 대표는 어쨌든 당규에 따라 대선 대책기구를 총괄하는 권한을 가지고 있는데 '윤핵관'들이 이를 무시하고 있다는 것이다. 일부 尹의 측근인사는 또 30대 당 대표인 이준석을 향해 "버르장머리를 고쳐야 한다"는 말까지 했다고 한다. 윤 후보가 이 대표에 대하여도 의견을 존중해 주면서 상대를 했으면 현재의 사태는 없었을 것인데 26년간 사람만 잡는 칼만 휘두른 검사 생활로 굳어버린 그의 인성 때문에 결국 정당 사상 부끄럽고 수치러운 현재의 사태가 발생했다고 본다. <2021. 12. 2>

11. 문 대통령, 박근혜 전 대통령 사면, 너무도 잘한 일

2021년 12월 24일 오전, 문재인 대통령은 모두의 예상을 깨고 박근혜 전 대통령의 특별사면을 전격 단행했다. 사실 문 대통령은 그간 수차 박근혜 전직 대통령 사면과 관련해 줄곧 거리두기를 해왔다. 정치권에선 문 대통령이 '대선 개입' 논란을 피해 내년 3월 9일 선거가 끝난 후 대통령 당선인과 협의를 거쳐 물러나기 전에 전직 대통령 사면을 단행할 것이란 관측이 많았다.

그러나 최근 박 전 대통령의 건강 상태가 계속 악화되고 있다는 보고를 받은 후 문 대통령은 결단을 내렸다. 정말로 잘한 일이다. 필자의 생각으로는 문 대통령의 사면 결단은 크리스마스 성탄절의 의미, 그리고 연말 안에 정리를 하겠다고 결정을 한것과 특히 박근혜 전 대통령의 건강 문제를 가장 고려했다는 생각이 든다.

올해 70세인 박 전 대통령은 2017년 3월 구속 이후 계속 어깨·허리 질환으로 구치소와 외부 병원을 오가며 치료를 받아 왔고 지난달 22일부터는 서울삼성병원에 입원 치료 중이었다. 실제 문 대통령도 이날 사면 단행의 입장문을 통해 "박 전 대통령의 경우 5년 가까이 복역한 탓에 건강 상태가 많이 나빠진 점도 고려했다"고 직접 밝힌바 있다.

만약 오늘 사면이 안되고 지내다가 문 대통령 재임중 박 전 대통령의 건강이 지속적으로 악화돼 수감중에 사망이라는 비상 상황이 생길경우 문 대통령으로선 큰 부담으로 작용할 수 있고 또 후임 정권에 사면처리를 맡기고 퇴임을 한다 해도 여러 가지로 좋은 일이 아니었기에 오늘 전격 사면을 당한 것은 너무도 잘 한 일로 박수를 보내고 싶다.

문 대통령은 특히 내년 3월 9일 대선 이후까지 박 전 대통령의 건강 상태를 지켜보며 위험을 감수하기 어렵다면 대선일이 다가올수록 사면에 따른 정치적 논란이 클 수밖에 없는 점을 고려해 가장 빠른 시기인 연말 특사를 단행한 것으로 풀이된다. 가령 대선일 직전의 3·1절 특사를 단행하는 것은 너무 큰 논란을 부를 수 있기 때문이다.

오늘 박 전 대통령의 사면을 결정하기까지 문 대통령은 각계 각층의 찬성과 반대의견을 두루 들었을 것이다. 특히 박근혜 하야를 부르짖었던 촛불시위 군중들은 분명 사면을 반대해 왔기에 문 대통령은 많은 고민을 했을 것이다. 그러기에 정치권 인사들은 문 대통령의 오늘 결단을 보면서 "왜 하필 대선을 앞둔 현재인가?"라면서 절묘한 시점에 이뤄졌다고 궁금증을 자아내고 있다.

만약 박 전 대통령이 건강을 되찾은 후 자신의 계보인 보수세력들에게 향하는 그의 언행은 향후 윤석열 국민의힘 대선 후보의 대선 전략에 적잖은 영향을 미칠 수 있고 또 박 전 대통령의 행보가 TK 등 보수층의 여론에 영향을 미칠 것으로 보이기 때문이다.

하지만 필자의 견해로는 박 전 대통령이 자신의 국정농단 사건을 지휘하여 자신을 구속시킨 윤석열 후보에 대한 지지는 없을것으로 보고 또 박 전 대통령은 일체 대선에 개입을 하는 것은 옳지 않다고 본다. 문 대통령 역시 이런 속내를 예감했다면 사면을 하지 않았을 것이다. 때문에 박 전 대통령은 오직 건강회복에만 집중을 해야하고 일체 대선 개입이 없어야한다. 그래야만이 박 전대통령 자신 스스로 밝힌 "사면을 해준 문재인 대통령께 심심한 사의를 드린다"라는 말을 국민들은 진정으로 볼 것이다. <2021. 12. 24>

12. 국민의힘, 이준석과의 싸움은 '파국'의 시작

윤석열 국민의힘 대선후보와 이준석 당대표 간 주도권 싸움이 정면충돌로 치닫고 있다. 이준석 대표는 선대위 직책을 던지고 나간 후 연일 장외에서 윤석열 후보에 대한 비판 수위를 끌어올리고 있다. 그러자 윤 후보가 그간의 침묵을 깨고 공개적으로 이 대표를 향해 경고음을 보내고 이에 국힘 소속 의원들의 성토까지 분출하고 있다.

이런 형국이다보니 이 대표는 전방위적으로 포위된 형국이라고 볼 수 있고 윤 후보는 오늘 국회에서 열린 중앙선대위 회의에서 "누구든 제3자적 논평가나 평론가가 돼선 곤란하다"고 작심한 듯 이 대표를 향해 말했고 김종인 총괄선대위원장도 "선거에 도움을 주겠다는 분들이 자기 의견을 피력하는 경우가 많은데, 그게 과연 선거에 도움이 되는지 냉정하게 판단해달라"며 윤 후보를 거들었다.

윤석열과 김종인 두 사람은 비록 상대방을 특정하지 않았지만, 상임선대위원장직을 사퇴하고 연일 언론 인터뷰를 통해 선대위를 향해 날 선 비판을 이어오고 있는 이 대표를 향해 '좀 제발 자중하라'는 신호를 보낸 것이다. 그간 이 대표에 대한 직접적인 비판을 삼가해 온 윤 후보와 김 위원장의 발언은 이례적으로 그만큼 이 대표의 행보에 대해 참고 인내를 해 왔는데 이제는 참을수가 없다고 판단한 것으로 보인다.

이들은 현재 윤석열 후보의 지지율이 하락세를 보이는 상황에 이 대표가 '내부 총질'로 윤 후보에게 부담을 가중시키고 있다는 시각으로 이 대표를 좋지않게 보고있는 것이다. 이준석이 존경한다는 김종인 총괄위원장도 "당 대표는 선거를 승리로 이끌 막중한 책임이 있다"며 "어떤 역할을 해야 하는지 스스로 알 것"이라며 이 대표를 향해 공격적인 말을 했다.

국힘당 내에서도 이 대표에 대한 비토 여론이 점차 높아지고 있다. 3선 김태흠 의원은 성명을 통해 "제발 가벼운 언행을 버리고 본연의 자리로 돌아와 달라"며 이 대표를 향해 쓴소리를 했고 이날 소집된 초선의원 총회도 이 대표에 대한 성토장으로 변했다. 한 참석자는 "이준석 당대표 거취 문제까지 거론됐다"며 "이 대표에게 면담을 신청해 모든 의견을 있는 그대로 전달하기로 했다"고 말했다. 그러나 반대편에서는 이준석 대표를 옹호하는 반론도 있다. 부산 출신의 3선 하태경 의원은 "이 대표를 죽이면 후보 지지율이 올라갈 수 있다는 당내 기류에 심각한 우려를 표한다. 이는 이 대표를 지지하는 2030 청년층 이탈만을 부추길 뿐"이라고 지적했으며 김철근 당대표 정무실장 역시 김태흠 의원 성명에 대하여 "전당대회에서 이 대표를 선출한 국민과 당원을 모욕하지 말라"고 맞대응했다.

이러한 당내 분위기를 보는 이 대표의 심정은 어떨까? 그는 여전히 강경하다. 그는 윤 후보의 '평론가' 발언이 나오자마자 공개 반박에 나섰다. "당 대표가 당을 위해 하는 제언이 '평론' 취급을 받을 정도면 언로가 막혔다는 인상을 줄 수 있다"고 맞섰다. 그는 또 "나는 대안을 담은 '제언'을 하고 있다. 이게 바로 민주주의"라고 강조했다. 하지만 윤 후보 측은 "이제 '제2의 울산 회동'과 같은 타협은 없다"는 입장이다. 그러나 국민의힘은 반드시 명심할 사항이 있다.

즉 이준석 대표가 국회의원 경력이 전무한 '0'선이지만 당내경선에서 주호영 나경원등 중진들을 제치고 장래 한국을 끌고 나갈 2030세대의 리더로 당당히 '당대표'로 당선됐다는 사실이다.
<2021. 12. 27>

13. 2022년 새해 첫 폭풍은 '박근혜 사면'

　　문재인 대통령은 지난해 12월 24일 박근혜 전 대통령을 특별사면 시켰다. 이로써 박 전 대통령은 지난 12월 31일 0시부터 공식적으로 자유의 몸이 됐다. 구속 수감된 2017년 3월 31일부터 계산하면 약 4년 9개월 만이다. '박근혜 사면'이라는 새 폭풍은 의혹 해명으로 바쁜 여야 유력 대선후보인 이재명과 윤석열에게 큰 고민거리다. 그러나 일단 표면적으로는 이재명 민주당 후보에게 유리한 상황으로 보이고 윤석열 후보는 그 타격을 최소화하기 위해 살얼음판 건너듯 상황에 대응하고 있다.

　　지난 12월 크리스마스를 맞아 박근혜 전 대통령이 사면된 이후 발표된 李-尹 여론조사 지지율에서는 희비가 엇갈렸다. 尹의 지지율이 상대적으로 하락하며, 李가 앞서가는 상황이다. 朴의 사면과 지지율 역전 현상은 거의 동시에 발생했다. 그만큼 박 전 대통령이 갖는 정치적 상징성이 있기 때문이다. 향후 박 전 대통령이 무슨 말을 하든, 하지 않든 그 자체가 정치적 언어로 해석될 수 있다는 의미다. 향후 李-尹 兩 후보의 격돌이 점차 치열해지는 상황에서 朴의 사면이 어떤 결과로 돌아올지 매우 예민하게 주목되는 시점이다.

기습적으로 발표된 朴의 사면에 대해 각종 여론조사에서 '잘한 결정'이라고 답한 응답자가 59.8%, '잘못된 결정' 34.9%로 잘한 것이 24.9%포인트 많았고 이러한 영향으로 윤 후보 지지율은 하락하는 모양새다. 전문가들은 "박 전 대통령 사면 찬성이 높은 것은 동정여론이 형성된 것이 기여한 바가 크다"고 말하면서 "윤 후보와 박 전 대통령 관계가 복잡미묘하다는 것이 문제"라며 "여론조사를 보면 우리 국민은 관계가 명쾌하지 않고, 복잡한 것을 굉장히 싫어한다. 박 전 대통령 문제를 인정할 수도, 부정할 수도 없는 윤 후보의 복잡미묘한 상황이 부정적으로 작용하고 있다"고 말했다.

최창렬 용인대 교수는 "TK가 윤 후보를 비판하면 정권교체가 안 될 상황인데 그들이 더욱 분노하는 것은 문재인 대통령"이라며 "정권교체를 목표로 윤 후보를 찍을 사람들이 박 전 대통령 문제로 지지를 철회하는 경우는 극히 드물 것"이라고 말했다. 한편에서는 "오히려 위기가 반전의 계기가 될 수도 있다"는 해석도 있다. 또 다른 전문가는 "만약 박 전 대통령 사면 문제로 실제 데이터상에서 윤 후보가 불리한 것이 확인되면 오히려 지지층이 결집할 것"이라며 "정권교체를 바라는 여론조사 결과가 더 많은 상황에서 박 전 대통령 문제는 상대적으로 약세에 있는 후보가 유권자들의 동정을 받아 지지도가 올라가는 추세를 만들 가능성도 있다"고 말했다.

이준한 인천대 교수는 "이재명 후보 입장에서는 박 전 대통령 사면에 대하여 아직 문 대통령 지지율이 높은 상황에서 이래라 저래라 할 상황이 아니다"며 "분명한 입장을 내지 않아도 크게 불리할 것도 없다"고 말했다. 어쨌든 아직도 미해결의 대장동, 김건희씨 의혹 등 큰 이슈가 여론의 향배를 결정하고 있지만 朴 사면 발표 직후 李-尹에 대한 지지율 역전이 뚜렷하게 나타났다는 점은 사안의 파급력을 지켜볼 필요가 있음을 의미하고 있다. 이에 대해 한 정치평론가는 "결과적으로 문재인 대통령이 굉장히 묘한 시기에 묘한 한 수를 던졌다"며 "박 전 대통령 사면 문제가 선거쟁점화 되는 것을 원천 차단하고, 보수 진영 내부에 미묘한 분위기를 만드는 절묘한 한 수"라고 설명했다. 그러면서 "박 전 대통령의 회고록과 향후 발언에 따라 2차 파동도 충분히 가능한 상황"이라며 "태극기부대, 탄핵, 촛불 이런 단어들이 연쇄적으로 나오면 국민의힘은 이미 건넜다던 탄핵의 강 앞으로 다시 끌려올 수 있다"고 말했다.

<2022. 1. 2>

14. 李-尹 두 후보의 TV토론, 승자는 과연 누가 될까?

　정치가 말로 하는 전쟁이라면, 대통령을 뽑는 잣대를 재는 TV토론은 그 전장의 최전선에 놓여 있다. 정해진 원고를 읽거나 외워 온 내용으로 적당히 때울 수 없는 무대다. 누구보다 날카롭게 상대의 허점을 파고드는 경쟁자를 상대해야 한다. 정치·경제·사회 등 방대한 이슈를 놓고 대통령 후보 로서의 자격을 검증받는 자리다. 더불어민주당 이재명·국민의힘 윤석열 대선 후보 측이 설 연휴 이전에 양자 TV토론을 하기로 최근 합의했다.

　그간 尹은 이재명 후보 측의 토론 제안에 대해 "대장동 게이트 범범자와 토론이라니 같잖다"며 피해왔다. 그는 또 지난해 12월 29일 대구경북 선대위 출범식에서 TV토론 제안과 관련, "국민의 알 권리를 이야기하려면 대장동과 백현동의 진상부터 밝히고 또 민주당 후보를 둘러싸고 있는 이런 음습한 조직폭력배 이야기, 잔인한 범죄 이야기 그런 것을 먼저 다 밝히라"며 "제가 이런 사람하고 국민 여러분 보는 데서 토론을 해야 되겠느냐. 어이가 없다. 정말 같잖다"고 맹비난했다.

이렇듯 막말 수준의 비난을 퍼부었던 尹 후보가 적극 TV토론에 합의한 이유는 무엇일까. 이는 현재 尹 캠프에 있는 KBS 앵커 출신 황상무 언론전략기획단장(구 선대위 시절)이 적극적으로 "토론에 응해야 한다"는 목소리를 내왔기 때문이다. 또한 "어서 링에 올라가 싸우라"는 국민의힘 내부에서의 요구도 적지 않았기 때문이다.

또한 부인 김건희 씨 '허위 경력' 논란으로 촉발된 '네거티브 수렁'에서 벗어나기 위해서라도, 공개적인 정책 논쟁이 필요하다는 것을 국힘 내부에서도 꾸준히 제기를 했다. 홍준표 의원 역시 "네거티브를 돌파하는 유일한 길은 정책 대선으로의 전환이다. 그러기 위해서는 조속히 대선 TV토론회를 개최해야 한다"며 "회피하지 말고 토론에 즉각 응하라"고 촉구했다.

결국은 주변에서 尹을 향하는 질책에 그는 자신감의 결여로 감점 요인이 된다는 주변의 건의를 받아들이고 부인 김건희의 7시간 통화 폭로, 그로인한 지지율 재추락 위험 등을 감안하여 토론에 합의를 한 것으로 결국 대통령 자리를 건 한판 승부로 피할수 없는 링에 오르게 되었고 그에게는 이제 숙명이 됐다. 죽음의 TV토론은 설 연휴전 26~28일 사이에 한번, 설 연휴 후 2차를 하기로 결정했다. 필자로서는 이 토론에서 어느 한쪽 누군가를 대통령으로 만들 운명을 결정한다고 생각한다.

李-尹 두 후보가 정책 및 현안을 두고 맞붙게 될 그 현장, 과연 TV 토론 승자는 누가 될까? 여론조사를 해보면 이재명 후보가 윤석열 후보를 압도하는 쪽으로 나오고 있다. 이는 경험과 능력에서 현저히 비교가 되고 있기 때문이다. 각종 유튜브에서 이재명 TV토론을 검색하면 이 후보는 엄청난 스파링을 소화했고 한번도 토론판에서 수세에 몰린 경우가 없는 것으로 나온다. 특이한 프로들과의 토론이 많았다. <정의란 무엇인가>의 저자, 하버드대학교수 마이클 샌델을 줌으로 연결시켜 <공정하다는 착각>에 대해 꿀리지 않고 논쟁을 주고 받았고 삼성경제연구소를 방문, 학자들과 토론을 주도했는가 하면 최근에는 경총을 방문해 10대그룹 CEO들에게 경제 실력을 마음껏 발산했다.

그 외 관훈클럽, 신문방송편집인협회, 방송기자토론, 삼프로TV 등에 나와 막힘없는 실력도 보여줬다. 토론장에 다녀온 참석자들의 말을 빌면 "토론장에서 머리를 굴리는 순발력 면에서는 이재명 후보를 당할 사람이 없을 것 같다"고 모두가 혀를 내둘렀다. 반면 윤석열 후보는 삼프로TV에 나와 몇몇 경제질문에도 제대로 답변을 하지 못했다. 이런 현상을 보고 "2030세대가 확 돌아섰다"는 얘기도 있었다.

이런 이재명 후보를 상대로 윤석열 후보가 더 토론을 잘한다면 모두가 놀라자빠질 것인데 아마도 그런 일은 없을 것 같다. 사실 토론은 종합예술이다. 논리에는 이겼지만 대중에게 어필하는게 더 중요하다고 본다. 그러나 사실 그동안의 이재명 토론을 살펴보면 지금껏 질문자들이 '살살' 다뤘고 토론의 룰도 엉성한 면이 있었다. 즉 달변인 이재명의 원맨쇼를 허락한 헐렁한 게임이었다.

그러나 이제 지상파 종합방송의 TV토론은 타이트하게 시간을 재고 묻는 말에만 답변하는 식으로 룰이 바뀌면 상황은 달라질 수 있다. 때문에 李 후보로서는 그간의 패턴을 바꿔야 한다고 본다. 즉 어떤 질문에 "국민 판단에 맡기겠다"는 무책임의 답변은 하지 말아야 한다. 뭐니뭐니 해도 외나무다리 승부처는 '대장동 게이트'가 될 것이다. 이것은 李 후보로서는 죽고 사는, 삼국지로 말하면 제갈량과 사마의가 벌리는 호로곡의 전투가 될 것이다.

尹은 어차피 토론에서 李에게 밀릴 것이다. 그러나 그에게도 한 방은 있을 것이다. 그 점을 준비하고 있어야 한다. 곧 전개될 TV토론의 승산과 관련하여 尹 측 황상무 단장은 "이재명 후보가 달변이고 물 흐르듯 말하지만 실제 들어보면 핵심 내용이 없다"며 "반면 윤 후보의 말은 투박하고 세련되지 못하나, 진솔함과 솔직함, 뚝심을 보여드리면 국민들이 토론해보고 반응이 좋으리라 본다"고 주장하고 있음을 李 후보 측은 철저히 대비를 해야 한다.

<2022. 1. 15>

15. 국가의 미래와 비전이 없는, 폭로戰만이 난무하는 20대 대선

　호랑이의 용맹 무쌍한 기운을 받아 2022 새해에는 국민과 함께 미래의 희망을 다짐하는 20대 대통령 선거를 치러야 하는데 선거판은 갈수록 정말로 난장판이 되고 있다. 세계는 지금 격변의 시간을 지나면서 빠르게 바뀌고 있는 현실이기에 정치인들은 경제와 삶의 방식을 선도하고, 새로운 국제질서에 대응해야 할 때인데도 불구하고 그 사명을 다하지 못하고 좌충우돌에 헤메이고 있는 것 같다.

　우리는 마음의 밭을 단단히 갈아두었고 경제의 씨앗 또한 잘 준비해 두었기에 모두가 함께 걷는 일로 오는 3월 9일 대한민국을 위해 일할 수 있는 대통령을 결정해야 하는데 참으로 후보 측 쌍방간에 폭로 난타전만이 횡행하고 있어 국민으로서 매우 아타깝고 한심할 뿐이다.

그야말로 녹취록 난타전으로 비상시국이다. 국민의힘 윤석열 후보 부인 김건희의 7시간 녹취록에 이어 이재명 후보의 160분 녹취록이 공개되면서 대선 정국은 혼란의 상태다. 이재명 후보 측에서는 "형님 되신 분이 어쨌든 성남시장 된 동생을 이용해서 뭔가 이권에 개입하려고 하고 그걸 거부했더니 어머니한테 찾아와서 어머니한테 정말 입에 담을 수 없는 욕설도 하고 그다음에 위해도 가하고 이러다 보니까 동생 입장에서 화가 나는 과정에서 저런 얘기가 나온 것 같다"고 말하고 있다.

이재명 후보측 지인인 황교익 씨는 이 후보의 욕설 녹취에 대하여 "차라리 국민들이 풀버전으로 다 들어봐 달라, 제발. 전체를 모두 다 들으면 이재명 후보의 입장도 이해가 갈 것"이라고 주장을 하고 있다, 또한 한 정치평론가는 "막장 드라마도 저리가라다. 역대 이런 대선은 없었다."면서 "후보들은 대한민국을 이끌 지도자로서의 국가 비전과 정책을 알리기보다는 해명하고 사과하는 데 바쁜 실정이다. 이러한 막장 폭로전은 유권자들의 정치 혐오를 더욱 부추키면서 혼탁한 양상으로 선거판이 흐르고 있다"고 말했다.

국민의힘 '이재명 국민검증특위' 소속 장영하 변호사는 19일 오전 국회 소통관에서 기자회견을 열고 이 후보의 과거 욕설이 담긴 녹음 파일을 추가 공개할 것을 예고했다. 장 변호사는 이미 이 후보의 욕설과 막말이 담긴 160분 분량의 미공개 녹음파일 34개를 18일에 공개했다.

이를 두고 정치평론가들은 "중요한 건 해당 녹취록이 여성 표심에 영향을 미친다는 것이며 여성 유권자들이 민감하게 반응할 수밖에 없다"고 평가했다. 또 "각 후보에 대한 반발심만 생길 뿐 지지율엔 영향이 크지 않을 것이며 유권자들도 처음엔 쇼킹하겠지만, 계속되면 충격의 강도가 떨어질 것"이라고 말했다. 이어 "대선 후보와 가족 등이 검증의 대상이란 점엔 분명하지만, 정책 경쟁이 실종된 '네거티브' 난타전이 자칫 유권자의 등을 돌리게 할 수 있다는 우려와 국가 미래나 비전이 보이지 않고 대신 네거티브밖에 보이지 않는다"고 말했다.

이재명-윤석열 후보는 또 녹취록의 난타전 말고도 양자 TV토론을 놓고 '27일이냐, 31일이냐.' 날짜에서 쟁점을 벌리고 있는데 일단은 설 전에 두 후보의 TV토론회 볼 수 있을 것 같다. 그러나 이 자리에서도 정책비전은 없고 가족사의 폭로 난타전이 또 이어진다면 대한민국은 정말로 불행한 대통령을 뽑을 것 같다. 어쨌든 승자와 패자는 구별이 될 것이기에... <2022. 1. 19>

16. 이재명-윤석열 후보의 첫 兩者 TV토론 무산은 잘된 일

　더불어민주당 이재명 대선 후보와 국민의힘 윤석열 대선 후보의 첫 양자 토론이 사실상 무산됐다. 양측은 무주제 토론까지는 의견을 좁혔지만, 최종 쟁점인 자료 반입 여부를 두고 팽팽히 맞서면서 결국은 합의에 이르지 못했다. 원래는 법원에서도 李-尹 양자 토론을 인정하지 않았다. 그런데도 양측은 강행하려고 했다. 이는 법을 무시하는 것이고 국민에게도 실망을 준 행동이었다.

　또한 안철수 국민의당 후보와 심상정 정의당 후보 역시 양자 토론에 반발하며 어제 오후부터 국회에서 철야 농성에 돌입한 상태다. 안 후보는 국회 본관 앞 계단에서 "거대 양당은 정말 자격이 없다. 누가 이 나라를 사랑하는지, 누가 이 대통령이라는 자리가 명예보다 막중한 책임이 있는 자리라는 걸 알고 있는지 국민이 알고 선택해주시기를 바란다"며 "그렇게 될 때 우리나라는 국운이 있을 것"이라고 말했다.

심상정 후보도 "애초에 하지 말았어야 할 부당하고 불공정한 시도였다. 대선이 불과 37일밖에 남지 않았다. 대선후보 간의 토론은 단 한 번도 이뤄지지 못했다. 윤 후보의 회피 전략은 결코 성공할 수 없다"며 "이 후보 역시 양자 토론에 집착함으로써 담합에 일조했다. 매우 유감스럽다"고 말했다.

필자는 李-尹 양측의 주장들을 살펴보았다.

우선 민주당 측 주장이다.

"애초 국민의힘이 '무자료' 토론을 요구했다"

"후보의 평소 식견대로 자유토론을 해야 한다"

"윤 후보 측이 주장한 '주제 없이, 자료 없이 토론하자'는 것을 전격 수용한 만큼 기존 합의대로 진행하자"

"대한민국의 국정을 운영하겠다고 나온 후보가 보좌진이 써 준 모범답안 없이는 국정이나 정책에 대해서 토론할 능력이 없다니 참으로 딱하다"

"국민께서 바라는 후보는 남이 적어준 답변대로 말하는 후보, 짜인 시나리오에 따라 연기하는 후보는 아닐 것이다"

"당초 국민의힘이 자료 반입 금지를 주장했다가 민주당이 주제 제한을 하지 않겠다고 양보하자 입장을 바꿔 자료 반입을 주장했다"

"여태껏 열심히 공부했다는 것은 '커닝 페이퍼'를 준비해왔다는 것인지 묻고 싶다"

"이재명 후보는 국민의힘이 제안한 '주제 없는 토론'을 대승적 차원에서 수용했다. 지금까지 윤 후보가 요구한 모든 조건을 전부 수용했다"

"이제 윤 후보가 토론을 거부할 명분은 더는 없다. 그런데 윤 후보 측이 '자료 반입'을 요구하며 손바닥 뒤집듯 자신이 한 말을 바꿨다. 차라리 삼프로TV에서 밝혔던 것처럼 정책토론을 할 생각이 없다고 솔직하게 고백하라"

"대선 후보가 토론회에서 보여야 할 것은 국정 전반에 대한 자신의 정치철학과 비전을 솔직하게 밝히고 당당하게 평가받는 것이다"

다음은 국민의힘 측 주장이다.

"판넬 형식은 제외하더라도 대장동 등 복잡한 사안에 대해서는 메모 형식은 허용해야 한다"

"윤 후보 측이 주장한 '주제 없이, 자료 없이 토론하자'는 것을 전격 수용한 만큼 기존 합의대로 진행하자"

"이재명 후보에게 뭘 물었는데 부인하면 어떻게 하겠느냐. 그러면 증거로 제시를 해서 진위를 가려야 하는 것 아니냐"

"선거법상으로도 자료는 반입하게 돼 있다. 법으로 보장된 걸 왜 막느냐"

"중앙선관위 토론 관리규정에 자료를 갖고 가게 돼 있는데 거부하는 이유를 모르겠다"

"범죄 혐의가 없으면 자료반입 조건을 받으면 되지 않나"

"대선후보 토론회에서 후보자가 자료를 지참해선 안 된다고 주장한 예도 없고, 이런 황당한 요구로 토론이 무산된 예도 없다"

"대장동, 백현동 게이트, 두산건설 용도변경 특혜 의혹, 성남 FC 160억 후원금 의혹, 형님 정신병원 강제입원 시도, 형수 욕설 등 수많은 비리와 의혹에 대해 자료와 증거를 들이대며 질문당하는 것이 두려운 것이 분명하다"

"대장동 비리는 단군 이래 최대 비리 카르텔 사건으로 범죄를 입증할 최소한의 자료가 있어야 토론이 가능하단 것이 상식이다. 넘쳐나는 의혹을 감추기 위해 선관위까지 동원해 TV중계를 막더니 아예 듣도 보도 못한 無자료 토론을 요구해 국민이 기대하는 양자 토론을 무산시키려는 의도가 분명하다"

이상 위와 같은 양측 논리의 주장이 있어 양자 TV토론은 무산이 됐다. 하지만 필자의 견해에서는 양자가 원고 없이 답안 없이 서로를 헐뜯지 말고 국민과 국가를 위한 각종 비전과 정책에 가감 없이 정견을 발표하는 것이 진정한 TV토론 이라고 본다. 그러나 두 사람이 토론할 수 있는 시간과 날짜는 아직은 또 있다. <2022. 1. 31>

17. 문재인 정권에서 출세를 한 윤석열이 문재인 정권에게 뱉는 毒說

　지난 15일부터 20대 대선선거 운동이 본격화 되면서 국민의힘 윤석열 대선후보가 거친 말로 전국을 휘돌며 자신의 지지를 호소하고 있다. 그가 현재 제1야당인 국민의힘 대통령 후보가 된 것은 문재인 정권 때문이다. 그런 그가 자신이 몸담았던 문 정권을 향해 독설들을 토해내고 있다. 다음은 그가 뱉은 말, 말, 말 들이다.

　"외교·안보 분야에선 문재인 정부는 북한과 중국의 눈치만 보고 있다"

　"전쟁 상황과 다름없는 상태에서 북한의 미사일 발사가 확실할 때 선제타격을 해야 한다고 이야기하고 사드 배치를 이야기했더니, 나보고 전쟁광이라고 막 풍악을 울리고 있다"

"김정은 심기 안 건드리고, 경호 잘하고 굴종 외교 하면 한반도의 평화가 지켜지는 것인가?"

"우리가 자유민주주의라는 정신에 입각해 민주화 운동을 많은 분이 해올 때 거기 끼워가지고 좌익혁명이념 그리고 북한의 주사 이론을 배워 민주화 운동 대열에 낑겨 마치 민주 투사인 것처럼 지금까지 끼리끼리 서로 도와가며 살아온 그 집단이 이번 문재인 정권 들어서서 국가와 국민을 약탈하고 있다."

"무식한 삼류 바보를 데려다 정치해서 망쳐놓고, 외교 안보 전부 망쳐놓고, 무능을 넘어서서 이제 뭐 사찰에 과거 권위주의 독재 정부가 하던 것까지(…)과거 권위주의 정부는 우리나라 국민경제를 확실하게 살려놔서 산업화 기반을 만들었다. 이 정부는 뭘 했냐?"

"누가 정치보복을 제일 잘 했나?, 자기 진 죄는 남에게 덮어씌우고, 자기 진 죄는 덮고, 남에게는 짓지도 않은 죄 만들어 선동하고 이게 히틀러나 무솔리니 같은 파시스트들, 공산주의자들이 하는 수법이다"

"비상식적인 좌파 이념을 쫓아내면 이 나라는 잘 굴러가게 될 것이다"

"80년대 운동권들이 자리와 이권 다 해 먹었지 않나. 이제는 폐기처분해야 하는 수십년 전의 사회혁명 이념을 가지고 자기들끼리 끼리끼리 뭉쳐 공직도 나눠 가지고 이권도 갈라 먹고 나라를 거덜 냈다"

"40년, 50년 전에 한물간 사회혁명, 그 이념에 도취해서, 그 꿈에서 깨어나지 못한 사람들이 계속 세력을 이어가며 족보 팔이를 해서 이권 세력을 구축하고 대한민국의 고위 공직과 이권을 다 나눠 먹었다"

"민주당과 전교조는 학력검증 반대한다. 공부할 거 없다. 그냥 좌파 이념에만 충실하게 따르고 그냥 민주당만 지지하면 우리가 나중에 세금 걷어서 기본소득 주고 우리가 그냥 대충 살게 해주마. 이게 사람이 먼저냐?"

"북한 사상(주사파)을 가진 80년대 '사회 혁명' 신봉 운동권 세력이 현재까지 이어와 나라를 거덜냈다."

"이 정부 경제정책, 부동산 정책을 보라. 이것을 도대체 28번이나 한 게 말이 되는 소리냐? 저는 이 사람들이 머리가 나빠서 그랬다고 보지 않는다. 아주 고의적이고 악의적인 것이다. 집값 올려서 운 좋아 집 가진 사람과 그렇지 못한 사람을 가르고, 집 없는 사람은 민주당 찍게 하려고 만들어 놓은 것이다"

"집값 올린 것이 실수가 아니라고 했는데, 양극화 역시 마찬가지다. 못 사는 사람은 자기들 편이라 생각해서 양극화를 방치하거나 조장하는 것이다"

"법과 원칙에 따라 이쪽이든 저쪽이든 진영과 관계없이 국민을 약탈한 행위는 벌을 받아야 하는 것이지 그걸 적폐청산, 정치보복이라고 국민을 속이냐?"

"짓지도 않은 죄를 만들어 선동하는 것은 파시스트나 공산주의자들의 수법이다. 히틀러나 무솔리니 같은 파시스트들이 뒤집어씌우는 건 현 정부가 세계 최고다"

"독일의 나치, 이탈리아의 파시즘, 소련 공산주의자들이 늘 하던 짓이 자기 과오는 덮고, 남이 하지도 않은 걸 뒤집어 씌우는 것이다. 이런 허위 선전공작은 전체주의자들 전유물이다"

이러한 윤석열 후보의 독설에 대해 보수 중도 성향의 이상돈 중앙대 명예교수는 MBC 라디오 표창원의 뉴스하이킥과의 인터뷰에서 "선거 때 파시스트 같은 적나라한 표현을 쓴다는 것은 잘못된 일"이라며 "윤 후보가 처음 하는 선거이다 보니, 정치적 언어에 굉장히 미숙한 것 같다"고 쓴소리를 했다. 그러면서 "그러한 표현으로 불필요한 분란을 일으키지 않는지 돌아보고 앞으로 표현을 순화할 필요가 있다"고 조언했다.

여권도 강하게 반발했다. 홍영표 민주당 의원은 사회관계망서비스(SNS) 페이스북에서 "마음 급한 대선 후보의 선 넘은 발언을 듣고 귀를 의심했다. 설마 문재인 대통령이 히틀러, 무솔리니 같은 독재자란 말이냐. 민주당이 나치, 파시스트, 공산주의자라면 검찰총장이었던 본인은 게슈타포, 홍위병, 인민재판장이냐"며 "파시스트를 찾으려거든 거울을 보라"고 쏘아붙였다.

그러면서 "있지도 않은 적폐를 청산하겠다는 것이 정치 보복이고, 검찰 공화국을 수립하겠다는 것이 바로 파시즘적 발상"이라며 "법에 따라 모든 부정부패에 단호하게 맞서겠다니 자신 측근의 비리부터 먼저 밝혀야 마땅하다. 얼토당토않은 비교로 국민을 현혹하는 모습이 한심하다"고 윤 후보를 비판했다. <2022. 2. 22>

18. 경쟁력의 이재명,
정권심판론의 윤석열,
D-9 兩者의 운명은?

　대선이 9일 앞으로 다가온 가운데 이재명 더불어민주당 대선 후보와 윤석열 국민의힘 대선 후보가 초박빙 접전을 이어가고 있다. 그야말로 피를 말리는 순간이다. 역대 이런 대선이 없었다. 이전 선거를 보면 3개월전에 이미 어느정도 당선의 윤곽이 나왔다. 그런데 이번 선거는 정말로 아니다.

　이재명 후보와 윤석열 후보에 대한 세대별 지지가 엇갈리고 있는 만큼 세대별 투표율이 두 후보의 승부를 가르는 최대 변수가 될 것이란 관측도 나온다. 이에 따라 양당은 자신들을 향한 지지 세대의 투표율을 높이기 위해 총력전을 전개하면서 3월 4~5일 지지층의 사전투표 참여를 독려하고 있다. 이번 대선에서 세대별 대결 구도가 형성되면서 어느 세대가 더 많이 투표 현장에 나올지가 선거 결과에 결정적인 영향을 줄 수 있기 때문이다.

각종 여론조사를 보면 이재명 후보는 4050세대에서, 윤석열 후보는 20대와 60대이상 세대에서 우위를 기록하고 있다. 30대는 두 후보가 분점하는 구도이기도 하다. 민주당은 또 통상 노년층보다 청장년층의 사전투표 성향이 높다는 점을 고려할 때 높은 사전투표율을 지지층이 결집했다는 청신호로 해석하는 모양새다.

이재명 후보 선대위측은 "사전투표까지 일주일이 이번 대선의 승패를 좌우한다"며 "사실상 모든 승부가 이 기간에 이뤄진다고 판단한다"고 목소리를 높이고 윤석열 후보 선대위측도 일부 보수진영내 퍼진 사전투표 부정선거론에 대해 해명 작업에 나서는 등 사전투표를 이례적으로 적극 독려하고 있다.

20대는 통상 진보 성향을 보여왔지만 조국 사태 등을 계기로 국민의힘을 지지하는 경향을 보이고 있다. '젊은층이 투표에 많이 참여하면 민주당이 유리하다'는 전통적 셈법이 깨지면서 투표 의지가 가장 낮은 20대를 공략하고 있는 것 같다.

또한 코로나19 오미크론 변이 확산도 변수로 꼽힌다. 그 이유는 보수 성향이 강한 60대 이상 유권자가 오미크론 변이 감염을 우려해 투표 참여를 망설일 수 있기 때문이다. 다만 지난해 4월 21대 총선 투표율(66.2%)이 앞선 총선(58%)보다 오히려 높았다는 점에서 오미크론 변이가 큰 변수가 되지 않을 수 있다는 관측도 존재하고 있다.

이번 대선은 양당 후보에 대한 비호감도가 유례를 찾기 힘들 정도로 높은 비호감 대선 속에 치러지는 선거이다 보니 중도층이나 부동층의 선택이 최대의 변수로 꼽힌다. 그리고 어제 발생한 安-尹의 단일화 문제 안건에서도 최종 결렬사태로 막을 내림에 이 문제도 하나의 변수가 될 수 있다고 보면서 어쨌든 민주당은 후보 경쟁력을 내세우고 국민의힘은 정권심판론을 내세워 전국 유권자들을 상대로 지지와 호소를 해야 할 것이다. <2022. 2. 28>

19. 이상돈 전 의원의 안철수에 대한 혹평

　이상돈 전 국민의당 의원(중앙대 명예교수)은 3일 윤석열 국민의힘 대선후보와 단일화에 합의한 안철수 국민의당 후보에 대해 "3등 트라우마에 따른 백기투항"이라고 혹평했다. 이 전 의원은 2012년 대선에서 새누리당 비대위원을 지낸 중도 보수 성향 인사로, 안철수 후보가 창당한 옛 국민의당에 합류해 비례대표 의원을 지내며 한때 '안철수의 멘토'로 불렸다.

　이상돈 전 의원은 이날 모 인터넷 매체와의 통화에서 "안철수 후보는 2017년 대선에서 2등도 아니고 3등을 했다, 본인은 그 충격이 컸을 것이고, 그게 3등 트라우마로 남았다. 또 2018년 6·13 지방선거인 서울시장 선거에서도 2등은 할 줄 알았는데, 김문수한테도 졌다. 그런데 이번에는 3등도 완전히 처지는 3등 아니냐"고 말했다. 이 전 의원은 이어 "내가 보기에는 안 후보의 대선 출마 자체가 무모했다"면서 "돈을 많이 들어서 회심의 작품으로 유세버스를 만들었는데, 불법개조해서 전부 못 쓰게 됐다. TV토론회 외에 사실상 선거운동을 더 이상 할 수 없게 됐다"고 지적했다.

그는 또 "국민의힘이 안 후보를 받아들이면 골치 아플 텐데, 왜 그랬는지 모르겠지만, 자기들도 판세가 뒤집어질 수 있다는 위기의식 때문인 것 같다. 그러나 이번에는 과거와 다르다. 워낙 안철수 바람이 미풍이어서 단일화로 인한 효과도 미풍이고, 역풍이 분다고 해도 미풍이다. 큰 변동은 없을 것"이라고 전망했다.

이어 이상돈 전 의원은 특히 안 후보가 "단일화는 없다"고 했던 본인의 말을 바꾼 것에 대해 과거 국민의당 시절 안 후보의 '말 바꾸기' 사례를 언급하며 "지구인이 아니라 외계인"이라면서 "불과 며칠 전까지만 해도 윤석열이 되면손가락을 잘라야 한다고 하더니, 자기부터 잘라야 되는 것 아니냐"면서 "안 후보는종잡을 수가 없고, 소통의 문제가 아니라 자기가 무엇을 할지 모른다는, 본심에 문제가 있다. 그래서 과거 국민의당을 같이 했던 의원들이 저 사람은 지구인이 아니라 외계인이라고 했다"고 지적했다.

앞서 안철수 후보는 지난 2월 22일 울산 중앙시장 유세에서 윤석열 후보를 겨냥 "상대방을 떨어뜨리기 위해 마음에 안 들고 무능한 후보를 뽑아 당선되면 어떻게 되겠나. 1년만 지나고 나면 내가 그 사람 뽑은 손가락 자르고 싶다고 말했다" "인간으로서 안철수 그 사람을 해부해 봐야 한다. 사람의 탈을 쓰고 이렇게 할 수 없다"며 "지난번에 호남에 가서 사과를 했는데, 또 가서 사과를 해야 할 상황"이라고 비판했다.

안철수 후보는 지난 2020년 1월 정계 복귀를 선언하며 귀국한 뒤 광주를 방문, 옛 국민의당과 바른정당의 합당을 사과했다. 안 후보는 지난 2월 27일에도 광주 충장로 유세에서 "지난 2016년 광주에서 국민의당을 38석이라는 엄청난 정당으로 만들어주셨는데, 국민통합이라는 대의명분을 위해 영남을 지지 기반으로 하는 바른정당과 통합하면서 광주시민들에게 실망감을 안겨줬다"고 거듭 사과의 뜻을 밝혔다.

이 전 의원은 "한 마디로 이렇게 짧은 기간에 말 바꾸는 사람이 단군 이래 있었는지 모르겠다. 정치인은 말할 것 없고 일반 사람도 일관성이 있어야 하고 말을 바꾼다고 해도 계기와 설명이 있어야 하는데, 안 후보는 그런 게 없다"면서 "한국 정치판과 호남 유권자를 능멸한 것이다. 보통 사람으로서는 도저히 할 수가 없는 일"이라고 성토했다. <2022. 3. 4>

20. 두 달간의 현재 권력과 미래 권력의 불안한 동거

세상 사람들이 살아 가는데는 모두가 인연(因緣)이 있다. 그러나 그 인연에는 호연(好緣)이 있고 악연(惡緣)이 있다. 9일 저녁 밤 9시부터 피를 말리는 이재명-윤석열 후보간 초박빙의 개표(득표) 과정에서 이재명 후보는 아쉽게도 24만표차(0.8%)로 패배를 하고 반면에 윤석열은 20대 대통령에 당선이 됐다.

대통령 당선인 윤석열을 만든 것은 아이러니하게도 문재인 대통령이다. 문 대통령은 윤석열을 '좋은사람'으로 보고 검찰총장에 '파격 발탁'을 했다. 이 때만해도 문 대통령은 윤 총장에게 확실한 신임을 가졌다. 문 대통령과 윤 당선인은 모두 사법고시 출신이지만 합격 시기가 11년이나 차이가 나는 탓에 직접적인 인연을 맺을 기회는 없었다.

문 대통령은 2013년 국정감사에서 "수사 과정에 검찰 수뇌부의 외압이 있었다"고 폭로했다가 좌천된 윤 당선인을 '정의의 검사'로 특별히 달리 보고 있다가 박근혜 대통령이 탄핵으로 하야를 하면서 문 대통령 자신이 2017년 대통령에 당선, 집권과 동시에 윤 당선인을 서울중앙지검장으로 임명하면서 화려하게 검찰 핵심부에 복귀를 시켰다. 차장검사급이던 윤 당선인을 기수를 파괴하면서 검사장급인 서울중앙지검장에 영전을 시킨 것 자체가 그야말로 파격적이었다.

이때 문 대통령은 "검찰의 가장 중요한 현안은 국정농단 사건 수사와 공소유지"라며 "그 점을 확실하게 할 수 있는 적임자"라고 윤 당선인을 치켜세웠고 당시 청와대 안팎에서도 "윗선의 압력에도 굴하지 않는 대쪽 같은 면모를 가진 강골 검사"라고 호평을 했다. 이후 윤 당선인은 문 대통령의 특별배려로 2019년 7월 검찰총장의 자리에까지 오르며 탄탄대로를 달린다. 이는 검찰총장 임기제 도입 후 고검장을 거치지 않고 총장으로 직행한 첫 사례로, 윤 당선인에 대한 문 대통령의 전폭적인 신뢰때문이었다.

그러나 문 대통령과 윤 당선인과의 관계는 문 대통령이 법무부 장관에 조국 전 청와대 민정수석을 내정한 것을 계기로 파괴가 시작됐다. 조 전 장관과 그 가족을 둘러싼 의혹을 두고 검찰이 대대적인 압수수색을 진행하자 문 대통령과 윤 당선인은 정면으로 충돌하기 시작했다. 조국 전 장관은 문대통령이 총애하는 부하였는데 그를 저격한 것은 바로 문 대통령에 대한 일종의 배신이었다.

조 전 장관을 향한 윤 당선인의 온갖 횡포로 결국 조 전 장관은 조기 사임을 하고 추미애 의원이 후임자로 장관이 되었지만 윤 당선인과 추 장관과의 갈등은 더욱 더 정점을 향해 치달았다. 추 장관이 라임 자산운용 로비 의혹 사건 등과 관련해 '윤 당선인의 측근 감싸기' 의혹을 제기하는 등 '추·윤 갈등'은 당시 정국의 핵으로 부상했다.

이때 여당에서는 '추·윤 동반사퇴론'까지 제기하며 적극적인 중재를 촉구했지만 문 대통령은 이를 받아들이지 않았다. 이에 추 장관이 윤 당선인을 검찰총장 직무에서 배제하자 윤 당선인은 반발하는 과정을 보였는데 역설적으로 그 사이 윤 당선인의 정치적 몸값은 천정부지로 올리면서 일반 보수여론은 급기야 그를 야권의 유력 대선주자로 급부상 시켰다.

이런 분위기를 김지한 윤 당선인은 두 달 뒤인 지난해 3월 4일 총장직을 사퇴하면서 "이 나라를 지탱해 온 헌법 정신과 법치 시스템이 파괴되고 있다"는 사퇴의 변을 남기며 문 대통령을 정면으로 겨냥했다. 이로서 文-尹 양측은 돌아올 수 없는 강을 건너면서 문재인 현 정부의 출범과 함께 연을 맺은 지 4년 만에 문 대통령과 적을 져야하는 대결자가 되었다.

그리고 그는 야당인 국민의힘에 입당을 하면서 화려하게 국민의힘 대통령후보가 되었고 유세과정에서 그는 "대통령에 당선 뒤 문재인 정권을 대상으로 한 적폐청산 수사를 하겠다"는 인터뷰를 했다. 바로 지난달 9일 중앙일보 인터뷰에서 '문재인 정부 초기처럼 전 정권 적폐청산 수사를 할 것인가'라는 질문에 "할 것이다"라고 확실하게 대답을 한 것이다.

　이를 본 문 대통령은 다음 날 "현 정부를 근거 없이 적폐 수사의 대상으로 몰고 있는데에 강력한 분노를 표한다"며 보기 드물게 불편한 감정을 숨기지 않았다. 그리고 그는 이재명 민주당 후보를 24만표 차로 이기고 20대 대통령에 당선이 됐다. 정치권에서는 이를 보고 "이번 대선은 여야 후보가 아닌 문 대통령과 윤 당선인 간 대결 구도로 흘렀다"는 해석까지 나왔다.

　문 대통령은 이번 대선을 앞두고 "국정의 주요 분야에 차기 정부가 잘 대비할 수 있도록 해야 한다"는 점을 꾸준히 강조해 왔다. 선거 전날인 8일 국무회의에서도 "급변하는 국제질서 속에 외교·안보에 대해 당선자 측과 잘 협력하도록 준비하라"고 말했다. 또한 10일 오전에는 문 대통령이 윤 당선인에게 전화를 걸어 축하를 했고 오후에는 정무수석과 비서실장을 보내 축하 난도 전달을 했다. 그러나 '적폐 수사' 발언 등을 쏟아낸 윤 당선인과의 관계, 즉 두 달간의 현재 권력과 미래 권력의 불안한 동거를 어떻게 할지 모르겠다. <2022. 3. 10>

21. 국민의힘에 정권을 빼앗긴 민주당, 그 이유는?

5년 전 문재인 정권의 탄생을 현장에서 지켜봤다. 그때는 다들 자신감이 넘쳤고 희망에 겨웠다. 사상 초유의 탄핵 정국 이후 태어난 정권이라 더 그랬다. 민주당엔 차기 대선 주자가 즐비했고 국민의힘은 정확히 반대였다. 이해찬 전 대표는 대놓고 '20년 집권설'을 이야기했다. 적지 않은 이들이 고개를 끄덕였다. 그러나 5년이 지난 지금 현실은 어떤가? 초박빙 승부였다지만 어쨌든 민주당은 패배를 했다. 권력은 유한하고, 민심은 이토록 냉정한 것이다. 민주당의 정권 재창출 실패를 분석해 보자.

올라도 너무 올랐다. 그건 민주당 사람들도 다 안다. 대다수 국민들에게 부동산은 단순히 재산 증식의 수단이 아니라 삶의 질과 직결되는 문제다. 날마다 얼마나 걸려 출퇴근을 하고, 어린 아이들이 학교에 갈 때 건널목을 몇 개 건너야 하며, 몇 년 마다 이사 문제로 머리를 싸매야 하는지 여부를 결정하는 문제다. 밤새 일해 덜 먹고 덜 입으며 돈 모아도, 대출 당겨 집 산 사람보다 못 살게 되는 공정과 형평의 문제다. 없는 사람은 집값 때문에, 있는 사람은 세금 때문에 힘들어졌다. 극소수를 제외하고, 적어도 부동산 앞에선 모두가 불행해졌다.

우리만 옳고 너희는 그르다는 오만과 독선 때문이다. 필요하면 상대를 악마화하고 증오와 분노를 조장하는 일이 너무도 잦았다. 그 대상은 때로는 야당이다가, 검찰이다가, 언론이기도 했고 때로는 평범한 시민이기도 했다. 한국 사회의 대표적 진보 논객이던 강준만 전북대 교수는 그의 저서에서 "문재인 정권의 '내로남불' 사례를 일일이 정리하다가 중도에 그만두고 말았다.(중략) 거의 모든 게 내로남불이었기 때문"이라고 썼다. 강 교수 개인의 감상만은 아니다. 지난해 5월, 민주당이 자체 실시한 집단 심층 면접조사(FGI) 보고서에서 응답자들은 민주당 하면 떠오르는 이미지로 당 색인 파랑(10.0%)에 이어 내로남불(8.5%)을 두 번째로 꼽았다.

정확히는 일부 강성 지지층만 바라보고 정치적 이익을 챙기려고 하는 소수의 정치인들 때문이다. 지난 몇 년 동안 민주당 안팎에선 정치적 체급을 키우는 '공식' 같은 것이 있어 왔다. 온갖 개혁과 적폐 청산을 외치며 극단에 가까운 목소리를 내면 일부 강성 지지자들의 성원을 등에 업고 공천도 받고, 최고위원도 될 수 있었다. 빚을 지면 갚아야 하기에 그들은 강성 지지자들의 과대 대표된 목소리를 대변했고 그때마다 민주당은 실제 민심과 거꾸로 갔다. 지난해 4.7재보선 참패 이후 민주당 서울시당이 자체 실시한 집단 심층 면접조사(FGI) 보고서에서 면접참여자의 대다수가 '조국 사태'를 패인으로 꼽았지만 일부 의원들은 여전히 '조국 수호'를 외치기에 여념이 없었다.

민주당은 정치적 테크닉 면에선 여전히 비교우위를 가진 정당이다. 학생 시절부터 정치적 경험과 역량을 쌓아온 586세대의 영향 덕일 수도 있다. 문제는 프레임 자체도 그때 그 시절에 머물러 있는 경우가 많다는 사실이다. 민주당 내부에선 이번 대선 정국에서 가장 실패한 프레임 가운데 하나로 '대장동 몸통은 윤석열'이라는 캐치프레이즈를 꼽는 의견이 꽤 있다. 2015년 대장동 개발사업 시작 당시 윤석열 당선인은 국정원 댓글수사로 좌천돼 대구고검 검사로 있었다. 민주당 주장대로 2011년 부산저축은행 불법 대출 수사를 덮었다는 의혹이 다 맞다고 가정하더라도 "윤석열도 책임이 있다" 정도로 갔어야 했다.

한때 국민의힘 계열 정당을 보수정당이라고 부르고 민주당은 진보 정당, 진보 진영이라고 불렀지만 지금은 아무도 그렇게 부르지 않는다. 국민의힘은 여전히 보수지만 민주당에는 이제 '진보' 자를 붙이지 않는다. 그만큼 민주당이 보수화, 우클릭했기 때문이다. 수권 정당으로 거듭나면서 중도 표심을 얻기 위해 우클릭하고 중도로 다가간 것은 긍정적으로 평가할 부분이 있지만 문제는 그 과정에서 민주당이 지향하던 여러 가치를 잃었다는 사실이다. 이번 대선에서 이재명 후보의 공약은 윤석열 후보의 공약과 크게 다르지 않았다.

　권력은 유한하고 민심은 변한다. 민주당도 지금보다 더 발전해야 한다. 민주당과 그 지지자를 위해서가 아니라 한국 사회를 위해서 말이다. <2022. 3. 12>

22. 尹 대통령 당선자의 MB 사면 건의는 부적절

　오늘 16일 원래는 윤 당선자와 문 대통령이 청와대서 회동을 하기로 돼 있었다. 그러나 회동이 돌연 연기되었다. 일단 연기된 문재인 대통령과 윤 당선인 회동은 다시 성사가 되겠지만 주제가 MB 사면건이라고 한다. 즉 윤당선인이 MB의 특별사면 필요성을 띄우면서 사면 정국으로 정치를 시작하려는 尹의 생각인것 같다. 더불어민주당과 국민의힘은 이 문제를 놓고 찬반 논쟁에 돌입했다. 이렇게 되면 MB사면 여부가 윤 당선인이 공언한 '국민통합'의 출발, 문 대통령이 내세운 '촛불정부' 마무리 지점의 주요 평가 잣대가 될 수 있다.

　윤 당선인이 MB사면이 필요한 이유의 첫머리로 삼은 것은 국민통합이다. 김은혜 당선인 대변인은 전날 "윤 당선인은 이명박 전 대통령 사면을 요청하겠다는 생각을 오래전부터 견지해왔다. 이번 (문 대통령과의) 만남을 계기로 국민통합의 계기가 마련되길 기대한다"고 했다. 윤 당선인은 지난해 12월 대구를 방문한 자리에서 "한때 많은 국민 지지를 받고 중책을 수행해 오신 분을 장기간 구금해놓는 것이 국민통합을 생각할 때 미래를 향한 정치로서 맞는 것이냐"고 말했다.

대통령 특별사면권을 국민통합과 연결짓는 것은 정권 이양기의 오랜 법칙이기도 했다. 1997년 12월 김영삼 전 대통령은 전직 대통령 전두환씨와 노태우 전 대통령의 특별사면을 결정하며 "국민대통합을 이뤄 경제난국 극복에 국가 역량을 총결집하기 위한 것"이라고 밝혔다. 당시 당선인이던 김대중 전 대통령과 협의했다고 했다. 노무현 전 대통령은 임기 4년차인 2007년 2월 여야 인사를 사면하면서 "국민대통합"을 앞세웠다. 문재인 대통령도 지난해 12월 전직 대통령 박근혜씨와 한명숙 전 국무총리 등을 사면하며 "국민통합과 겸허한 포용이 절실하다"고 했다.

대통령의 특별사면권은 헌법 79조에 규정돼 있다. 일반사면과 달리 국회 동의 없이 대통령이 결정한다. 대통령의 특별사면권 행사는 공정과 상식에 어긋난다는 지적에 부딪혔다. 법원 판결을 뒤집는 삼권분립의 예외조항으로 절제해야 한다는 의견이 제기돼왔지만 '국민통합'을 이유로 사면이 이뤄졌다. 경제위기 극복, 미래를 향한 진전 등의 추가 이유가 따라붙곤 했다. 윤 당선인이 말하는

'국민통합'의 내용도 이와 비슷한 취지로 보인다.

　대통령 사면권 축소 논의는 번번이 국회 문턱을 넘지 못했다. 문 대통령은 2018년 특별사면 전 사면위원회 심사를 거치도록 하는 등 사면권을 제한하는 내용이 담긴 헌법 개정안을 발의했으나 국회 의결정족수가 미달해 무산됐다. 문 대통령이 지난해 12월 박근혜 전 대통령을 사면할 때도 사면권 제한 논의가 나왔지만 대선 뒤 유야무야됐다.

　사면 정국을 어떻게 돌파해 나가는지는 문 대통령에게 막판 시험대가 될 수 있다. 문 대통령은 박 전 대통령 사면으로 이미 '촛불 정부' 원칙이 훼손됐다는 비판을 받았다. 뇌물 등 '5대 중대 부패범죄' 사범에 사면권을 행사하지 않겠다는 대선 공약을 파기했다는 지적이었다. MB사면 여부도 문재인 정부의 마무리 국면을 규정하는 상징적 사안으로 작용할 수 있다.

　국민의힘은 '국민통합'을 내세워 이씨와 이재용 삼성전자 부회장 사면을 띄우는 총력전에 나섰다. 김기현 원내대표는 지난 14일 사회관계망서비스(SNS)에 "윤 당선인을 선택한 국민의 표심은, 국민통합을 통해 화합과 번영의 새 시대를 열어달라는 것"이라며 대선 결과를 이씨 사면 필요성과 연결지었다. 권성동 국민의힘 의원은 MBC 라디오에서 "박근혜 전 대통령은 사면해주고 그보다 더 연세도 많고 형량도 낮은 이명박 전 대통령 사면을 안 해준 건 또 다른 정치보복"이라면서 문 대통령 결단을 촉구했다. 하지만 민주당 초선 의원들은 국회 기자회견에서 "전직 대통령이 중범죄로 수감되고 얼마 지나지 않아 사면되는 상황을 관행처럼 반복해서는 안 된다"고 밝혔다. 이탄희 의원은 "윤 당선인은 서울중앙지검장 시절 이명박 전 대통령을 수사하고 기소한 장본인"이라며 "사면이 필요하다고 생각한다면 윤 당선인이 대통령이 된 뒤 직접 하시기 바란다"고 했다.

　필자 역시 MB 사면건의는 부적절하다고 본다. 물론 '좋은 게 좋은 것'이라는 식의 대사면은 오히려 장기적으로 통합을 저해한다. MB의 사면 조치가 국민통합에 도움이 되는지는 상대적인, 상황적인 문제가 있지만 국민이 공감하는 사면이 돼야하고 또 특히 MB사면은 사면이 진정 국민통합에 도움이 되느냐, 또는 충분한 응보의 결과를 만들어냈느냐, 일반예방·특별예방이라고 하는 형사처벌의 목표를 이뤄냈는지를 한꺼번에 봐야 한다고 본다.

　통합이 가끔씩 봉합과 혼용되는 경우가 있다. 즉 적당히 묻어두고 봐주고 없는 것으로 치고 넘어가자는 건 통합이 아니라고 본다. 진정한 통합이란 책임질 건 분명히 하고, 역할을 분담하는 것이기에 윤 당선자가 MB를 사면하려면 자신의 대통령 취임기념으로 자신 스스로 사면을 해 주는것이 맞다고 본다. <2022. 3. 16>

23. 윤석열 당선인은 '청와대 국방부 이전' 再考 해야

윤 대통령 당선인의 첫 국정 과제가 청와대 집무실 이전이 돼 버렸다. 코로나 확진자가 폭증하고 우크라이나와 러시아 전쟁 발발, 경제 불안감이 갈수록 높아지는 상황 속에서도 청와대 집무실 이전은 속도감 있게 광화문에 있는 외교부 청사를 거쳐 용산 국방부 청사까지 도달을 했다. 이 문제를 놓고 아직은 여당인 더불어민주당과 국민들 사이에선 "당선 된지 이제 10여일도 안되는데 이렇게 서둘러 결정할 이슈로 인수위가 가장 최우선에 두고 논의해야 할 문제인지, 또 논의 과정은 적합했는지에 대한 논란등이 제기되고 있다.

이런 이슈의 중심에는 또 다른 '윤핵관'이 있었다. 당선인 직속도 인수위 직속도 아지니만 집무실 이전 논의 장소를 물색하고 있는 전담 '청와대 이전 TF'팀의 윤한홍 국힘 의원과 경호처장으로 내정된 김용현 전 합동참모본부 작전본부장이 새로운 윤핵관으로 등극을 하여 공작을 한 것이다. 국방부 이전을 놓고 더불어민주당은 물론 국방부 내부와 용산 주민들의 반발은 거세지고 있다. 청와대 집무실이 국방부 청사를 쓸 경우 전력자산이 분산되는 등 당장 안보 문제가 발생할 가능성이 있는데다 또 대규모 국방부 인력들이 다양한 곳으로 배치되면서 불편함이 생기기 때문이다. 아울러 국방부 인근 주민들의 재개발지연, 교통체증도 불러온다는 점에서 반발이 나온다.

더불어민주당 비대위 윤호중 위원장은 "국가 안보보다 무엇이 중요한지 의문이다. 용산 청사로 이전한다고 했는데, 북한의 대륙간탄도미사일(ICBM) 추가 도발이 임박한 안보 위기 상황에서 이전 발상은 국가 안보에 큰 구멍을 뚫는 것"이라고 비판했다. 그러면서 "국민과의 소통을 위해 집무실을 이전한다면 용산 주민과 단한 번의 공청회라도 열어야 하지 않나"라고 목소리를 높였다.

또한 기동민·김민기·김병주·설훈·안규백·홍영표 의원 등 민주당 소속 국방위원들도 용산 국방부 앞에서 항의 기자회견을 열었다. 이들은 "윤 당선인이 공언했던 선제 타격의 첫 대상이 국방부인가? 윤 당선인은 북한의 미사일 도발에 선제 타격까지 거론하며 힘에 기초한 안보를 강조해왔는데 막상 자신의 집무실은 국가안전보장회의(NSC)조차 개최할 수 없는 국방부 청사로 옮기겠다고 한다. 이는 말뿐인 평화라며 문재인 정부를 싸잡아 비난하던 윤 당선인의 안보 공약이 오히려 헛구호에 불과했음을 자인한 셈"이라고 지적했다.

유창선 시사평론가도 "국민의 전폭적 지지를 받을 정책들을 제시해 국민 지지율을 한 단계 높여야 할 금쪽같은 시간에 숱한 논란이 따를 수밖에 없는 용산 이전 문제로 일주일째 씨름하고 있다. 정작 중요한 다른 민생 사안들은 그에 파묻혀서 눈에 들어오지도 않는 분위기가 됐다"고 지적했다. 윤희숙 전 의원도 "저는 '국민 속으로'를 무조건 응원한다. 그러나 방식은 다양할 수 있으니 시간을 두고 여러 방안을 검토했으면 한다. 국민의 일상을 망가뜨리며 굳이 그 속을 파고들 필요가 무엇이냐"고 비판했다. 이어 "'국민속으로'는 공간보다 마음의 문제다. 항상 언론과 소통하고 질문에 대답하려는 자세야말로 불통에 지친 국민들에게 다가가는 방식이 아닌가 싶다"고 덧붙였다.

홍준표 국민의힘 의원도 "건물이 문제가 아니라 사람이 문제지요"라면서 이날 온라인 플랫폼 '청년의 꿈'에 '전 정부도 그렇고 왜 자꾸 청와대를 옮기려고 하는 걸까요?'하는 질문을 받고 이같이 말했다. 홍 의원은 전날에도 '의원님도 청와대를 옮기고 싶냐'는 질문에도 "사람이 문제지요"라고 답했다. 정우택 국민의힘 의원도 "전문가를 비롯한 국민의 의견을 충분히 수렴해 결정해도 늦지 않다. 북한의 도발이 지속되는 상황에서 국방부 혼선으로 안보공백도 우려하지 않을 수 없다. 윤 당선인이 국민과의 소통을 강화하겠다는 공약으로 국민과의 약속을 지키겠다는 의지에 충분히 공감하지만 청와대 이전 문제는 인수위에서 서둘러 결정할 것이 아니라, 별도의 태스크포스(TF)구성 등 전문가를 비롯한 국민 의견을 충분히 수렴해 결정해도 늦지 않다"고 강조했다. 정 의원은 또 "지금은 무엇보다도 청와대 집무실 이전보다 50조원 소상공인 지원, 부동산 문제, 급격한 물가 인상 등 악화하는 민생과 경제 상황에 대해 먼저 고민할 시기임을 염두에 둬야 한다"고 밝혔다.

이재오 국민의힘 상임고문도 "이는 '풍수지리설' 영향 때문이다. 용산 일대는 정말로 대통령이 가면 안 될 자리다. 개인 살림집 옮기는 게 아니라 나라의 대통령의 집무실을 옮기는데 무슨 풍수지리설 따라가듯이 용산으로. 그렇게 하면 안 된다"고 말했다. 그는 이어 "누가 봐도 용산으로 간다는 것은 풍수지리설를 믿는 것"이라며 "이달 초까지 내내 광화문을 노래해 놓고 느닷없이 무슨 용산"이라고 덧붙였다.

이 고문은 용산 이전 반대의 이유로 국방부 자리로 갈 경우 제왕적 권력을 강화하는 것이고, 용산이 군사적으로 중요한 의미가 있기 때문이라고 말했다. 또 "역사적으로 볼 때 용산은 1882년에 임오군란 때 일본군의 공관 수비대 주둔부터 조선군 주차사령부, 일본군 전시사령부, 일본군 사령부 등 뼈아픈 곳"이라고 말했다.

김용민 평화나무 이사장도 "집무실도 매점이 필요할 텐데 국방부 매점 주인인그 분 생존권도 보장해줘라, 아무리 '검찰쿠데타'로 집권했어도…"라고 악담을 퍼부었다. 해당 게시물을 접한 네티즌들은 댓글창을 통해 "이 나라는 쿠데타의 나라인가. 몇 번째인지", "5월 9일 취임 전에는 문재인 정부다. 점령군도 아닌데 취임 전에 국방부에 청와대를 설치하겠다고? 월권을 용인하고 국방부 이전을 결정한다면 문재인은 혀를 깨물고 죽는 것과 같다", "군부 쿠데타 하기 좋겠네 이젠…" 등 김용민 이사장의 발언에 동의하는 듯한 반응을 보였다.

특히 김 이사장이 공유한 게시물 링크엔 국방수 신청사 건물에서 매점을 운영하는 한 소상공인이 게재한 청와대 국민청원 글 내용이 담겼는데 신청사 지하에서 5년째 매점을 운영한다고 주장한 청원인 A씨는 "지금 대통령 집무실 결정을 앞두고 국방부는 혼란 그 자체"라며 "저도 마찬가지로 집무실 이전 때문에 이달 말까지만 영업을 할 수 있다고 마음의 준비를 하라는 통보를 받았다"고 밝혔다.

A씨는 "하루아침에 날벼락도 아니고 이게 무슨 일인가. 당장 그만두라고 하면 제 가족과 또 저희 직원들의 생계는 어떻게 되는 건가. 앞이 너무 캄캄하다. 윤석열 대통령 당선인님의 국민과 조금 더 소통하시고자 하는 그 마음은 충분히 이해되오나, 그것 때문에 한 국민의 소중한 일터가 사라지는 건 당선인님의 취지에 부합되지 않는다고 생각된다. 제발 그 결정을 거두고 생계를 보장해달라"고 호소했다.

김 이사장은 최근 윤 당선인을 '윤깻잎씨'로 지칭하면서 조롱성

게시물을 여러 차례 올렸다. 이재명 전 경기도지사가 이번 대선에서 윤 당선인에게 0.73% 차이로 석패를 했는데, 이를 '깻잎 한장' 차이로 표한 것으로 보인다. 김 이사장은 "'살아있는 권력' 윤깻잎(윤석열)을 텁시다"라며 퇴진론이 불거진 김오수 검찰총장에 대한 지지 의사를 밝히기도 했다. 그는 "윤깻잎씨가 김오수 현직 검찰총장에게 그만두라고 하는군요. 자신의 지휘권자를 털었던 윤깻잎씨 아닙니까"라며 "그런 자신이 '살아있는 권력'이 되니까 태도가 돌변한다"고 주장했다.

그러면서 "대한민국 검사님들, 당신들도 윤깻잎씨처럼 될 수 있는 절호의 찬스다. '살아있는 권력' 윤깻잎을 텁시다. 꽤 바람몰이 됐다 싶으면 검사복 벗고 야당에 들어가서 정치해라. 윤깻잎도 대통령이 된 판에 과거가 구린게 무슨 걱정이냐"라고 악담을 퍼부었다. <2022. 3. 19>

24. 국민 절반 이상이 반대하는 청와대 국방부 이전

　윤석열 대통령 당선인, 그는 이번 3.9대선에서 승자가 된 인물이다. 그러나 48.56% 대 47.83%, 불과 247,077표 차이로 당선이 됐다. 당선인은 이 숫자에 담긴 의미를 잘 새겨보아야 한다. 대한민국 과반의 유권자들은 그를 지지하지 않았다. 즉 국민들의 마음을 제대로 얻은 것이 분명 아니라는 것이다. 이런 상황에서 당선인은 무엇부터, 어떻게 할 것인가를 진지하게 고민해야 한다. 이 시점에서 尹 당선인은 반면교사(反面敎師)의 자세와 읍참마속(泣斬馬謖)의 각오가 아닐까 싶다.

　그런데 윤석열 대통령 당선인인 그는 갑자기 "국민 소통을 위해 집무실을 이전한다"면서 불통의 끝판왕 같은 모습을 보이고 있다.

그 이유는 과연 무엇인가? 대한민국 국민은 청와대를 뺏긴 적이 없는데, 윤 당선인은 왜 청와대를 국민에게 돌려준다면서 엄청난 국고를 낭비하려 하는지 도무지 그 이유를 모르겠다.

우리 국민들은 청와대를 돌려달라고 떼 쓴 적이 없었다. 땅 따먹기 하는 깡패처럼 '여기 맘에 드니 나가'라고 하면 국방부든 외교부든 찍소리 못하고 나가야 되는 일이 대한민국에서 발생한다면 이는 참으로 부끄러운 일이다. 일반 공무원 근무지도 아니고 군사시설과 기밀로 가득 찼다는 국방부를 단지 '뷰'가 멋지다는 이유로 빼앗아 버리면 그 많은 공무원들은 어디로 가고 그 중요한 기밀문서와 시설들은 어떻게 보호하고 어떻게 다시 설치하고 어떻게 복구를 할 것인가?

물론 예로부터 백성들의 고통은 아랑곳하지 않는 천하의 혼군들이 즉위하면서 제일 먼저 한 일이 호화롭기만 하고 쓰잘 데기 없는 궁궐을 새로 짓겠다고 백성들을 핍박하고 고혈을 짜 내는 일도 있었지만 그건 아주 문명이 없었던 옛시절의 일인데 갑자기 세계적으로도 황당한 일이 지금 한국에서 일어나고 있는 것이다.

아주 오래된 역사의 그 옛날 왕들은 몇 십년간 집권을 했지만 현재의 대한민국 대통령은 고작 5년만 집권을 하는데 국민들의 동의도 없이 명분 없이 국민들 불편과 혈세를 낭비하면서 이렇게 즉흥적이고 무책임한 행동을 해도 되는지 필자로서는 참으로 알수가 없다. 지금 전국 국민들 절반 이상이 국방부 이전을 반대하고 있는 사실을 윤 당선자는 왜 모르고 있는지 참으로 답답하다.

앞으로 또 5년 마다 새로 뽑힌 대통령들이 갑자기 자기 맘에 드는 곳에 들어가겠다고 억지를 부리면 그때마다 국방부든 외교부든 눈치 보며 셋방살이 하듯 살림살이를 옮겨야 되는지? 또 타당성 검토를 위한 숙고나 국민들 여론수렴도 없이 무조건 '방 빼'! 식으로 외친다면 과연 대한민국은 어떻게 될 것인가? 국민들이 박수치고 지지하는 제대로 된 국정운영 구상이나 먼저 내놓고 또 코로나로 힘들었던 국민들, 산불 나서 고생하는 이재민들을 먼저 보살피는 정치력을 보인 대통령 당선자였다면 얼마나 좋았을까?

영화평론가 오동진 씨도 조선시대 국왕 고종과 윤석열 당선인을 빗대면서 "고종이 그랬지. 멀쩡하게 재건해 놓은 경복궁 대신 덕수궁을 썼지"라며 "그것도 굳이. 근데 그건 선조도 그랬지. 조선왕조 망가질 때의 특징은 왕이 자기 편하고 좋자는 짓, 많이 골라 했다는 거지. 그러니 냅둬. 어차피 망할 텐데 뭐. 냅둬"라고 주장을 했다.

윤 당선인은 지난 20일, 인수위 사무실에서 집무실을 국방부로 이전하는 발표를 자신이 직접 했는데 그는 이 자리에서 비밀사항인 지하 벙커를 언급했고 "어디 어디에 지하통로가 있다"는 등 보안 사항을 노출시켰다. 이런 사항은 참으로 일반인이 아닌 군통수권자가 될 대통령 당선자로서 매우 부적절한 발언이었다. 北은 금년 새해들어 미사일을 수차 발사했다. 또 내달 4월 15일은 김일성 생일 110주년이 되기에 北의 도발이 예상되며 또 4월 중순부터는 한미 연합훈련이 실시되는 한반도가 아주 긴장국면에 있는 중요시기다. 이런 엄중한 시기에 윤 당선인은 왜 집무실 국방부 이전건으로 국민들에게 계속 암울함을 안기려 하는가? <2022. 3. 22>

25. 부끄럽고 창피한 뉴스...
한국 언론, 너무나 저질

기사를 작성할 때 가치를 아는 기자라면 "뉴스의 가치가 있느냐 없느냐"를 따져야 하는게 상식이고 기자로서의 도리며 또한 의무 일 것이다. 그런데 최근에 뉴스의 가치도 없고 국민의 '알 권리'와 관계없는 기사들을 그냥 무작정 수없이 쏟아내는 언론사와 기자들 이 있다. 이는 참으로 부끄러운 일이 아닐수 없다.

이러한 황당한 사건이 있은지 어느새 1주일이 지났다. 그 사건을 다시 되돌려 보면 1주일 전인 지난 4월 4일, 윤석열 대통령 당선자 의 부인인 김건희씨가 자택 인근에서 경호를 맡고 있는 경찰특공 대 폭발물 탐지견을 안고 찍은 사진이 공개됐다. 사진이 공개된 날 김 씨의 개인 인스타그램 계정도 비공개에서 공개로 전환되면서 일부 언론은 그의 공개 활동이 임박했다는 기사들을 수없이 쏟아냈다.

물론 언론이 '공인'인 대통령 당선자 부인의 행보를 감시하는 것은 당연하다. 특히나 김건희 씨는 대선 전부터 줄곧 제기된 '논문 표절'과 '도이치모터스 주가조작' 의혹 등 수사를 해야 하는데도 이상하게 검찰은 수사를 아직까지 도 하지않고 있기에, 이와 관련된 그의 활동을 보도하는 것은 이상한 일이 아니다.

그런데 문제는 언론이 주목한 것은 그의 향후 행보나 주요 의혹에 대한 사건이 아닌, 단순하게 이날 김 씨가 입은 자주색 후드티, 청바지, 슬리퍼라는 사실을 갖고 온나라 언론들이 장구치고 북을 쳤다는 사실이다. 이 내용에 신이나서 꽃 춤 들을 춘 언론사들을 소개한다.

대한민국 유명 언론사로 불리우는
조선일보는 <"벌써 품절됐다" 김건희가 신은 슬리퍼, 의외의 가격>,
중앙일보는 <김건희 '완판녀' 됐다…하루만에 품절된 슬리퍼 가격 '깜짝'>,
서울경제는 <'완판녀'로 등극한 김건희…품절 '3만원 슬리퍼' 뭐길래>,
데일리안은 <"나도 집사람 사주고 싶다"…'김건희 슬리퍼' 순식간에 완판> 등 사진속 슬리퍼 가격에 대한 기사만 수십여 개가 쏟아졌다.

특히 전 국회의원인 보수파 전여옥 씨는 김 씨의 패션을 평가하며 뜬금없이 김정숙 여사의 '옷값' 논란과 비교를 하고 또 페이스북에 글을 올렸는데 이를 보고

헤럴드경제에서는 <전여옥 "김건희 '옷걸이' 좋아, 김정숙 '졸부부인' 적당히 했어 야">,

서울신문은 <전여옥 "김건희 여사, 시장표 패션 선도하길⋯김정숙 여사 반대로만">등의 정말 쓰레기 같은 기사가 등장을 했다.

월간조선은 <김건희씨의 안경테는 국산이고, 김정숙 여사는 프랑스 디자이너가 만든 브랜드>

헤럴드경제는 <"김건희 '자주색 후드티'도 재활용 패션이야?" '완판 슬리퍼' 이어 주목>

이데일리 <자주색 후드티, 그때 그 옷인데?⋯ 김건희 여사 의외의 '최애템'> 기사도 눈에 띄었다.

이뿐만이 아니다.

뉴시스는 <후드티에 맨발의 슬리퍼 김건희 여사...팬카페 "순수 그 자체">

주간조선은 <'완판녀' 김건희 여사의 패션에 숨은 코드>라고 아예 팬카페 의견을 전하며 김 씨를 띄워주는 기사도 있었다.

이러한 언론의 쓰레기같은 작태를 본 일부 미디어 전문가들은 이틀 동안 쏟아진 김건희씨 관련 기사들에 대해 "언론의 존재 이유 자체를 의심하게 만드는 수준"이라며 강력하게 비판했다. 이는 분

명 대한민국 언론들이 앞다투어 대통령 당선자 부인을 띄우기 위해 기사를 쓴 것이다.

이렇게도 쓸 기사가 없었나? 권력에 대한 견제와 감시 역할이 아닌 가치가 없는 허접스런 이런 기사를 쓰는 것은 너무나 창피한 일 아닌가? 필자 역시 중국 언론사를 거쳐 외신기자도 하면서 현재까지 35년간 오직 기자로서의 외길을 걸으며 사명을 다하고 있지만 이 기사를 쓴 언론들은 지금이라도 자성하고 부끄러워야 할 줄 알아야 한다.

유현재 서강대 커뮤니케이션학부 교수는 "이제 정파와 당파를 넘어서서, 정말로 단순히 클릭받기 위해서 기사를 쓰는 지경에 다다른 것 같다. 그래서 퀄리티가 너무나 떨어진다"라며 "예전 같으면 황색 매체에서도 안 쓸 기사들이 수없이 쏟아진다. 어디까지 가벼워질 것인지 알 수 없다"라고 비판을 하며 또 "기자들이 최소한의 신념을 가졌으면 좋겠다. 지금 기자들 사이에서 상호 비판이 나오면서 자정작용이 일어나는 것 이외에는 이런 보도를 막을 방법이 없는 것 같다"라고 지적했다. <2022. 4. 11>

26. 檢察 공화국,
그 막(幕)이 오르고 있다.

　김규현 전 청와대 외교안보수석비서관이 국정원장이 됐다. 그는 세월호 사건 당시 대통령 보고에서 시각을 조작한 혐의로 인터폴 적색수배까지 내려져 인천공항에서 체포됐던 인사다. 그런데도 그는 그후 딱히 처벌을 받지도 않았다.

　그러자 세월호 관련 단체들이 반발성명을 냈다. 4·16연대, 4·16세월호참사가족협의회 등은 김규현 국정원장 지명철회를 요구하는 성명에서 "대통령은 지난주 세월호참사 문건 파쇄를 지시한 권영호를 국가안보실 위기관리센터장에 임명한 데 이어 세월호참사의 진상규명을 방해하고, 정권의 안위를 위해 세월호참사 최초 보고시간 조작이라는 범죄에 가담했던 범죄자를 또다시 대한민국 정

보기관의 수장인 국정원장에 지명했다"며 "새 정부의 인선에서 세
월호참사 책임자들한테 면죄부를 주는 재기용은 절대 용납할 수
없다"고 밝혔다.

그러나 윤석열 대통령의 행보는 거침이 없다. 5월 12일 언론들은
윤 대통령이 이상민 행정부 장관, 박진 외교부 장관 임명을 '강행했
다'고 보도했다. 취임 당일 추경호 경제부총리 등 7명의 장관을 임
명한 데 이어 청문보고서 재송부를 요청한 5명 중 2명을 국회의 보
고서 채택 여부와 상관없이 임명했다. 국정원장의 경우 대북·국가
기밀사항을 제외한 개인 자질 문제 등은 국회인사청문회를 거쳐야
한다. 대통령실 비서·행정관 인사는 인사청문 대상이 아니다.

"검찰공화국 우려가 현실이 됐다"는 말이 나온 것은 대통령실
요직 인사를 발표한 5월 5일과 6일이다. 5일 1차 인사에서 대통령
총무비서관에 윤재순 전 대검찰청 운영지원과장, 법률비서관에는
주진우 전 서울동부지검 형사6부장, 공직기강비서관에 이시원 전
수원지검 형사2부장을 내정했다. 이시원 공직기강 비서관은 2014
년 이른바 '서울시 공무원 간첩 조작 사건' 담당 검사로 근무하며
국정원 기록 위조에 가담했다는 의혹을 받은 인물로, 당시 법무부
가 증거 검증 소홀의 책임을 물어 정직 1개월 처분을 내리기도 했
다.

이튿날 발표한 인사기획관실 인사도 이른바 '윤석열 사단'으로
채웠다. 차관급인 인사수석 대신 신설한 인사기획관(차관보급)에

는 복두규 전 대검찰청 사무국장을 기용했다. 복 내정자는 9급 수사관에서 출발해 대검 일반직에서는 최고위직인 대검 사무국장을 지낸 인사다. 윤 대통령이 검찰총장으로 재직할 때까지 같이 근무했다. 인사기획관실 인사비서관으로는 이원모 전 대검연구관을 내정했고, 인사제도비서관에는 이인호 인사혁신처 소청심사위원회 상임위원을 낙점했다.

윤석열 정부 대통령실에는 문재인 정부까지 청와대 권력의 핵심부로 통한 민정수석이 없다. 민정의 인사 검증 기능을 법무부로 이관했다. 그런 법무부 장관에는 윤 대통령과 검사 시절부터 오랫동안 선후배 사이로 손발을 맞춰와 '소통령' 소리까지 듣고 있는 한동훈 사법연수원 부원장이 됐다.

이미 검찰총장 시절부터 이른바 '윤석열 사단 리스트'가 공공연하게 여의도 정가를 중심으로 나돌았다. 이번 대통령실에 기용된 인사? 당연히 윤석열 사단 리스트에 이미 오른 사람들이다. 심지어 신임 검찰총장 후보자로 거론되는 사람들, 이두봉·박찬호·이원석 검사장 및 조상준 전 서울고검 차장검사 등도 이미 수년 전부터 리스트에 이름을 올린 인사들이다.

윤석열 사단의 검찰 내 요직 독식에 대한 불만과 우려는 문재인 정부와 윤석열 당시 검찰총장의 불화가 불거지기 전부터 나왔던 사안이다. 그리고 이제 그 사단이 검찰을 넘어 법무부, 대통령실까지 장악해가고 있는 형국이다. 대통령실 인사기획관이 다루는 인사는 정부 주요 부처만이 아니다. 공기업까지 포함해 대통령이 '컨트롤'하는 자리가 무려 1만8000여개에 이른다. 고위직으로 승진과 발탁을 염두에 두고 있는 사람들은 어떻게든 이들의 시야 범위 내에 머무르려 안간힘을 쓰게 마련이다.

문재인 정부에서 김상곤 교육부총리의 정책보좌관을 지낸 송현석 민생경제연구소 소장은 "정권 초기 인사에서 드러나는 윤석열 대통령의 행보를 보면 결국 자기 사람들 내세워 친정체제를 만들겠다는 것인데 전문성이나 비전도 안 보이는 상태에서 무엇을 하겠다는 건지 잘 모르겠다"고 말했다.

그는 또 "대선 때 절반은 지지했지만, 그 나머지 절반은 과연 잘 할 것인지 물음표를 찍는 상태가 계속되고 있다. 과반을 간신히 넘겼다고 하지만 인수위 때부터 자기들의 시간이었다. 집권을 시작하면 메시지를 내야 하는데 아무런 설득과정이 없고 설득에 동반할 비전과 담론, 주장도 안 보인다. 검찰을 키워 덤비는 놈들 다 때려잡겠다는 메시지밖에 안 보인다."고 말했다.

윤석열 대통령이 지난 대선을 치르면서 스스로 개발한 밈(meme)이 있다. 하나는 이준석 당대표, 원희룡 국토부 장관 후보와 함께 인터넷 소츠(shorts) 영상을 통해 선보인 '좋아! 빠르게 가!'라는 구호와 제스처다. 지방유세를 돌면서 선보인 어퍼컷 세리머니도 윤 대통령이 대선 과정에서 깜짝 선보인 몸동작이다.

문희상 전 국회의장은 이런 모습을 보면서 "자신이 이긴 곳에 가서 어퍼컷 세리머니를 하는 건 정치파트너인 상대방을 약 올리는 것"이라며 "대통령은 야당을 생각할 때 자기를 지지하지 않는 국민을 대표하는 사람들이라고 생각하고 대해야 한다. 대통령은 자신을 지지하는 사람들만의 대통령이 아니다. 역대 모든 대통령이 했던 다짐"이라고 말했다.

참여연대 공동대표를 맡고 있는 한상희 건국대 교수는 윤석열 정부의 인사 논란이 계속되는 상황과 관련해 "인사청문회 대상의 자질은 그나마 국회의원들의 능력으로 검증할 수 있지만, 차관급이나 청와대 비서실 인사에 대한 문제 제기는 그냥 묵살한다고 될 일은 아니다"라며 "한마디로 말해 왜 그 사람인가에 대한 설명이 없어 안타깝다"고 말했다.

그는 또 "그 과정에서 업적 수월성이나 발탁 과정의 민주성을 다 구할 수 있으면 괜찮은데 과연 그럴 것인가 의문이 나온다는 점에서 새 정부의 인사정책에 동의하기 어렵다"라며 "인사 검증 부실이라기보다 대통령이 보편적인 시민사회의 인사 세평에 크게 신경을 쓰지 않는 스타일인 것 같다"고 덧붙였다. 소통 아닌 일방통행 인사에서 위험신호가 켜지고 있다는 지적이다. <2022. 5. 22>

27. 윤석열 대통령은 평산 마을의 불법 시위를 중단시켜야 한다

문재인 전 대통령의 양산 평산마을 사저 입주 이후, 동네 주변에서 욕설 집회가 연일 이어지고 있다. 이 여파로 동네 어르신들 10여명은 정신과 치료를 받고 있는 것으로 알려졌다. 결국 문 전 대통령은 민형사상 책임을 묻는 조치를 취하기로 결정했다고 한다.. 평산마을에 거주 중인 도예가 신한균씨는 최근 '김어준의 뉴스공장'에서 "문 전 대통령이 사저로 입주한 뒤로, 시위가 시작됐다. 저는 그분들이 보수단체라고 인정할 수 없다. 진정한 보수라면 그렇게 쌍욕을 하지 않을 것"이라고 말했다.

이어 "매일 보수단체라고 소리치며 확성기를 새벽부터 튼다. 그소음은 생각보다 아주 심각하다. 소음보다 괴로운 건 욕설이다. 장송곡을 트는 단체도 있다. 백신 관련 집회도 있었는데, 그 속에는 선동 전문가들도 섞여 있다. 그걸 또 유튜브로 방송을 하더라"고 말했다. 신 씨는 "이런 못된 시위로 70대, 80대 어르신들이 현재 정신치료를 받고 있다"며 "도시는 건물끼리 막혀 있기라도 하지만 이곳은 사방이 뻥 뚫려 있기에 그 소리에 대한 피해는 상상을 초월할 수가 없다."고 말했다. 신 씨는 진행자가 "주민들이 집단 항의도 했다는데 계속 시위하냐"고 묻자 "계속된다. 주말에는 쌍욕의 페스티벌이다. 어찌 이런 나라가 있는가?"라고 했다.

"문 전 대통령이 이사온 것에 대해 불평은 없냐"는 질문에 신 씨는 "처음 문 전 대통령이 우리 마을로 오기로 했을때, 주민들이 회관에 모여서 회의를 하고 대통령 합류를 동의했다"며 "사저 입주를 반대한다고 현수막 붙인 사람들은 우리 마을 사람들 아니다. 이웃 마을 사람들도 반대 안 하기로 했었다. 그래서 사저 공사가 순탄하게 됐다. 일부 반대하는 사람도 있었지만 대부분 그렇지 않다"고 말했다.

신 씨는 "우리 마을 사람들 입장에서는 문 전 대통령이 이웃사촌이다. 우리가 지켜줘야 하는데, 못 지켜줘서 마음이 아프다. 그 마음을 알아 달라"고 당부했다. 이러한 보수단체들의 쌍욕을 겸한 시위에 대해 문 전 대통령 측은 욕설 시위를 벌이고 있는 단체들을 고소하는 방안을 검토 중이라고 밝혔다.

문 전 대통령 측은 보도자료를 내고 "주민들의 일상이 파괴되는 것은 물론, 건강한 삶마저 위협받는 그야말로 생존의 문제가 됐다. 더는 좌시할 수 없는 상황"이라며 "문 전 대통령 내외는 마을 주민과 함께 피해 당사자로서 엄중하게 민형사상 책임을 묻는 조치를 취하고 있다"면서 "평온했던 마을이 고성과 욕설이 난무하는 현장이 됐다. 문 전 대통령이 퇴임하고 평산마을에 내려온 이후 반복되는 일상"이라며 "마을 어르신들은 매일같이 확성기 소음과 원색적인 욕설에 시달리며 말할 수 없는 고통을 받고 있다"고 덧붙였다.

이러한 사태에 대하여 정청래 더불어민주당 의원은 "경찰이 융통성을 발휘해 제지하고 막아줬으면 좋겠다"면서 "사회윤리 측면에서 시위를 자제했으면 좋겠고 집회·결사의 자유를 보장하는 헌법 21조에서도 타인의 명예나 권리, 또는 공중도덕이나 사회윤리를 침해해서는 안 된다는 건 헌법 정신에도 있다"며 이같이 말했다.

이어 정 의원은 "경찰이 이런 부분을 해결했으면 좋겠다"며 "개인적으로는 전직 대통령이 마을 내려가서 이렇게 고생을 하는데 윤석열 대통령이 한 마디 멘트라도 해주는 것이 어떨까 생각이 든다"고 했다. 미국으로 떠난 이낙연 전 민주당 대표도 최근 자신의 사회관계망서비스(SNS)를 통해 "국회는 집회와 시위의 자유를 본질적으로 제약하지 않되, 주민 피해를 최소화할 입법을 강구하길 바란다"며 "민주주의 성숙을 위해 증오스러운 연설규제 입법도 서두를 것도 국회에 주문한다"고 밝혔다.

문 전 대통령 측이 공개한 사저 앞 영상에 따르면 보수 유튜버 및 보수단체들이 매일 확성기로 "XX새X", "간첩XX", "쓰레기 같은 XX"라는 등 도 넘은 욕설을 내뱉어 마을 주민들이 소음 스트레스를 호소하고 있는 상황이다. 이러한 사태에 대해 지난 7일 윤석열 대통령은 "대통령 집무실 시위도 허가되는 판이니까 법에 따라서 되지 않겠느냐"라고 말했다. '법대로'라는 원론적인 입장을 낸 것이지만, 과격한 집회로 상징되는 극단적인 분열상을 대통령이 방치하는 것 아니냐는 지적이 나온다.

대통령실 관계자는 "집회결사의 자유는 자유민주주의 국가에서 가장 중요한 기본권 중의 기본권"이라며 "문 전 대통령 측에서 고소·고발을 해서 수사가 진행 중인 상황이기 때문에 대통령께서는 원론적인 말씀을 할 수밖에 없다"고 말했다. 하지만 장송곡과 욕설을 동반한 '도 넘은' 시위에 대해 직접적인 의사 표명을 피한 것은 혐오에 반대하고 국민 통합을 최우선으로 삼아야 할 대통령의 의무를 방기한 것이라는 지적이 나온다.

조오섭 더불어민주당 대변인은 최근 서면 브리핑을 통해 "양산 사저 앞 보수단체 시위는 타인의 삶을 파괴하는 폭력적이고 비인도적인 테러이며, 이를 용인하는 윤 대통령 발언은 국민 고통마저 외면하겠다는 옹졸함의 극치"라고 비판했다. 국민의힘 모 의원도 "윤 대통령은 집무실 주변도 시위가 허가되니 법대로 하면 된다고 했지만, 생활공간인 사저와 업무공간인 집무실은 다르다"며 "사적인 공간에서는 소음 기준을 낮추는 등 대안이 필요하다"고 말했다.

이제 끝으로 필자의 입장을 밝히고자 한다. 윤 대통령을 대통령으로 만들어 준 사람은 문재인 전 대통령이다. 이는 대한민국 전 국민이 알고있는 분명한 사실이다. 그렇다면 은혜를 갚는차원에서 한마디 할 수가 있는게 아닌가? "평산의 문 대통령이 거주하고 계시는 마을에서 시위를 하고 있는 모든분들! 제발 시위를 멈춰달라!"고 메시지를 한번 전해보라.

아주 못된 시위꾼들은 그곳 마을에서 "문재인을 구속하라! 문재인을 처단하라!"고 주야장천 온갖 난리를 치고 있다. 그런데 그런 난리를 치지 않아도 문 전 대통령이 정말로 국가에 대한 각종 여러 가지 법(온갖 난무하는 범죄상황설)을 어겼다면 윤석열 정부는 분명 한동훈을 시켜서 문 전 대통령을 잡아 넣을것이다. 그러니 시위꾼들도 이제는 정신을 차리고 제발 평산마을에서 철수하라!
<2022. 6. 8>

28. 대한민국 검찰과 경찰, 오직 국민이 주인임을 알아야

정치적 중립과 독립성이 중요한 수사기관을 정치권력 입맛에 들게 하는 행동들이 전개되고 있다. 윤석열 정부가 대규모 인사와 조직 신설 등을 통해 검찰과 경찰을 통제하려는 의도를 노골적으로 드러내면서 검찰-경찰의 조직 구성원들의 동요가 커지고 있기 때문이다. 내부 의견수렴 절차도 거치지 않은 채 윤 정부는 마치 군기 잡기식 행보에 치중을 하자 검찰과 경찰 구성원들은 "조직 수장은 존재감이 전혀 없고, 법무부 장관과 행정안전부 장관만 부각 돼 리더처럼 행세하고 있다"고 꼬집으며 비판을 하고 있다.

검찰 조직은 윤석열 정부 출범 뒤 한동훈 법무부 장관이 세 차례 인사를 전격 단행, 재편됐다. 큰 틀에선 특별수사 경험이 풍부한 ′

윤석열 사단'의 요직 독식과 문재인 정부에서 출세한 검사들의 일괄 좌천으로 요약된다. 정권 교체 때마다 '코드 인사'는 수순 이었지만, 이번처럼 '갈라치기' 인사를 통한 법무·검찰 장악은 전례가 없었다는 게 검사들의 대체적 반응이다.

이처럼 인사 메시지가 선명하다 보니 "윤석열 정부에서는 글렀다"며 사의를 밝히는 검사들이 줄줄이 속출하는 등 그 후유증이 만만치 않다. 검사장은 물론이고 중간 간부 인사도 과도한 편 가르기와 찍어내기로 점철됐다. 특히 현 정권이나 전 정권, 어느 쪽으로도 분류되지 않고 묵묵히 일해 온 대 다수 검사들을 임의로 성향을 구분해 좌천시킨 것을 두고 내부 구성원들의 불만이 적지 않다.

정부는 마음에 들지 않는 검사들을 비선호 보직인 인권보호관으로 대거 발령 내고, 전 정권의 입 역할을 했다는 이유로 공보 담당 검사들까지 좌천시켰다. 반면 '내 편'으로 분류되는 인사들은 기소되거나 징계 전력이 있어도 무조건 영전을 시켰다. 이를 본 수도권 검찰청의 부장검사는 "정치색이 없는 검사들까지 이런저런 딱지를 붙여 날려 버리면 누가 소신 있게 일하겠느냐"라며 "이런 식으로 인사가 계속되면 조직 안정에 득 될 게 전혀 없다"고 지적했다.

더구나 검찰의 수장인 검찰총장 공백 상태에서 잇따라 인사가 단행되자 안 좋은 선례를 남겼다는 지적이 많다. 검찰총장과 손발을 맞출 대검 참모들까지 법무부에서 정해버리자 '식물 총장' '총장 패싱' 논란은 더욱 커졌다. 검찰 내부에선 윤석열 대통령이 사실상 검찰총장 역할을 겸하고 있어, 총장이 필요 없을 것이란 이야기까지 나오고 있다.

검찰의 한 고위 간부는 "한동훈 장관이 '실력과 공정에 대한 의지'를 인사 기준으로 제시했는데, 실력과 공정은 온데간데없이 '내편'과 '의리'만 선명해 졌다"며 "문재인 정부 때처럼 편향적 인사는 안 할 것으로 알았는데, 더하면 더했지 결코 덜하지 않다"고 지적했고 지방 검찰청의 한 부장검사는 "중요 수사를 담당할 자리에 대통령의 사람들이 빠짐없이 배치된 점은 상당히 우려스럽다"며 "정권 입맛에 맞는 수사 결과가 나올 가능성이 높아, 검찰 조직의 정치권력 예속화 우려가 커질 수밖에 없을 것"이라고 내다봤다.

한동훈 장관을 내세워 검찰 조직의 색깔을 확 바꾼 윤석열 정부는 경찰 조직에도 메스를 들이댔다. 선봉에는 윤 대통령의 또 다른 '복심(腹心)'으로 꼽히는 이상민 행안부 장관이 섰다. 그는 취임 일성으로 경찰 개혁을 앞세우며 경찰제도개선자문위원회를 꾸린 뒤, 한 달 남짓 동안 불과 네 차례 회의 끝에 행안부 내 '경찰국' 신설을 골자로 하는 권고안을 내놓았다.이상민 장관은 이후 "길어지면 논의가 흐지부지 된다"며 내달 초까지는 경찰국을 신설하겠다고 못박으며 속도를 내고 있고 이 장관은 향후 경찰국 지원을 받아 행안부 장관이 갖고 있는 총경 이상 고위직 인사 제청권을 실질적으로 행사 하겠다는 입장이다. 이에 어제 토요일 경찰 사상 최초로 총경급 경찰서장 회의가 열렸다. 이날 회의는 행안부 내 경찰국 신설을 둘러싸고 전국 경찰서장들이 모여 반대 입장을 밝힌 것이다. 그러자 경찰청은 서장회의를 주도한 류삼영 총경에 대한 대기발령 조치를 취했고 참석자들에 대한 감찰에 착수했다.

필자는 여기에서 반론을 제기해 본다. "검사들은 다 모이면서 왜 경찰은 모이면 안되나?" "검사는 검사장 회의도 있고 평검사 회의도 있고 여러 가지가 있는데 왜 경찰은 안 되나?" 경찰들이 그것도 토요일에 자신들의 의견을 개진하기 위해서 모여서 이야기하는 건 당연한 거라고 생각한다. "문제의 원인이 어디 있나?" 라고 보면 '30년만에 새 정권이 경찰을 손아귀에 쥐기 위해서 경찰국을 만들어 보겠다'고 하는 것에서부터 문제가 출발하는 것이다. '문제의 본질을 보지 못하고 반발하는 사람들을 강압적 힘으로 제압하려고 하는 것'은 대단히 심각한 문제가 있다.

경찰 관계자는 "총경이상 간부 650여 명은 물론, 총경 승진을 노리는 경정 3,000여 명도 장관 의중을 거스르지 않으려 할 것"이라며 "결국 수사에도 영향을 미칠 수밖에 없다"고 전했고 일선서의 한 경정급 간부도 "경찰청장이 조직을 지휘할 수 있는 힘은 인사권이었는데, 장관이 그 권한을 행사하면 누가 청장 말을 듣겠느냐"면서 "이 장관의 경찰국 신설 논리에 동의하는 경찰은 거의 없다고 보면 된다. 경찰국 논란에 침묵하는 청장 후보군에 대한 경찰 내부의 반감도 극심하다"고 전했다. <2022. 7. 24>

29. 檢事들이 장악한 대한민국, 앞으로 어떻게 될 것인가?

보수언론 조선·동아마저 우려할 정도의 '尹 사적 인연' 작용한 검찰 출신 편중 인사

최근 민주당이 의결한 '검수완박(검찰 수사권 완전 박탈)' 법안에 한동훈 법무부장관이 시행령 개정으로 '검수완복(검찰 수사권 완전 복원)' 맞불을 놓았다. 법무부는 국회가 만든 법안을 보완하는 취지에서 시행령을 마련한 것이란 명분을 내세웠지만, 검찰의 수사 범위를 축소한 국회의 '법안'과는 정반대로 '시행령'을 통해 검찰의 수사 범위를 이전보다 더 확대한 것이어서 법조계 내에서는 논란이 끊이지 않고 있다.

현재의 대한민국, '검찰공화국'이 되어가고 있다. 아니 이미 돼버렸다. 온통 검사 출신으로 인사 도배가 돼 있다. 최근 한 언론은 '검통령'(檢統領) 이란 표현까지 나오고 차기 대권주자로 한동훈이 부상하고 있다는 언론보도가 나오고 있다. 참으로 어이가 없다. 윤석열 정부의 검찰 칼날이 본격 움직이고 있다. 이재명 의원을 먼저, 다음에는 문재인 전 대통령 순서로 본격 수사가 들어갈 것 같다.

이재명은 "성남FC'가 아킬레스건이고 '법카'는 김혜경 씨 문제로 파고 들것 같다. 그리고 문재인 전 대통령은 본인뿐만 아니라 아들, 딸, 사위를 물고 늘어질 것 같다. 대장동과 백현동 건도 이미 다 스크린 해 이재명 의원을 정조준 하겠지만 아마 '50억 클럽' 등 국민의힘 관련 있는 사람들이 더 걸릴 것을 고려해서 더 이상 판을 키우지 않을 수도 있다.

필자의 지인 중에 검사 출신 변호사 A가 있는데 그는 매우 술을 좋아한다. 그 자신 스스로가 '주지육림'(酒池肉林)을 말한 적도 있다. 그들은 우선 "잡아넣고 보자"는 오만이 머릿속에 가득했다고 말했다. 맞다. 필자 역시 이러한 검사의 무능, 편견, 함량미달, 오만으로 93일간 고생을 한 적이 있었다. 그간의 대한민국 검찰, 좀 난다 긴다 하는 검사들은 온통 권력에만 신경을 집중하는 이상한 집단이 되어버렸다. '기소독점주의'와 '검사동일체 원칙'이 가장 큰 폐해였다.

필자는 93일간의 고생을 체험하면서 매일 감방에서 일기를 썼고 그에 대한 제목으로 "함량 미달의 K검사를 고발한다"고 칼럼을 쓴 적도 있다. 주변의 검찰 수사관 지인들 말에 의하면 "수사는 수사관들이 거의 다 해준다. 점심, 저녁엔 스폰서들이 검사들에 줄을 선다. 일부는 골프장도 공짜로 다니고, 룸 싸롱도 마음만 먹으면 언제나 갈 수 있다"면서 "매일 새벽에 관내 골프장으로 출근해 9홀 돌고 사무실 나가는 검사들도 있다. 일 년 내내 그린피 한 푼 내지 않고 있으니 골프장 사장들은 그 검사들을 속으로 얼마나 죽이고 싶겠냐"고 말했다.

그는 또 "이연주 변호사의 저서 <내가 검찰을 떠난 이유>, 김 웅 변호사(검사 출신)의 <검사 내전>, 최근에 출간된 임은정 검사(대구지검)의 <계속 가보겠습니다>에 실린 얘기들은 정말 창피하기 짝이 없지만 모두가 사실이거나 사실에 가깝다. 꼭 한번 읽어보라"고 필자에게 말했다.

야당과 언론, 시민사회단체, 종교계 등 정말로 정신을 바짝 차려야 한다. 문재인 전 대통령, 이재명 의원에 대하여 분명 수사하고 기소를 할 것으로 예상이 된다. 그렇게 되면 야당도 '김건희 도이치모터스 주가조작 사건' 갖고 '특검" 발의해 맞서야 그나마 싸움이 될 걸로 본다. 尹 대통령이 대통령 되기 전 거론됐던 의혹의 사건들이 많다. 그러나 지금은 대통령 신분이기에 형사면책이 된다.

용산세무서 윤우진 서장 변호사법 위반 사건, 김만배가 증언한 부산 저축은행 사기 피의자 봐준 혐의, 파주 운정지구 삼부토건 뒷배 혐의 논란, 김건희 주가조작 수사 방해 여부, 尹 부친의 연희동 주택 김만배 누나 매입 진상, 不同視 병역면제 의혹 등 사건들이 너무도 많다.

그러나 필자가 보는 야당 의원들은 저돌적이지 못하다. 뭔가 털릴까 겁내서 망설이거나 주저앉아 버리면 백전 백패, 폭망한다. 강력하게 맞서 싸울 때 승산이 있다. 소통령으로 불리는 한동훈 장관 청문회를 보니까 민주당 법사위원들 너무도 한심했다. 최강욱, 김남국, 민형배, 송기헌, 김종민, 이수진 등 민주당 의원들은 제대로 공격을 못했다. 이렇게 나가면 결국 개인도, 민주당도 폭망하게 된다. 정신들 차려야 한다. 아직도 여전히 절대 다수당인 민주당이 움직여야 한다.

현재 정국을 볼 때 '장관 해임안'도 발의하고, 때를 봐서 특검 카드도 쓰고 해야 된다. 왜 다수당의 장점을 하나도 활용하지 않는 것인지 이해할 수 없다. 민변 소속 K 변호사는 필자와 매우 친하다, 그는 "정치검사들은 나라 걱정 절대 안한다. 대신 저들의 이익을 위해서, 계속 집권을 위해서 국민들이 상상할 수 없는 어떤 짓도 할 수 있는 독하고 모질며 야멸찬 세력"이라면서 "경계하고 또 경계하면서 강(强) 對 강(强)으로 나가야 한다"고 말했다.

K 변호사는 또 "현재의 윤 정권이 이렇게 초강경, 막무가내로 국민 여론을 무시하는 자충수를 두고 윤핵관과 이준석 간 권력 쟁탈전 등 내홍(內訌)이 격화되면 변희재 말대로 2년 버티기도 힘들다는 생각이 든다"면서 "민주당도, 시민사회 지도자들도 현실을 명확히 인식하고, '콘틴전시 플랜'(Contingency Plan, 비상계획)을 짜봐야 할 시기"라고 말했다. 그는 또 "이승만 대통령에 맞섰던 정의와 용기의 최대교(崔大敎) 검사장, 박종철 물고문 사건 검경 합

동 은폐 기도를 언론에 흘려 역사의 물줄기를 바꾸어 준 최환(崔桓) 검사장, 그리고 지금도 '검사 선서'를 생각하며 열심히 일하고 있는 저 이름 없는 수많은 형사부 검사들이야말로 정치검사와 다른 진짜 검사들이 바로 진정한 애국자들이라고 확신한다."면서 "최환 변호사님은 고검장 퇴임 이후 실제로 전관예우를 일절 거부했고, '전관예우 안 받기 운동'을 펼친 존경하는 선배 검사로 검사 중의 검사"라고 말했다. 필자는 이 글을 마무리 하면서 검사 선서에 나오는 글귀를 생각해 본다. "...나는 불의의 어둠을 걷어내는 용기 있는 검사/ 힘없고 소외된 사람을 돌보는 따뜻한 검사/ 오로지 진실만을 따라가는 공평한 검사/...국민을 섬기고 국가에 봉사할 것을 나의 명예를 걸고 다짐 합니다" <2022. 8. 14>

30. 미국의 압박, 한미동맹 관계에 영향 줄 수 있다.

한국은 지금 세계 경제의 위기와 함께 고물가, 고금리, 고환율의 시대를 맞아 불확실성이 증대하고 경제위기 상황에 직면해 있다. 현 정부 초기, 특히 인수위원회에서 한국이 미국편에 서야 한다는 등 말 폭탄을 많이 터트렸다. 또 물러난 문재인 정권은 북한에 너무 가까웠다고 질책을 들었고, 어쩌면 5년 뒤에는 한국이 미국에 너무 가까워졌기 때문에 관계를 재정립해야 한다는 지적이 나올지도 모른다.

현재의 여소야대의 한국 정국은 정치적으로 매우 어려운 상태다. 이에 한미 양국은 기존 군사·경제 동맹을 넘어서 '기술 동맹'까지 맺기로 하면서 한미 간 전략적 동맹이 강화되고 있다. 하지만 현 바이든 美 정부의 상황은 그리 밝은 상황이 아니다. 우선 퍼펙트스톰의 위기에 몰려 있다. 코로나로 인해 지난 2년간의 전례 없는 통화·재정정책의 완화에 올해 들어 러시아의 우크라이나 침공과 전쟁이 길어지면서 공급망 교란까지 겹치면서 극심한 인플레이션의 압력에 직면하고 있는 상황이다. 미국정부는 또 지속적으로 사드배치 비용, 군사비용 증가를 요구하는 동시에 자국산업과 고용을 살리기 위해 여러개의 역차별 법안을 통과하고 있다.

이 와중에 한국 핵심 산업인 자동차 특히 전기자동차 산업에 불이익을 당하고 더 나아가 CMO 또는 CDMO를 주로 하는 한국 바이오산업이 큰 영향을 줄것으로 보여진다. 현재 한국 자동차산업, 바이오제약 산업에 직면한 도전과 역차별은 바로 미국정부의 패권경제 수단의 결과로 볼 수 있다. 이런 판국에 정부는 반도체 초강대국으로 도약하기 위해 기업의 투자 지원과 민관 전문인력 양성, 시스템반도체 선도기술 확보, 안정적인 소부장 생태계 구축 등을 추진하고 있다.

정부는 또 디스플레이, 배터리, 미래모빌리티, 로봇·인공지능(AI), 바이오 등 반도체 수요를 견인할 신산업인 '반도체 플러스(plus) 산업' 육성에도 적극적으로 나선다는 계획이며 업종별 전문지식을 소프트웨어와 반도체로 구현할 역량을 갖춘 융합형 인재양성을 위해 업종별 '산업디지털 융합 아카데미'를 도입하고, 대학에서는 학사급 소프트웨어 교육을 강화한다는 방침이다.

이런 국면에 바이든 미국 대통령의 인기 또한 최악의 상황에 직면해 있다. 지난 12일, 미국 바이든 대통령은 '국가생명공학 및 바이오제조 이니셔티브 행정명령(National Biotechnology and Biomanufacturing Initiative)서명했고 백악관은 14일, 바이든 대통령의 행정명령을 추진하기 위해 20억 달러(약2조 8,280억원)이상 자금을 투자할 것이라고 밝혔다. 이에 많은 평론가들은 이 행정명령은 미국 '인플레이션 감축법'(IRA)처럼 미국 자국산업 및 취업을 보호하고 외국기업을 차별하는 경제패권을 강화하는 맥락으로 보고 있다.

현재 중국은 20차 당대회를 앞두고 '안정'에 사활을 걸고 있다. 경기하방 압력이 가중되면서 당국은 경기부양을 위해 실물경제의 지원 강도를 높이는 방향으로 재정정책과 통화정책을 적극적으로 운용할 것으로 전망된다. 지난 7월 말 당 정치국회의에서 "거시경제정책을 통해 내수를 확대하고 사회적 수요 부족은 재정·통화정책으로 메워야 한다"고 강조했다. 지방정부 전문채권의 발행 한도 도달 등으로 인해 상반기에 비해 정책여력이 다소 축소될 것으로 예상되지만 인프라·제조업 투자를 늘리고 부동산 시장 안정을 위해 다양한 정책 도구를 총동원할 것으로 점쳐진다. 이에 한국 기업들은 중국 정부의 경기부양책과 내수 회복세를 예의주시해야 한다.과거 미국은 상대방을 억제하고 국제질서를 주도한다는 목표 아래 어느 정도 동맹 문제에 관심을 갖고, 동맹의 발전을 지원하며, 동맹의 안전을 보장하고, 동맹 내부의 정치가 좌·우 어느 한쪽의 극단주의로 미끄러지지 않도록 보장했었다. 이를 위해 미국은 모든 경제정책, 무역협정 차원에서 강요하지 않고 양보를 통해 동맹과의 관계를 유지했었다. 유럽과 아시아 동맹국들도 한때 미국의 리더십을 안심하고 발전할 수 있는 기본 조건으로 인정했다.

그러나 오늘날 미국은 국제질서, 동맹의 의무에서 전면 후퇴하고 있으며, '공정한 관계'를 추구하는 듯한 표상 아래 자신의 실력에 대한 깊은 불안과 의심을 품고 있다. 미국이 동맹 시스템에서 지배적인 위치를 남용하여 동맹국을 압박하는 것은 동맹국이 포기될 것이라는 두려움과 전략적 자율성을 추구하려는 열망을 더욱 자극하여 동맹과 미국의 점진적인 분리를 촉진할 뿐이다. 2022년 8월 이후 터진 반미집회가 이를 말해줄 것이다. <2022. 9. 28>

31. 외신들, 모두가 이태원 참사를 인재(人災)로 보고 있다.

　지난 10월 29일에 발생한 이태원 참사를 놓고 특히 외신에서 한국정부를 질책하고 있다. 사고가 터진 이후 뉴욕타임스는 "5만 5천명의 군중이 몰린 BTS공연에는 경찰관이 1300명 배치됐었는데, 이번에는 왜?" "4주전 정부주관 이태원 행사에선 경찰이 차량통행을 금지했는데 이번엔 왜?"라는 질문을 던지고 있다. 한국정부 주장대로 이번엔 주최측이 없었다고 쳐도 인파가 몰릴 것은 예상도 됐고, 과거 이태원 핼러윈 축제 때도 그랬다는 것이다. 사람들이 모이는 곳엔 안전요원을 배치하는 미국의 눈에는 이해가 가지 않는 일임은 물론이다.

　CNN도 비슷한 질문을 반복적으로 던지고 있다. CNN 서울 특파원은 "왜 그렇게 많은 사람들이 이처럼 좁은 공간에 운집하도록 방치됐느냐?" "군중 통제는 어디 갔느냐, 이것은 한국 정부가 답 해야할 질문들"이라고 촉구하고 있다. 뉴욕타임스는 이번 사건은 명백히 피할 수 있던 재해, 즉 인재라는 점을 강조했다. 그런데도 아직 정부 단위의 어떤 책임자도 책임을 감수하고 물러난 사람이 없다고 말하고 있다. 즉 책임을 떠안으려는 자세를 보이지 않고 있다고 지적했다.

워싱턴포스트는 "이태원이 외국인 밀집 지역인데다 미군기지 주변이라 정부 관심이 제한됐을 것"이란 가설을 제기했다. 그러면서도 "응급구조대원이 아닌 시민들이 희생자들을 심폐소생술 하던 장면은 지구 종말적(post-apocalyptic)이었다"고 묘사했다. 또 "한국의 공공 안전에 대한 지구촌 관심을 촉발시켰다"고도 했다. 블룸버그는 이날 워싱턴포스트에 올린 분석기사를 통해 이번 참사와 세월호 사건의 공통점을 짚었다. 그는 청소년들에 대한 국가의 실패이자, 비극이고, 예방이 가능했던 상상초월의 대 사건이었다는 것이다.

그리고 이런 대참사와 지도자의 연관성을 분석했다. 박근혜 전 대통령도 다른 일이 직접적인 원인이 돼 탄핵이 됐지만 세월호 참사 당시 7시간 행적에서 알 수 있듯이 세월호 참사에 정서적으로 먼 반응을 보였다고 지적했다. 2001년 미국의 핵잠수함이 고교생을 태운 일본 선박을 덮쳤다는 소식을 듣고도 골프 라운딩을 계속했던 모리 요시로 당시 일본 총리의 사례도 들었다. 당시 사고로 고

교생 4명이 숨졌고, 두 달 이후 요시로 총리는 공직에서 물러났다는 것이다. 아이들이 비극의 대상인 경우 그만큼 사회적 반향이 크다는 지적이다. 블룸버그 통신은 "서울에서 일어난 일은 자연재해가 아니다. 피할 수 있었고 피해야 했다"며 "윤석열 대통령의 정치적 미래는 그가 다음에 무엇을 하느냐에 달려 있다"고 지적했다.

블룸버그 통신은 또 "300명이 넘는 사상자가 발생한 이태원 압사 참사에 대한 사후 대처가 윤 대통령의 정치적 리더십을 보여주는 기회가 될지 윤 정권의 무능함에 대한 야권 프레임을 강화하는 계기가 될지, 주목된다"며 통신은 현재 상황을 '서울의 비극'이라고 부르며 이번 이태원 참사 수습과 대응에 관한 평가가 윤 정부의 향후 여론에 큰 영향을 미칠 것으로 봤다.

또 다른 주요국 외신들은 "정부의 현장 통제 등 사전 예방 조치가 충분치 않았다는 점에서 이번 참사가 예견된 인재로 군중 통제에 대한 경험이 있는 나라인 한국에서의 이태원 상황은 최근의 정치적 시위 현장에서 민간인보다 경찰이 많은 것처럼 보인 것과는 대조를 이룬다"고 지적했다. 영국 BBC 방송도 이번 행사에 참가인원 제한이 없었던 점에 주목해 "안전기준과 군중 통제 조처가 취해졌는지에 의문을 제기했고, 프랑스 AFP통신은 참사 이틀 전인 27일 이태원에 200명의 경찰관을 배치한다고 밝힌 경찰 보도자료를 언급하면서 이번 참사가 대비 부족으로 인해 촉발된 '인재'라는 지적을 받고 있다고 전했다. <2022. 11. 4>

32. MBC 취재진을 내동댕이 친 '용산 대통령실'

   윤석열 대통령은 지난번 영국 여왕 조문을 갔다가 미국 바이든 대통령과 48초간 무슨 말을 했다. 이를 보고 현지 취재중이던 MBC가 보도를 했고 그 내용은 그 후 국내 방송에 확산이 되면서 어쨌든 윤 대통령은 또 한번 비속어 논란에 휩싸이고 품격에도 지대한 영향을 입었던 것은 사실이다. 그러나 그때의 MBC 보도 내용은 지금도 확실히 정확히 밝혀진 것 없이 오리무중이다.

   그런 MBC가 최근 윤 대통령의 동남아 첫 순방 취재단에 끼질 못했다. 그 이유는 바이든과의 48초간 대화 후 방송했다는 비속어 때문이었다. 이로서 윤석열 정부는 역사에 한 획을 그으면서 유례없는 사태를 또 만들었다. 그런데 이 사건은 어쩌면 예견 가능했던 일이라고 본다. 그 이유는 대통령 취임후 지난 6개월간 우리 국민은 현 정부의 자유에 대한 인식이 그간 민주주의 사회에서 확립해온 개념과 사뭇 다르다는 것을 목도해 왔기 때문이다.

MBC를 차 버린 것은 분명 권력자인 대통령 입장에서 기분이 나빴고 화가 났기에 응징을 한 것이다. 그런데 이는 이준석을 내 칠때도 만찬가지였다. 특히 이준석을 축출해낼 때는 사실상 '표현의 자유'를 내부 총질로 규정하여 억압한 것이었다. 또 고등학생이 그린 만화 속에서 현재의 尹정권을 풍자한 것이 불편하자 엄중 경고를 내리기도 했다. 현 정부는 그야말로 '자유', 특히 표현의 자유에 대한 그들만의 왜곡된 인식을 가지고 있고 그러다보니 MBC라는 대형 언론사가 자신들에게 끼치는 불편함을 도저히 참을수가 없어 유치하게 왕따를 시킨 것이다.

원래 MBC 취재진은 대통령 전용기 1호기에 탑승 할것을 미리 예상을 하고 대통령실에 여권을 미리 맡겨놨었다. 만약 처음부터 MBC를 차 버린다는 원칙이 정해졌었다면 대통령실은 MBC 기자들의 여권을 받을 이유가 없었다. 그러니까 이 같은 결론은 상당히 뒤늦게 내려졌다고 보게된다. 언론사들이 대통령의 해외순방에 동행 할 때 정부에서 비용을 주는것도 아니고 자비로 부담을 하고 있는데도 대통령실은 MBC를 차 버린 것이다.

언론의 자유는 민주주의의 기본 요소다. 언론은 유권자들이 정부의 방향·활동·정책·생각을 알 수 있는 유일한 통로이자 반대로 정부를 비판·압박, 또 가끔은 응원할 수 있는 수단이다. 윤석열 정부는 이미 언론에 대한 반감을 나타냈었다. 대통령 후보시절인 2022년 2월 12일, 유세를 가는 순천행 열차안에서 윤 후보는 "진실을 왜곡한 기사 하나가 그 언론사 전체를 파산하게도 할 수 있는 그런 강력한 시스템이 필요하다"고 강조를 했고 그대로 MBC에 적용을 했다.

보수정당에서 특히 중요하게 생각하는 언론의 자유, 표현의 자유, 그런 것들과 연관이 되어 있는 문제라서 이번 사태는 분명 후폭풍이 있다고 보여진다. 언론의 자유는 표현의 자유다. 표현의 자유는 다른 기본권을 우선하는 기본권이다. 왜냐하면 표현의 자유인 언론의 자유는 민주주의를 이루는 근간으로 다른 기본권보다 우선이다. 어쨌든 MBC를 차버린 현재 상황은 노골적이고 유치한 것 같다. 이번 조치는 몇몇 권력자들이 대통령 한 사람의 심기불편에 편승하여 객관적으로 판단을 한 것이다. 국힘에서는 MBC를 고발하여 현재 수사 중에 있고 또 그 수사의 결과가 나오기도 전에 대통령실은 MBC를 내동댕이 쳤다.

권력의 심기를 과잉보호하기 위해 무리수를 둔 대통령 측근의 사람들, 참으로 어이없고 황당한 작태를 저질렀다. 과연 이번 사태가, 보호하고자 했던 그 권력의 심기를 정말 보호할 수 있을까? 설령 윤 대통령이 심기가 불편했어도 설득을 시키고 달래서 MBC와 함께 전용기를 탔어야 했다. 정치와 언론은 때로는 부딪히고 대립하고 또 긴밀히 소통해야 한다. 또한 대통령 같은 공적인 인물일수록 국민들의 알 권리가 있기에 언론의 자유는 더 넓게 보호되어야 한다. 트럼프도 자기가 그렇게 미워했던 CNN 기자들을 전용기에 태웠다. 그런데 윤석열 대통령은 MBC 기자들을 전용기에 태우지 않고 밖으로 차 버렸다. 이 사실은 아마도 한국 정치사에 영원히 기록될 것 같다. <2022. 11. 14>

33. 국민들, 與野의 이상민 장관 사퇴 政爭에 지쳐 있어

　10.29 참사를 수사하는 특별수사본부가 이미 출범 한 달을 넘겼지만 여전히 수사는 '윗선'을 향하지 못하고 있다. 현재까지 특수본은 경찰·소방 관계자 등 총 21명을 피의자로 입건했지만 최고 지휘자인 이 장관에 대한 압수수색이나 소환 조사 등은 아예 없다. 수사가 한 달 넘게 현장 실무진에만 치우치고 있는 것이다. 이상민 행정안전부 장관의 해임건의안과 내년도 예산안 처리 등을 놓고 여야 지도부 역시 연일 충돌하는 모습인데 이는 이견을 보이기 때문이다. 민주당은 윤석열 대통령이 이상민 장관을 해임 하지 않는다면 탄핵소추안을 발의할 계획이라고 하지만 말뿐인 것 같다.

　민주당은 원래 국회 본회의를 열어 이 장관 해임건의안을 가결하고, 그 이후에도 이상민 장관이 자진 사퇴를 안 하거나 윤석열 대통령이 거부한다면 탄핵소추안을 발의해 이번 정기국회 내 반드시 이상민 장관에 대한 문책을 매듭짓겠다고 밝혔지만 이 계획은 수포로 돌아가는 듯 하다. 법률상 해임건의안과 탄핵소추안은 국회 재적의원 3분의1 이상 발의와 과반수 찬성으로 의결된다. 민주당 의석수만으로도 해임건의안을 의결할 수 있다. 다만 해임건의안은 법적 구속력이 없다. 윤 대통령이 거부권을 행사하기 때문이다.

야당과 10.29참사 희생자 유족들은 '장관 사퇴' 후 참사관련 국정조사를 임할 것을 요구하고 있지만, 거꾸로 이 장관의 활동 보폭은 더 커지고 있다. 현재로선 이 장관이 스스로 물러날 가능성은 희박하다. 앞서 소방노조와 공무원 노조도 직권남용·업무방해 등 혐의로 이 장관을 고발하며 즉각 사퇴를 촉구했지만 이 장관은 묵묵부답이다. 더우기 최근 윤석열 정부와 노동계 간 갈등이 본격화 되면서 수 개월째 정체 국면에 있던 윤 대통령 지지율이 조금씩 오르고 있다. 이런 흐름은 야당의 이 장관 해임 움직임에도 영향을 끼치는 것으로 감지된다.

이 장관은 앞서 화물연대의 총파업을 '불법'으로 규정하고, 이를 이태원 참사와 같은 '사회적 재난'이라고 말한 것도 사퇴 가능성을 차단한 발언으로 해석된다. 야당은 다시금 이 장관에 대한 해임안 재시도 등 거취 압박 수위를 결정할 방침이지만 이것은 쉬운일이 아닌 듯 하다. 이상민 장관은 절대적으로 윤 대통령의 총애를 받고 있다. 때문에 국민의힘도 '윤심'(윤 대통령 의중)을 의식해서 이미

'민심'을 잃은 이상민 장관이지만 그를 위해 철통같은 보호방패를 치고있는 것이다.

실제 일부 친윤계 의원들은 윤 대통령에게 '밀리면 안 된다'는 조언을 했다는 후문도 있다. 이 장관을 해임하는 순간 정국의 주도권이 야권으로 넘어간다는 우려를 전했다는 것이다. 여권 한 핵심관계자는 "최근 대통령실과 당 내에서 TK 민심을 주의깊게 보고 있다. 일단 지지율을 올리려면 당원들의 의견을 조금 더 적극적으로 수용해야 한다는 분위기"라며 "이런 상황에서 민주당의 요구인 이 장관 해임을 들어줄 이유는 더더욱 없는 것"이라고 말했다.

그러나 이상민 장관 해임을 놓고 여야가 싸우는 바람에 '민생'이 외면 받고 있다는 비판도 있다. 경기 침체가 가중되는 가운데 여야가 이 장관의 유임과 해임을 두고 너무 큰 '당력'을 소비하고 있다는 것이다. 진중권 광운대 특임교수는 "민주당은 정치를 못해 대선에서 심판받았고, 국민의힘은 그 덕에 정권을 잡았다. 즉, 여야 모두 '우리가 정치를 잘한다'고 착각해서는 안 되는 상황"이라며 "그런데 최근 여야의 모습은 오합지졸 그 자체다. 국민의 상식과 대치되는 정쟁을 계속 벌이는 것은 10.29참사로 돌아가신 분들에 대한 예의가 아니다"라고 지적한 바 있다.

국민의힘은 이상민 장관을 파면하라는 야당의 요구에 반발, '10.29 참사 국정조사' 보이콧 가능성도 경고하고 있다. 이쯤되면 이 장관 개인이 자진해 물러나야 하는데 낯 두꺼운 이 장관은 현재

파업을 재난으로 규정하고 윤희근 경찰청장을 앞세워 노동자 색출에 나서면서 10.29참사에 책임지고 사퇴하라는 국민 요구를 그는 오히려 화물연대 탄압으로 호도하고 있다. 그래서 국민들은 이 장관 때문에 더욱 지쳐있다. **<2022. 12. 6>**

34. 82억원의 벌금을 면제받은 MB, 그의 사면은 잘못된 사면

사면권은 국가 원수가 직권으로 형벌을 면제해 주는 제도다. 사면에는 일반 사면과 특별 사면이 있는 바, 특별사면은 사면법 제20조에서 규정하고 있는데 사면은 군주 시대의 잔재이며, 죄형법정주의에 위배 되는 조항은 틀림이 없다. 이는 마치 조선시대 임금이 사면하는 것과 다르게 없다. 그럼에도 사면법이 인정되는 것은 악법도 법이기 때문이다. 그래서 사면은 철저히 국민의 공감대 형성이 중요하다고 본다. 그렇다면 지금 이 판국에 MB의 사면을 국민이 공감할 수 있을까?

MB, 그는 DAS자금을 횡령하고 삼성그룹으로부터 뇌물을 받은 등의 혐의로 2020년 10월 29일 징역 17년이란 확정판결 받고 복역 중 최근에 건강상 이유로 형 집행정지로 잠시 밖에서 있다가 12월 28일자로 사면이 되었다. 윤석열 정부가 출범하기 전 문재인 정부때인 지난해 12월 31일, 박 전 대통령과 한명숙 전 국무총리 등을 특별사면할 당시 MB도 후보에 포함됐지만 끝내 제외됐었다.

MB가 제외된 이유에 대해 당시 박범계 법무부 장관은 "이명박 전 대통령의 범죄 사안과 박근혜 전 대통령의 사안은 서로 내용이 다르다"며 "범죄의 양태 등을 고려했다"고 말했다. 박 장관은 또 MB의 제외 이유를 "국민적 정서도 고려하지 않을 수 없는 것 아니겠나"라고 덧붙였다. 박 전 대통령보다는 이 전 대통령의 건강이 양호한 점도 영향을 미쳤다고 한다.

MB의 이번 특별사면에 대해 여당인 국민의힘은 "국민통합을 위한 윤석열 대통령의 결단"이라고 주장했다. 양금희 수석대변인은 논평을 통해 "문재인 전 대통령이 박근혜 전 대통령을 사면했듯 윤 대통령도 당연히 이전 대통령을 국민통합을 위해 사면한 것"이라고 강조했다. "MB의 잔여 형기가 아직도 15년이 남아있기에 사면이 불가하다"는 민주당의 주장에 대해선 "이 전 대통령은 이미 2년 8개월을 복역했고 고령에 건강 상황이 좋지 않다"고 반박했다.

어쨌든 15년 형기와 미납 벌금 82억원 까지 면제가 되면서 2036년 출소 예정이었던 MB는 사면과 동시에 복권이 되었다. 그러나 이는 공정도, 형평성도, 상식도 국민통합도 모두가 벗어난 특별사면이기에 국민들은 분노를 하고 있다.

법치와 공정을 외치던 윤석열 대통령과 한동훈 법무부 장관, 검사의 칼날을 들이대며 자신들이 수사하고 구속했던 사람들을 대상으로 이렇게 쉽게 사면을 해주는 특혜 결정을 함에는 그저 놀라울 뿐이다. 법치를 넘어 정치의 잣대를 쓰기로 결정하였음을 긍정적으로 받아들인다 해도, 이는 일방적으로 한쪽에 기울어져 '내 편 챙기기'에만 올인한 국민분열 정치를 선택한 것일 뿐이다.

특히 김경수 전 경남지사에 대해서는 온갖 억지스러운 프레임을 적용하여 복권이 아닌 잔여형만 면제해 준 것은 분명 잘못된 사면권을 발휘한 것이다. 김경수 전 경남지사, 그는 잔여형이 불과 4개월 이기에 가석방 불원서까지 제출했는데도 그를 기어이 사면틀에 끼워 넣어 언론에 전면 등장시키며 MB-김경수 키워드로 사면 관련 기사들이 채워지는 사이에 국민적 반감이 컸던 우병우·조윤선·김기춘·원세훈 등 MB의 측근들도 슬쩍 사면이 됐다.

김경수 전 경남지사는 "생색내기 사면 이벤트에 나는 들러리를 설 수 없다, 떳떳하게 형기를 마치겠다"고 분명히 사면거부를 밝혔는데도 법무부는 그를 철저히 이용하면서까지 연말특사를 단행했다. 법조계와 시민사회 일각에서도 "이번 조치는 사면권이 남발돼 법치주의 원칙을 흔들고 있다"는 비판이 제기되는 만큼 MB의 사면은 논란거리가 될 전망이다.

김 전 지사는 출소후 "이번 사면은 받고 싶지 않은 선물을 억지로 받은 셈"이라며 "결론적으로 선물을 보낸 쪽이나 받은 쪽이나 모두 난감하고 딱한 상황이 된 것 같다" 면서 "국민통합을 위해서 사면을 했다는데 이런 통합은 일방통행, 우격다짐의 거짓 통합임을 국민들이 훨씬 더 잘 알것" 이라고 비판했다.

특히 MB는 그동안 대국민 사과 입장을 밝히지도 않고 또 반성하는 태도를 보이지 않았는데도, 결국 사면이 이뤄졌기 때문이며 한편에서는 MB 수사를 지휘해 구속·기소를 주도한 한동훈 법무부 장관과 윤석열 대통령이 이번 사면의 상신·결정권자가 된 상황은 아이러니한 것이다. 결국 이번 특사는 MB와 그의 측근들을 사면 복권시키기 위한 구색 맞추기식 사면이다. 김경수 전 지사도 MB와 똑같이 사면복권을 했다면 필자는 이칼럼을 쓰지 않았을 것이다. <2022. 12. 27>

35. 졸지에 '반윤(反尹)'이 된
나경원, 당 대표로 출마 해야

　지난 13일 윤석열 대통령이 나경원 전 의원을 '저출산고령사회위원회 부위원장'과 '기후환경대사'에서 동시에 해임하자 국힘 당내에서도 "벼랑 끝에 몰린 나경원 전 의원을 대통령실이 아예 벼랑 아래로 밀어 버렸다."고 입을 모았다. 이에 한술 더 떠 '윤핵관'을 자처하는 장제원 의원은 나 전 의원을 향해 '친윤을 위장한 반윤'이라는 비난과 함께 가세를 했다.

　대통령실은 이날, 나 전 의원을 '해촉'이나 '사표수리'가 아닌 '해임'이란 단어를 썼다. 이는 대통령실이 나 전 의원을 '그만두라'하는 메시지를 낸 것이고 두 직책을 '동시'해임으로 표현한 것은 명백한 징계성으로 결국은 윤 대통령이 전당대회에 개입하는 모양으로 노골적인 '尹心'을 드러낸 셈이다.

나 전 의원은 사직서를 내기 전에 앞서 페이스북에 "나는 결코 당신들이 '진정으로' 윤석열 대통령, 윤석열 정부의 성공을 위한다고 생각하지 않는다"고 했다. 이는 바로 당, 특히 윤핵관을 향한 그의 표현이었는데 이 표현이 결국은 대통령이 그를 '해임'을 결정하게 했다는 이유다. 나 전 의원의 페이스북 글은 자신의 불출마를 압박해온 '親尹' 주류와 선을 그으면서 동시에 '윤석열 정부의 국정운영을 뒷받침하겠다'는 의지를 나타낸 것인데 대통령실 반응은 반대였던 셈이다.

그러나 나 전 의원은 불쾌하거나 반발하는 자세를 보이지 않았다. 나 전 의원은 해임을 당하기에 앞서 충북 단양 구인사를 방문했는데 이 때만 해도 3.8 전대 당 대표 출마를 접고 대통령실에 맞설 의지가 없다는 메시지를 보낸 것이다. 그런데 이제는 당당하게 당 대표에 출마를 해야 할 때가 왔다. 4선 중진의 경력에 정치적 야망을 갖고 있는 나 전 의원은 당내 대표 지지율 1위임에도 불구하고 그간 '친윤' 및 '윤핵관' 들로부터 당 대표 불출마 압박을 받고 있었다.

나경원 전 의원, 현 상황이 위기이자 기회일 수도 있다. 물론 나 전 의원은 윤석열 정부를 지지하지만 '윤핵관'으로 통칭 되는 일부 당내 주류에 대한 부정적인 黨心, 그리고 2024 총선 승리에 어떤 얼굴이 유리할까 고민하는 전략적 黨心에 고민 중이다. 이제 나 전 의원은 '反尹' 딱지를 붙여 자신을 공격하는 당내 '친윤' 및 '윤핵관' 비판에 맞서 3.8 전대에 당당히 당권에 도전을 해야 한다.

나 전 의원의 해임 소식이 전해지자 '윤핵관' 장제원 의원은 기다렸다는 듯 '反尹의 우두머리'라며 나 전 의원을 비난했고 페이스북에는 "나경원은 오로지 자기 정치만 하는 사람이며 자신이 가장 대통령을 위하는 것처럼 고고한 척 하는 행태는 親尹을 위장한 비겁한 反尹"이라며 나 전 의원을 살벌하게 공격했고 당내 일부 인사들도 "일개 원외 위원장 주제에 대통령을 능멸하고 있다"고 신랄한 비판과 비난을 했다.

이렇듯 자신을 향해 십자포화를 퍼붓는 수모를 겪으면서도 나 전 의원은 이들에 대한 대응을 삼갔다. 이는 잘한 것이다. 이제는 윤 대통령의 뜻이 확실히 밝혀졌기에 어쩌면 나 전 의원은 한편 홀가분해졌다. 이제 남은 건 나 전 의원의 당권 도전이다. 관건은 지지율이지만 윤 대통령을 지지했던 당내 지지층들이 최근에 이탈한 적도 있고 나 전의원을 알고 있는 진성 당원들은 그를 대표로 만들어 낼 것으로 본다.

한편, 필자는 "안철수 의원은 '수도권 연대'의 일원인 나 전 의원의 출마를 독려하면서 나 전 의원이 3.8 전대에서 당 대표 후보가 되면 그를 '反尹 단일후보'로 만들어 '윤핵관'들을 제치고 당당히 당대표로 승리할 수 있도록 함께 힘을 합치라"고 권하고 싶다. 안철수 의원도 '김장(김기현-장제원)연대'를 두고 "공천연대, 일종의 공포정치"라고 비판을 했기 때문이다. <2023. 1. 14>

36. 김종인 전 국힘비상대책위원장이 본 '아사리판' 3.8 국민의힘 전당대회

　오는 3월 8일은 3.8국제부녀절(우리는 여성의 날)로 중국이나 북한에서는 여성들을 위한 큰 행사를 해마다 치른다. 이날만큼은 가정에서 남자들이 밥도 짓고 집안일을 모두 도맡아 하면서 여성을 왕으로 모셔 대접을 받게 하는 날이다. 하지만 한국은 그렇지 않다. 올해 한국은 이날 3.8절에 여당인 국민의힘이 당 대표와 최고위원을 새로 뽑는 전당대회를 치른다. 국힘당 3.8 전당대회 본선 진출자들이 결정되면서 각 후보들이 본격 레이스를 시작, 경쟁이 치열하다.

　김종인 전 국민의힘 비상대책위원장은 국힘 3.8 전대를 보면서 "지금 상황이 딱 아사리판"이라면서 "처음부터 '尹心'으로부터 시작을 했기 때문에 국민의힘 상황이 복잡해진 것"이라며 혹평을 했다. 후보들의 尹心 경쟁과 윤 대통령의 당 장악 의도가 맞물려 진흙탕 경선으로 흐르고 있다는 진단이다. 김 전 위원장은 "대통령실은 가급적이면 당 대표 선출에 관심을 안 갖는 것이 현명하다"면서 "지금 당을 완전히 장악하면 결국 나중에 후회밖에 남는 게 없다"고 했다. 그는 또 "대통령이 된 사람들은 대개가 당을 자기 것으로 만들려고 하는 성향이 있는데 윤 대통령도 그런 전철을 밟고있다"고 꼬집었다.

김 전 위원장은 또 ′윤심′, ′당심′, ′민심′ 논란과 관련해 "民心이 黨心에 영향을 미칠 수 있어도 黨心은 民心에 영향을 미칠 수가 없다"며 "黨心이 民心이라고 생각하면 오히려 유권자가 그에 대해 더 거부반응을 보일 수밖에 없다"면서 "최근에 국힘을 보면 굉장히 오만한 모습을 보이고 있고 대통령 얼굴만 쳐다보고 사는 정당"이라고 했다. 김 전 위원장은 또 "김기현, 안철수 후보는 당 대표가 돼 자기 능력으로 총선 승리를 생각 해야지 누구의 마음을 잘 읽는 이가 되고, 어떤 사람은 나하고 연대를 한다는 소리를 하는데 내가 보기에는 참 한심한 사람들"이라고 비판을 했다.

박지원 전 국가정보원장도 최근 "국민의힘 3.8 전당대회는 윤석열 대통령과 이준석 전 국민의힘 대표의 대결"이라면서 "이준석계의 컷오프 전원 통과는 사실상 이준석의 승리"라고 평가하면서 "오동잎이 떨어지면 가을이 온다는 것을 알아야 한다"며 "윤 대통령은 전대는 당에 맡겨두고 약속한 대로 야당과의 협치, 민생경제,

외교 및 안보에 전념해야 한다"며 "만약 계속 전당대회개입 지시를 한다면 결과는 상상 불허가 될 것"이라고 말했다.

필자가 보는 관점에서도 현재의 3.8 전대 구도는 안철수 후보 보다는 친윤계와 친이준석계의 설전이 거센 것 같다. '이준석 트라우마'에서 벗어나기 위해 親尹계 의원들은 단일대오를 형성해 김기현 후보를 감싸는 한편, 이준석 전 대표는 천하람 후보를 앞세워 '디펜딩 챔피언'을 노리고 있다. 이들의 氣싸움은 '아바타 정치'로까지 번지는 모양새다. '黨 代表 후보' 대신 '尹心'과 '李心'밖에 보이지 않는다는 지적도 제기되고 있다.

특히 이준석 전 대표의 지원을 받고 있는 천하람 당 대표 후보는 나름대로 소신 발언을 하기때문에 상당수의 책임 당원들이 동조를 보내고 있기에 상당한 표를 결집 시킬 수 있는 가능성도 있다. 천 후보는 '0'선으로 이미 국힘 중진인 조경태-윤상현 의원을 물리치고 4인 최종 결선 자리에 들어온것만 해도 그는 정치적으로 상당한 성공을 했다. 천 후보는 최근 국힘 차기 당 대표 적합도 조사에서 '친윤석열계'의 지지를 받는 김기현 후보와 각각 17.7% 동률을 기록하기도 했다. 비록 일반 국민을 대상으로 한 조사지만 이른바 '천하람 돌풍'이 본격적으로 현실화한 것이다.

천 후보는 4선의원에 울산시장까지 지낸, 특히 대통령실에서 전폭적으로 밀고있는 김기현 후보와 동률의 지지율이 나온 것은 그만큼 국민들이 '윤핵관'에 반감이 큰 것을 알 수 있다. 필자는 최근

<졸지에 '반윤(反尹)'이 된 나경원, 당 대표로 출마해야>라는 칼럼을 쓴 적이 있다. 그러나 나 전 의원은 親尹계의 압박으로 결국 출마를 포기했다. 그렇다면 그는 전대가 끝날 때 까지 조용히 있어야 했는데 최근 김기현 후보와 웃으면서 손을 잡고 연대 의사를 밝혔다. 그렇다면 나경원을 지지했던 당원들 심정은 어땠을까?

이에 대하여 필자는 "역풍이 불 것"으로 본다. 김 의원과 손 잡은 것도 압박을 받아 지지 선언을 강요받는 듯한 모양새를 연출했기 때문이다. 국민들은 지금 '親尹, 非尹'의 국힘을 만든 것은 윤핵관(尹核關)들로 생각하고 있다. 윤핵관 들은 스스로를 親尹이라고 자랑해 왔다. 그러나 이는 엄청난 자충수로 3.8전대에서 그 결과가 나타날 것으로 본다. 그리고 '철수'(撤收)라는 달갑지 않은 별칭을 받아온 안철수 후보, 그는 이미 국힘 내에서 '반윤' 딱지를 받았지만 끝까지 완주를 해야 할 것이다.

도중에 만약 또 '철수'(撤收)를 한다면 그는 이제 정치에서 완전히 손을 떼야 할 것이다. 윤 대통령의 멘토로 불렸던 신평 변호사가 "안철수 후보가 당 대표가 되면 윤석열 대통령은 국민의힘을 탈당할 것"이라고 말을 했지만...<2023. 2. 12>

37. 김영환 충북 도지사,
    그의 출생지는 어딘가?

　3·1 운동을 이끈 민족 지도자 '의암 손병희' 선생, 그는 천도교 지도자이자 교육 사업가였다. 그는 또 동학(東學)농민운동 주도자 중 한 사람이었고, 3·1 운동 때는 민족 대표 33인으로 활동을 했던 우리 민족의 위대한 인물로 일제 치하에서 신음하던 한국인들의 독립을 요구하며 대대적인 시위를 벌인 손병희 선생, 그는 충북 청주의 가난한 집안에서 태어났지만 어려서부터 불우한 사람들을 도우려는 의협심이 강했다.

　1922년 5월 19일 가족과 교인들이 지켜보는 가운데 숨을 거둔 손병희 선생은 별세 직전 이런 말을 남겼다. "나는 이 나라의 독립을 보지 못하고 간다. 그러나 너희들은 실망하지 말고 노력해라. 일

본인들 도량으로는 도저히 우리나라를 오랫동안 먹지는 못할 것이다." 그로부터 101년이 지난 2023년 3월, 대한민국 충청북도에서 기가막힌 사건이 발생했다.

일제의 만행을 규탄하면서 독립을 부르짖은 민족대표자 33인중 최고의 어른인 손병희 선생이 태어난 충북 청주에서 참으로 있을 수 없는 사건이 발생했다. 그 사건의 주인공은 바로 김영환 충북 지사다. 김 지사의 고향이 충북이 아닌 타도 출신이었다면 필자는 이런 칼럼을 쓰지 않았을 것이다. 그러나 필자는 이 칼럼을 꼭 써야만 했다. 왜냐하면 필자 역시 충청북도 청주에서 태어난 도민이자 국민이기에 김영환 지사를 꾸짖고 싶었기 때문이다.

김영환 지사는 최근 윤석열 정부가 행한 '일제 강제징용 배상 방식'을 지지하며 "기꺼이 친일파가 되겠다"라는 발언을 했다. 그 발언이 공개 되면서 내고향 충북에서는 지금 난리가 나면서 김 지사발언에 대한 반발이 이어지고 있다. 민주노총 충북지역본부 등 11개 단체는 오늘 충북도청 앞에서 기자회견을 열고 "지금 전국에서는 많은 국민들이 강제징용 배상안을 두고 분노하고 있는데 김영환 도지사는 이런 정부의 조치를 애국적 결단으로 추앙하고 스스로 친일파가 되겠다는 망언을 내뱉는 태도를 도저히 묵과할 수 없다"고 목소리를 높였다.

이들은 또 "정부 방침에 대한 입장을 표명하기전에 김 지사는 먼저 도민들의 목소리를 경청하는 노력을 기울여야 했다"면서 "지금이라도 도민들의 뜻이 무엇인지 되돌아보고 씻을 수 없는 모멸감을 안긴 친일파 망언에 대해 백배사죄하라"고 질타를 했다. 또한 한 애국운동단체 대표는 충북도청을 찾아가 "친일파의 무덤에는 침도 아깝다. 부관참시가 답이다"라는 날 선 비판을 쏟아내며 김 지사의 사과를 촉구했다.

그러나 김 지사는 도민들과 일부 시민단체들의 반발과 사과 요구에 대해 아랑곳 하지않고 당당하게 "친일파 발언은 반어법적 표현이며 사과할 문제는 아니다"라는 변명의 입장을 표명하고 있다.

김영환, 그가 지난 7일 SNS에 올린 내용을 다시한번 살펴보자. "나는 오늘 기꺼이 친일파가 되련다"는 글을 올리면서 정부의 강제징용 피해배상 해법을 "삼전도 굴욕에 버금가는 외교사 최대의 치욕이자 오점"이라고 주장한 더불어민주당 이재명 대표를 비판했다. 그는 또 "정부 결정은 통 큰 결단"이라고 치켜세우며 "윤석열 대통령과 박진 외교부 장관의 애국심에 고개 숙여 경의를 표한다"며 아부성 말도 했다.

이쯤해서 필자도 김 지사에게 한마디하고 싶다 "기꺼이 친일파가 되겠다고 밝힌 김영환 지사, 당신의 말은 분명 망언이며 이는 현 정부에 대한 족속원으로 아첨꾼의 말이고 막말꾼의 말이며 손병희 선생이 태어난 충북의 도민으로서 부끄럽지 않으냐?"고 말이다. 또 말하고 싶다 "당신은 분명 윤석열 대통령에게 아첨만 하는 도지사, 국민을 매도하는 시대착오적사고방식을 가진 비정상적 사람으로서 충북을 책임지는 도지사로서 자격이 없다"라고...

  또한 김 지사를 비판하는 단체에서는 "윤 대통령과 박진 외교부 장관을 애국자라고 추켜세우고, 피해자와 국민에게는 일본의 사과를 구걸하지 말라고 쏘아붙이는 김 지사의 정신세계는 도대체 어떤 것인지 궁금하다 못해 의아하기까지 하다. 지금이라도 잘못을 뉘우치고 도민에게 사죄하지 않으면 도민의 처절하고 뜨거운 심판이 있을 것"이라고 경고했다. 이에 필자도 전적으로 동의한다. 김 지사는 원래 야당에 있다가 여당으로 변신을 한 인물로 이는 있을 수 있는 일이다. 그러나 잘못된 정부 정책을 그대로 따라가려는 처세는 잘못된 것이다. 정치인은 기개와 소신이 있어야 한다. 김 지사는 "나는 친일파가 아닌 충청인으로 내 갈길을 가겠다"고 쓴 소리를 해야 했다.

  지금 부산에서도 김 지사와 똑같은 아첨꾼이 있다. "국익 차원의 용기 있는 결단"이라며 윤석열 정부의 대일 정책에 긍정적 평가를 내놓았던 박형준 부산시장이 "부산시장 자격없다. 사퇴하라"는 뭇매를 부산시민들에게 맞고 있다. 모름지기 정치는 국민을 위한 것이다. 그런데 국민이 반대하는 정책을 고집스럽게 역행하려 한다면 그에 대한 후과는 반드시 받게된다. 김영환 지사도 이 점을 명심해야 할 것이다. 윤대통령 역시 국정수행 긍정평가가 40%에서 34%로 약 한 달 만에 30% 중반대로 다시 떨어지고 국민의힘 지지율도 하락하고 있다.

이는 일본 정부 사죄 및 전범기업 배상 없는 '제3자 변제' 방식의 정부 강제동원 해법안에 대한 역풍으로 전 국민들이 분노하고 있다는 증거다. 손병희 선생이 태어난 충북인의 후예 답지 못한 비굴함을 떠벌린 김영환 지사를 뽑은 충북 도민들, 참으로 한심하고 부끄러울 뿐이다. <2023. 3. 10>

38. 국민의힘과 전광훈 목사, 그들은 어떤 관계인가?

　요즘 대한민국 정치권은 두 곳의 피 터지는 전쟁으로 유권자인 국민들이 짜증을 내고 있다. 바로 하나의 '집단'인 '국민의힘'과 '개인'인 '전광훈'과의 목불인견 전쟁이다. 그런데 그 전쟁에서 국민들은 너무나 아리송해 하고있다. 일반 상식으로는 집권 여당인 국민의힘이 일찌감치 KO승을 해야 할 싸움인데도 계속 뒤로 밀리고 있는 형국이다. 지난 17일 국민의힘은 전광훈 사랑제일교회 목사의 기자회견을 지켜본 후 거리두기를 위해 본격적인 조치에 나섰다.

　그 조치는 지난해 대선을 비롯, 지난 3.8 전당대회에서 국민의힘에 입당원서를 낸 당원들을 '출당'한다는 내용이다. 즉 입당원서에

"'추천인 전광훈'으로 돼 있는 사람들에게 이중 당적 보유금지에 관한 안내 문자를 발송하겠다"고 나선 것이며 "향후에도 '추천인 전광훈' 이름을 쓰고 입당하려는 사람들에 대해서는 입당심사를 보다 엄정하게 한다"는 것이다.

현재의 두 곳 전쟁으로 봐서는 앞으로 국힘 입당원서에 '추천인 전광훈'이라면 아예 받지를 말아야 하는데도 불구하고 '엄정심사?'를 하겠다는 꼬리표?를 단 것은 한마디로 국민의힘이 무엇인가 전광훈 측에 코가 꿰인(?) 냄새(?)가 나는 모종의 의혹을 갖게 한다.

지난 21일, 보도에 의하면 김기현 대표와 김재연 최고위원은 3.8 전당대회를 앞두고 전 목사에게 각각 도움을 요청했다고 본인들이 고백을 했다. 하지만 국힘 쪽은 계속 전광훈 목사와 엮이는 논란이 일자 '손절'을 한 셈인데 지난 17일 오전, 전 목사는 "국힘과의 '결별'을 선언한다"는 예고성 기자회견을 기자들에게 알렸다. 그러나 전 목사는 "국힘과의 결별이 아니라 계속 국힘을 위해 당원을 늘리겠다"며 "당 차원의 공천권을 포기하고 국민이 공천을 하는 당이 돼야 한다"는 훈계성 발언을 했다.

그러자 유상범 국힘 수석대변인은 "전광훈 목사가 우리 당의 공천에 관여하고자 하는 목적으로 본인 지지자들에게 당원 가입을 선동하는 등 부적절한 행동을 하고 있다"고 말했다. 유 대변인은 또 "전광훈 목사와 국힘은 어떠한 관계도 없다는 것을 다시 한 번 국민들에게 공개적으로 밝히는 의지를 말씀드리는 것"이라고 목소리를 높이면서 "김기현 당 대표가 전광훈 목사와 관련된 부분을 언급했고 그 다음에 후속 조치가 필요하다는 차원의 준비를 지시했다."고 밝혔다.

내용인즉 국힘 측에서는 "전 목사가 추천한 당원들에 대하여 사실관계를 밝힌 후 출당을 하겠다"고 하지만 이에 불응하는 당원들에 대해 어떤 조치를 취할 수 있을지에 대해서는 답변이 모호하다. 즉 국힘 측에서는 "당헌·당규상 출당을 위해서는 적어도 해당 행위가 있거나 낭의 위신을 손상하는 등의 문제점이 발견될 때 가능하다. 그렇지 않은 상태에서 전광훈 목사의 추천이라는 것만으로 출당은 당헌·당규상 불가하다"는 궤변을 하고 있다. 무조건 출당을 하면 되는것이지 무슨 뚱딴지 같은 이유를 늘어놓고 있나?

국힘은 또 전광훈 목사 개인에 대해서도 "현재까지 당에서 특별하게 법적 대응할 계획은 없다"고 밝혔다. 여하튼 전 목사로 인해 현재 국힘은 내홍으로 치닫고 있다. 특별히 전대 종료 후 김재원 최고위원의 설화, 홍준표 대구시장의 상임고문 해촉 등으로 확산된 내홍은 어쨌든 전 목사의 원인 제공을 부인할수 없다. 전 목사를 추천인으로 한 국힘 당원 규모가 공개된 것은 이번이 처음으로 전 목사가 입당을 시킨 자가 대변인 발표에 의하면 약 980명이라고 말하지만 실제로는 수십만명에 이르고 있다.

지난 3.8 국힘 전대에서 당원 100% 참여라는 특별한 룰을 정했는데 100% 당원 속에 전 목사가 추천을 한 사람들이 수십만이라는 것은 이미 알려진 사실이고 그렇기 때문에 국힘이 전목사와 결별을 못하는 이유로 보는 사람들이 대다수다.

김기현 대표는 17일 전 목사의 발언에 대하여 "기가 막히고 어이가 없다. 그 입을 당장 좀 닫아주셨으면 좋겠다"고 말했다. 그런데 전 목사와 국힘 양측의 논란은 이미 한 달이 넘었다. 당 안팎에서는 김기현 대표의 전 목사 대응을 놓고 '언발에 오줌누기' 식으로 반응이 싸늘하다. 국힘 지도부는 그동안 전 목사에 대해 "당원이 아니다"라며 공식 대응을 자제해 왔다. 당과 관계없는 사람이 발언하는 걸 제지할 뾰족한 수가 없는 데다 지도부가 언급할수록 전 목사를 향한 관심만 커질 것이라는 판단에서였다.

당 관계자는 또 "전 목사가 당내 지분이 있다는 건 절대로 잘못된 말"이라며 "수십만 명의 당원을 동원할 수 있다면 자기 당을 키워야지 왜 우리 당에 영향력을 주장하겠나"라고 답답함을 토로하면서 "전 목사가 국민의힘을 자꾸 언급하는 것은 자기 체급을 키우려고 하는 것뿐, 당과 아무 상관 없다"고 잘라 말하고 있다.

그러나 필자의 생각으로는 오히려 그 반대인 것 같다. 김병민 최고위원도 "김기현 대표를 비롯 지도부는 전광훈 씨와 관계없다는 얘기를 여러 차례 해 왔다. 이런 뉴스에 관심을 안 가졌으면 좋겠다"고 말했다. 태영호 최고위원도 "저희 당이 전 목사와 무슨 관계가 있는 것처럼 외부에서 자꾸 프레임을 씌우는 것 자체가 부적절하다. 관계가 있어야 끊을 것도 있는데, 자꾸 끊으라고 하는것은 부적절하다"고 말했다.

그러나 당 지도부가 전 목사에 대하여 소극적 대응을 하는 사이 전 목사와의 관계 청산을 강하게 요구하며 김기현 대표를 비판하던 홍준표 대구시장이 당상임고문에서 해촉된 사실은 "전 목사가 실제로 당내 영향력이 강한 것 아니냐"는 의구심을 갖게 한다. 따라서 오죽하면 김기현 체제를 무시하는 "국힘에 새로운 비상대책위원회를 구성해야 한다"는 말이 돌고 있는가?

전 목사가 기자회견을 한 날 한 여론조사기관은 "국민의힘 지지율은 33.9%, 더불어민주당은 48.8%"라고 발표했다. 기관은 또 그 이유에 대하여 "김기현 대표의 지도력 부재와 이중적 행태, 최고위원의 연이은 설화, 전 목사와 홍 시장의 설전, 홍 시장 상임고문 해촉 등 내부 갈등이 하락 원인"이라고 밝혔다. 필자가 볼 때 국민의힘과 전 목사와의 완전한 단절이 가능할지는 미지수다.

본 칼럼을 마무리 하면서 필자는 <한국정치의 현주소에는 갈등과 대립만이 있다. 상생이 없다. 민주당 역시 2021 전대에서의 돈봉투 사건이 어떻게 비화될지 아무도 모르고 있으며 국민의힘은 3.8 전당대회를 통해 새로운 지도부가 구성 됐지만 당을 개혁한다는 의지가 없고 김기현 대표 역시 리더십을 발휘하지 못하고 있다>는 것과 <보수 정부인 윤석열 정부의 탄생에 전광훈 목사가 기여한 것은 국민들 모두가 알고 있는 사실이기에 이제라도 국민의힘

은 내부에서 진정한 개혁을 추진하고 민주당과 협력을 하는 상생의 정치를 펼치면서 포용력을 보완하고 모든 권력을 국민에게 환원하는 정치를 해야 한다>고 제언을 해 본다. **<2023. 4. 22>**

39. 대통령은 영토와 국민의 생명을 지키는 헌법상 책임 다해야

　일본 정부는 현재 초등학교 교과서에서 독도와 과거사 기술을 강화했지만 한국 정부는 저자세로 미온적 대응을 해 논란이 일고 있다. 정부 대응으로는 고작 주한일본대사관 총괄 공사를 소환해 유감을 표명한 게 전부였고 대통령실 역시 별도의 공식 입장을 내지도 않았다. 윤석열 정부 1년을 맞으면서 윤 정부는 취임 후 가장 가까운 중국과는 거리를 두면서 한일관계 개선을 위해 전향적인 태도를 보였지만 결국은 뒤통수를 맞았다는 비판이 나오고 있다.

　한국 정부는 이미 일본 문부과학성이 매년 3월 초·중·고 교과서에 대한 검정 결과를 주기적으로 발표하고 있기에 올해 초등학교 교과서 검정 결과가 발표될 것으로 예상을 하고 있었다. 하지만 한국 정부는 한일 정상회담에서 좋은 성과를 낼 것으로 보고 교과서가 별 문제가 안 될 것으로 생각하고 있었기에 별도의 대응 수단을 강구해 놓지 않았다. 한국정부 관계자들에 따르면 일본 초등학교 교과서의 독도 관련 기술 정도가 예상보다 더 강한 수위라는 건 정상회담 이후 확인된 것으로 전해지고 있다. 이에 정부가 일본 측 발표에 앞서 항의의 뜻을 전달했는지는 알려지지 않고 있지만 속수무책이었을 것으로 보인다.

대통령실은 일본 교과서 사태로 국민 여론이 좋지 않은 것을 알고 촉각을 곤두세우고 있다, 국민들은 한일 정상회담 결과를 보면서 부정적인 상황으로 대일여론이 더 악화할 수 있는 상황이며 문제는 이번 교과서 사태가 시작에 불과할 수 있다는 것이다. 일본에선 이를 계기로 우익들과 힘을 합쳐 이번 기회에 독도 영유권 주장, 위안부 합의 이행, 초계기 레이더 조사 문제 등 일본의 입장을 한국에 확실하게 관철해야 한다는 목소리가 나오고 있다.

일본매체 니혼게이자이신문이 발표한 조사에 의하면 '일본인 68%는 한국 측이 내놓은 강제징용 해법 문제가 해결될수 없다'고 답하고 '해결될 것'이라는 응답은 21%, '앞으로 한일 관계가 변하지 않는다'는 응답에는 56%, '좋아질 것'이라는 답은 35%에 그쳤다. 이러한 일본의 행태를 보고 더불어민주당 전국 청년위원회와 대학생위원회가 지난 27일부터 2박3일 간 독도를 방문했다. 이들은 출정식을 열고 "오늘부터 출발해 3일간의 일정으로 대한민국 영토인 독도를 방문한다"고 밝혔다.

민주당 청년위원장 전용기 의원은 "이번 독도 방문은 일본 정부의 독도 야욕을 비판하고 독도가 대한민국 영토라는 것을 확실히 알리는 수호의 역할을 하기 위해서"라면서 "일본 정부가 독도 관련 도발을 계속해왔고 급기야 일본 정부는 안보 문서 개정안에 독도를 일본 고유의 영토라고 표기했다"며 "일본 정부가 국가 문서를 통해 노골적으로 대한민국 정부에 도전과 도발을 하는것"이라고 비판했다.

　그는 또 "일본은 독도 문제를 두고 일본 정부의 야욕을 드러내지 말고 독도는 누가 뭐래도 대한민국의 고유 영토"라면서 "위안부 강제징용 문제에 대한 사실도 왜곡하지 말아야하고 평화 헌법을 수호하고 일본 자위대를 군대화하려는 시도를 중단해야 할 것"이라고 경고했다. 양소영 민주당 대학생 위원장도 "우리나라 사람들은 독도에 집착하는 것이 아니다. 우리나라 땅이니까 당연한 우리의 토지를 주장하는 것"이라며 "일본은 독도에 갈 때 여권을 챙겨야 하지만 저희는 세면도구만 들고 갈 수 있다"고 말했다.

　더불어민주당 이재명 대표도 최근 "대한민국의 미래와 운명을 결정하는 것은 오로지 국민의 권리"라며 "윤석열 정권의 대일본 굴욕 외교의 진상을 밝히기 위해 국회가 강력한 조치에 나서야 한다"면서 "대체 한일 정상 간에 무슨 대화를 했느냐, 어떤 의제를 놓고 회담을 했느냐'를 가지고 논란이 벌어지고 있다"면서 "독도 영유권 그리고 위안부, 후쿠시마 수산물 수입금지 문제까지 정상회담 테이블에 올랐다는 얘기가 있고 일본 관방장관은 이를 인정했는데도 우리 정부는 오락가락 태도를 보이고 있다"고 지적했다.

　이 대표는 이어 "전체적으로 보건데 이는 사실일 가능성이 높은 일로 사실이라면 충격적인 일"이라며 "국민의 자존심을 훼손한 것도 모자라서 영토와 국민의 생명을 지키는 헌법상의 책임을 다하지 못했다는 것은 매우 큰 지적사항"이라면서 "대통령의 권한은 국민과 나라를 위해 쓰라고 주권자가 잠시 맡겨놓은 권한이다. 임기 5년의 한정적인 정부가 마음대로 전쟁범죄 피해자의 권리를 박탈하고 국익에 항구적인 피해를 입히는 그런 결정을 함부로 할 권한은 없다"고 꼬집었다. <2023. 4. 29>

40. 2조원 규모의 서울-양평 고속도로사업 중단, 주무장관 혼자서 가능한가?

　서울-양평고속도로 전면 백지화를 선언한 원희룡 국토교통부 장관은 다음 날인 7일 CBS라디오 '김현정의 뉴스쇼'에 출연하여 "모든 결정을 나 혼자서 했다. 책임질 있으면 책임을 질것"이라고 말했는데 그의 발언은 단호함을 넘어서 일종의 결기까지 느끼게 했다. 이는 야권에서 대통령 일가를 향한 끝도 없는 의혹 제기가 정권 말까지 이어질 조짐이 보이니 주무부처 장관인 '내가' 다 책임을 지고 사업을 중단시켰다는 것인데 이런 중단이 주무장관 혼자서 했는가? 아니면 윗선의 동의하에 했는가가 관건이다.

　이같은 종류의 결단은 정치권에서는 종종 찾아볼 수 있는 일이다. 선거전이 지나치게 네거티브로 흘러 유권자들의 공익을 도모

하기는커녕 오히려 눈살만 찌푸리게 한다든지, 의혹제기가 너무 심해 본질은 가린 채 정치적 비방전만 남게 되는 경우 논란의 당사자가 '내가 다 안고 가겠다'며 불출마나 탈당 등을 선언하곤 한다. 하지만 원 장관은 현직 국토교통부 장관이다.

그는 정치인 출신이고, 차기 대권주자 중 한 명으로 거론되는 인물이지만, 그보다 중요한 것은 국내에서 진행되는 각종 개발사업과 건축, 도로, 항만, 교량 등과 관련한 모든 내용을 관리하는 국토부의 수장이기도 하다. 야권의 의혹 제기가 윤석열 대통령의 임기 내내 정권의 발목을 잡을 우려가 있다고 해서 1조8천억원이나 되는 규모의 사업을 통으로 날리겠다고 선언하는 것은 정치인의 몫이지 장관의 몫이 아니다.

대통령은 행정부 수반이지만 대부분 대통령실을 통해서만 자신의 뜻을 전달한다. 각 부처의 사업에 하나하나 간섭할 수 있지만 장관에게 권한을 부여함으로써 주무부처가 보다 전문적인 관점에서 국민들이 얻을 수 있는 공익을 극대화하도록 하라는 취지다. 하지만 이같은 내각 구성이 장관으로 하여금 독단적인 판단으로 부처를 운영하라는 의미를 내포한 것은 아니다.분석할 수 있는 장치가 없어 객관적으로 비교하기가 쉽지 않겠지만, 민주당의 의혹 제기로 입게 될 대통령 일가와 여권 인사들의 피해와, 백지화 결정으로 입게 될 서울과 경기도민들의 피해 중 어느쪽이 더 클 것인지는 확신하기 어렵다. 그간 정부가 서울-양평고속도로 건설을 고속도로 건설 5개년 계획에 포함한 2017년 이후 6년이 넘는 시간 동안 투입된 경제적·사회적 비용, 그리고 지역민들이 입은 상처를 과연 원 장관 혼자서 감당하겠는가?

그는 과단성있게 호기롭게 선언을 했지만 수도권 고속도로 노선 의 존폐를 대통령실과 전혀 교감 없이 장관 혼자 결정했다는데에 대하여는쉽게 수용하기 어려운 문제다. 사업 선정부터 주민 의견 수렴, 예비타당성조사와 전략환경영향평가 등 다양한 단계를 거 쳐 결정되는 2조원 규모의 사업을 주무장관의 말 한 마디로 중단시 킬 수 있다면, 국회의원들이 그 동안 청문회를 거쳐 간 수많은 장관 후보자에게 '책임장관이 돼 달라'는 부탁을 할 필요도 없었을 것이 다.

원 장관의 CBS 인터뷰 후 하루도 채 지나지 않아 대통령실과 여 당 지도부에서 서울-양평 고속도로 건설 재추진 가능성을 언급하 고 나선 것은 원 장관의 발언이 단순히 쇼가아니었나 하는 의심도 들게 한다. 원 장관이 대통령을 음해로부터 보호하겠다며 고속도 로 건설사업 중단이라는 극단의 조치에 나선 것이 차기 대권 주자 로서의 존재감을 나타내고 윤 대통령에게 눈도장을 받기 위한 것 이 아니었느냐는 정치권 일각의 분석도 타당성을 갖게한다. 정치 인은 중요한 순간 승부수를 띄우기 위해 도박을 할 수 있다. 특히나 대선은 국내에서 가장 큰 선거이자, 원 장관이 과거에도 도전했던 그의 꿈과 같은 일이기도 하다. 하지만 원 장관은 정치인이기에 앞 서 현직 장관이다. 그는 또 국민들이 원하는 차기 대통령감도 될수 가 있다. 그렇다면 그는 대통령을 위한 국토부의 역할을 고민하는 장관인지, 아니면 국민을 위한 국토부의 역할이 무엇인지에 대해 진지하게 고민하는 장관이 돼야 할 것이다.

그런데 여당인 국민의힘은 원 장관의 발언을 놓고 "지금이라도 더불어민주당은 양평군민께 모든 것을 이실직고하고 잘못을 인정하라. 서울-양평 고속도로 사업을 되살리는 길은 그것뿐"이라며 "주민 피해 야기하는 민주당의 허위 날조는 내로남불-가짜뉴스-민생외면의 집합체"라며 이렇게 말했다. 이들은 또"국책사업만 있으면 주민 피해는 아랑곳없이 사사건건 가짜뉴스로 훼방을 놓고 정쟁하려 달려드니 제대로 일을 할 수가 없다"라며 "민주당의 황당무계한 의혹 제기로 10년 숙원 사업이 연기될 위기에 처했다. 하늘을 찌르는 양평군민의 분노를 어찌할 것인가"라고 했다. 그렇다면 결국은 원희룡 장관은 민주당의 하수인이 되는 격인가?
<2023. 7. 9>

41. 여권(與圈), 대통령 장모 구속에 비판 말아야

지난 7월 21일, 통장 잔고증명서를 위조한 혐의 등으로 1심에서 징역 1년을 선고받은 윤석열 대통령의 장모 최은순(76) 씨에 대해 항소심 2심 재판부가 항소를 기각하고 법정구속했다. 의정부지법 제3형사부 이성균 부장판사는 최 씨에게 "범죄사실 요지와 구속 사유에 대해서 변명의 기회를 부여하도록 하겠다"고 말했다. 이에 최 씨는 "무슨 말씀인지 못 알아듣겠다. 어떻게 됐다는 얘기입니까. 다시 말 해달라"며 재판부에게 재차 되물었다.

재판부는 "피고인에 대한 항소를 기각하고 오늘부로 법정구속하고자 한다. 법정구속에 관한 말씀을 할 기회를 드리겠다"고 했다. 이에 최 씨는 "저를 법정구속시킨다고요? 판사님, 그건 정말 억울

합니다. 제가 지금 당황해서 잘 못 알아들었는데, 동업자였던 안 씨가 이 사건 일어나기 전에 거짓말해서 20여억원을 다 가져갔다"고 항변하면서 "제가 무슨 판사님 말씀대로 나쁜 마음을 먹고 차액을 노리고⋯ 하나님께 맹세코 약을 먹고라도 자살하고 싶다. 제가 땅을 살 의지도 없었다"고 억울함을 토로했다.

재판부는 "피고인은 항소심에 이르기까지 방어권을 충분히 보장받은 것으로 보인다. 각 범죄가 중대하다. 사업 운영 과정에서 재범 위험성을 배제하기 어렵다. 도주 우려가 인정 된다"고 법정구속 사유를 밝혔다. 또한 양형 이유에 대해서는 "공신력이 높은 금융기관과 잔고증명서를 4차례 위조하고, 규모가 막대하다. 그 중 1장을 민사소송에 영향력을 미칠 목적으로 제출했다"며 "명의신탁은 피고인이 도촌동 부동산에 막대한 수익을 얻기 위해 이용됐다. 실현 이익도 상당하는 등 죄책이 무겁고, 비난 가능성이 크다"고 강조했다.

최 씨는 의료인이 아님에도 2013년 요양병원을 개설 및 운영해 요양급여 22억 9천여만원을 불법 수급한 혐의로 기소됐다. 다른 동업자 3명은 징역형 등을 선고 받았지만, 최 씨는 '검찰의 혐의 입증 부족' 등을 이유로 대법원에서 지난해 최종 무죄가 확정된 바 있다. 앞서 최 씨는 지난 2021년 12월 23일 1심에서 징역 1년을 선고받았지만, 법정 구속되지는 않았다. 최 씨는 2013년 4~10월 경기 성남시 도촌동 땅을 매입하는 과정에서 347억 원을 예치한 것처럼 통장 잔고 증명서를 위조한 혐의로 불구속기소 됐다. 또 2013년 10월 21일쯤 성남시 도촌동 땅을 매수하면서 전 동업자인 안 씨의 사위와 A사 명의로 계약을 체결한 뒤 등기한 혐의도 받았다.

 윤 대통령은 대선 출마를 선언한 직후인 지난 2021년 6월 처가 관련 의혹들이 제기되자 "내 장모가 사기를 당한 적은 있어도 누구한테 10원 한장 피해준 적이 없다"고 주장했다. 12월 관훈클럽 토론회에서도 "장모가 기본적으로 상대방에게 50억원 정도 사기를 당했다"면서 '장모가 피해자'라는 입장을 고수한 바 있다. 야권(野圈)은 최 씨의 법정구속에 '사필귀정'이라며 "법치를 내세운 대통령은 처가의 불법을 눈감아주고 감싸는 데 앞장서 왔다. 더 이상 이런 몰염치한 행태는 용납될 수 없다"면서 "김건희 여사의 주가조작 사건 등 대통령 처가를 둘러싼 국민적 의혹 사건들에 대한 검찰의 엄정한 수사를 촉구한다"고 밝혔다.

 송영길 전 더불어민주당 대표도 페이스북에서 "지난 대선 당시 윤석열 후보의 거짓말을 다시 확인했다"며 내주 중 서울중앙지검에 윤 대통령을 고발할 것이라고 밝혔다. 송 전 대표는 또 "장모 사건에 대한 허위사실 유포, 처 김건희 도이치모터스 사건에 대한 허위사실 유포, 태영호 전 국민의힘 최고위원 녹취록에서 나타난 공천개입 의혹 및 국민의힘 전당대회 개입 등도 고발내용에 들어간다"고 부연하며 "이원석 검찰총장은 살아있는 대통령도 수사하고 청와대도 압수 수색을 했던 선배 검찰총장 윤석열의 사례를 참고해 검찰총장으로서 존재감을 보여주기를 바란다"고 목소리를 높였다.

윤 대통령의 장모 최 씨의 법정구속은 말 그대로 상대방의 뼈를 끊기 위해 육친을 내어주는 육참골단(肉斬骨斷)으로 작용하기 위해서는 여권(與圈)에서도 사법부의 판단에 존중 의사를 피력해야 한다. 특히 국민의힘과 대통령실은 사법부 및 법정구속을 명한 의정부지법 이성균 부장판사를 공격하는 일은 절대 없어야 할 것이다. 만약에 이성균 부장판사를 공격한다면 국민들은 대통령에 대한 지지율을 더 하락시킬지도 모른다. 그리고 대통령은 장모가 법정구속까지 당한 것이니만큼 국민들을 상대로 대통령의 입장을 분명하게 밝히는 것이 좋다고 본다.

현직 대통령의 장모를 구속시킨 이성균 부장판사! 그는 분명 대한민국 사법부 역사에 한 획을 그은 거인으로 존재하게 될 것이다. 대통령 눈치를 볼 수도 있는 자리에서 그는 국가권력에 일침을 가했기 때문이다. <2023. 7. 23>

42. 김기현 대표, 이재명 대표 직접 찾아가 단식 중단 요청 했어야

　김기현 국민의힘 대표가 14일 이재명 더불어민주당 대표에게 "단식 중단을 정중히 요청한다"고 했다. 김 대표는 이날 오전 국회에서 열린 최고위원회의에서 "이재명 대표의 건강이 악화되고 있다"며 "이유여하를 막론하고 이 대표는 건강을 해치는 단식을 중단하기를 정중히 요청한다"고 했다. 그런데 김 대표는 여기에 사족을 달았다. 즉 김 대표는 "이 대표를 직접 방문하지는 않겠다"고 말했다 한다.

　그동안 국민의힘은 이재명 대표의 단식을 보면서 '명분 없는 단식'이라고 평가절하를 했다. 오늘로서 15일째인 이 대표 단식장을 찾은 국힘 의원은 탈북 의원인 태영호 의원 뿐이다. 태 의원 역시 진정으로 우러난 예의 차원이 아닌 자신을 '쓰레기'라고 막말을 한 민주당 모 의원을 제명하라고 항의차원에서 이 대표를 면담차 온태 의원 외에 이 대표 단식장을 찾은 국민의힘 의원은 아무도 없었다.

김 대표는 오늘 이 대표를 직접 찾지도 않은 채 전언을 통해 "거대 의석을 가진 제1 야당의 대표가 정부의 국정운영을 점검하고, 내년도 나라 살림을 챙겨야 하는 중차대한 정기국회 시기에 단식을 계속하는 것은 바람직하지 않다"고 말했다. 김 대표가 오늘 이 대표를 직접 찾아가 문안 인사를 하면서 "이제는 단식을 중단하십시오"라고 말했다면 국민들은 김 대표를 칭찬을 했을 것이고 여야 대표 간의 의리에 대한 진정을 느꼈을 것이다. 그러나 김 대표는 아쉽게도 국민들로부터 지지의 기회를 잃고 말았다.

지난달 31일 단식을 시작한 이 대표는 오늘로 단식 15일 차에 접어들었다. 의료진이 전날 이 대표 단식이 한계가 왔다며 중단해야 한다고 진단했지만, 이 대표는 계속하겠다는 의지가 강한 것으로 전해졌다. 정치권에선 "단식으로 죽은 정치인은 없다"는 말이 있다. 현재 이재명 민주당 대표의 단식을 바라보는 시선은 민주당을 제외하곤 싸늘하다. 오히려 조롱과 비하가 넘쳐나고 있다.

이러한 한국의 단식 정국을 보면서 중국 절강성 항저우시에 거주하고 있는 신도여희 申屠汝曦 (성씨가 두 글자 申屠) 선생이 이재명 대표의 일본 핵 오염수 반대를 위한 단식투쟁을 성원하기 위해 인터넷에서 반대 투표를 창의하였다. 이 투표는 9월 13일부터 20일까지 6일 동안 진행될 예정이며 그 사이 9월 18일 9.18 사변 기념일이 끼어 있어서 중국 국내 반일 정서의 대세하에 투표인원이 상당할 것으로 예상되고 있다.

중국 국민이 보내온 日 오염수 방류 반대 표시문

중국의 일반 국민이 자발적으로 인류운명 공동체에 대한 사랑으로 일본의 핵 오염수 방류에 대한 명확한 반대의견을 표시하는 것과 대한민국 제일야당 대표인 이재명 대표가 2주가 넘도록 단식투쟁을 하는데 대한 성원은 중국 내 많은 사람들의 뜻을 대표하여 공개적으로 표현할 수 있는 계기로 보고 있다.

申屠汝曦씨는 "저와 같은 동료들은 중국 내에서 인터넷을 통해 일본 도쿄전력의 핵 오염수 배출 중단을 요구하는 서명 투표를 하면서 우리는 우리의 방식으로 이 대표님과 한국 친구들의 정의로운 행동과 확고한 지지에 대하여 감사를 표하며 최종 투표 결과가 어떻게 되든, 인원수가 얼마나 되든 관계없이 우리는 정의필승, 평화필승, 인민필승 등 모든 것을 굳게 믿는다"고 밝혔다.

申屠汝曦씨는 또 "몇몇 특수한 원인 때문에 저는 잠시 한국에 가서 이 대표님을 만날 수 없습니다. 그러나 여기에서 이 대표님에게 간청을 하나 하고 싶습니다. 음식을 좀 드세요! 저는 이 대표님의 그 마음속의 큰 사랑을 느낄 수 있으며 사랑을 위하여 싸우려는 이 대표님의 결심을 느낄 수 있습니다. 하지만 대표님의 건강 상태는 한국뿐만 아니라 대표님을 지지하는 전 세계의 사람들에게 큰 관심사입니다. 대표님을 지지하는 모든 사람들은 대표님이 건강한 상태로 지속적으로 강력한 목소리를 내길 필요로 합니다"라고 강조했다.

이 대표는 8월 31일 단식을 시작하며 "윤석열 정권의 폭주를 막겠다"며 ▶민생 파괴·민주주의 훼손에 대한 대국민 사과 ▶일본 후쿠시마 오염수 방류 반대 입장 천명 및 국제해양재판소 제소 ▶전면적 국정 쇄신과 개각 등을 촉구했다. 이를 두고 여권 고위관계자는 "타협이 불가능한 모호한 정치적 주의·주상만 늘어놓거나, 국정 운영방향을 완전히 반대로 돌리라고 요구하는 것"이라며 "결국 자신에 대한 검찰 수사를 막기 위한 방탄용, 이를 위한 내부 결집 시도로 볼 수밖에 없다"고 했다.

그간 정치인의 단식 땐 으레 상대 당 지도부나 대통령 정무수석이 찾아 "건강이 우선"이라며 중단을 설득하는 모습을 보였지만, 이번 이재명 대표의 단식엔 여권 인사는 아무도 찾아볼 수 없었다. 국민의힘은 민주당의 협조 없이는 원활한 국정 운영을 위한 입법 과제를 풀어낼 수 없는 소수 여당이다. 김기현 국민의힘 대표는 이 대표를 찾아가 "앉아서 죽기보다 서서 싸우는 것을 택하라"며 단식 중단과 정치 복원을 설득했어야 했다. 새가 좌우의 날개로 날듯, 사라진 정치의 복원도 여야가 함께 노력해야 하지 않겠나.

<2023. 9. 14>

43. 나간 장관, 남아 있는 장관,
새 장관 지명자, 그들은 누구인가?

　이동관 방송통신위원장 임명을 보면서 국가수사본부장으로 임명되었다가 낙마한 정순신 변호사와의 차이를 생각했다. 이들 두 사람이 논란이 되었던 건 자녀의 학교폭력 사건이었다. 그러나 한 사람은 낙마했고 다른 한 사람은 임명됐다. 궁금했던 건 임명권자인 대통령의 의중이다. 같은 잣대였다면 정순신 국가수사본부장 임명 취소처럼 이동관 방송통신위원장 지명 철회로 이어져야 했다. 그러나 대통령실과 국민의힘은 이동관을 '방송 정상화의 적임자'라 했다. 그러나 과거 국가정보원까지 동원해 언론을 통제하려던 인물을 임명해 '방송의 공정성과 공공성 확립' 하는 게 가능한 일이냐는 의문이 따른다. 차라리 야당과 언론 단체에서 주장하듯 방송장악 의도를 가지고 이동관 위원장을 임명했다는 것이 훨씬 자연스러운 추론이라 할 수 있다.

지난 9.13 개각을 두고 말이 많다. '올드보이의 귀환'이라는 냉소도 있고, 예상치 못한 인물이라서 놀랐다는 반응도 있다. 그러나 별로 놀랄 일도 아니다. 정권 색채와 관계없이 몇 번이나 고위공직자로 나선 국무총리도 건재한 마당에 과거 인사들이 또다시 등장하는 것이 새삼스러운 것도 아니다. 정작 답답한 일은 자리를 비우고 나가는 사람들이나 그 자리에 지명된 사람들이 별로 달라 보이지 않는다는 것이다.

"일본은 아시아를 지배해 봤기 때문에 준법정신이 좋다"는 박보균 문화체육관광부 장관을 내보내면서 새로 지명한 유인촌, 홍범도 장군 흉상 철거에 앞장선 이종섭 국방부 장관을 내보내고 새로 지명한 신원식, 신 후보자는 홍범도 장군을 "뼈속까지 빨간 공산당원"이라고 막말을 한 국회의원이다. 또 무리하게 고속도로 계획안을 변경하고는 문제가 되자 백지화 하겠다고 하더니 다시 불붙이고 있는 원희룡 국토교통부 장관, 이태원 참사 대응 부실로 탄핵 소추되었다가 잼버리 대회에서 또다시 무능력을 드러낸 이상민 행정안전부 장관, 방송사 앞에서 관제 데모를 사주한 강승규 시민사회수석, 백선엽 장군이 친일이 아니라는 것에 장관직을 걸겠다는 박민식 국가보훈부 장관. 이들이 보여준 무능력과 그릇된 역사 인식, 불법 행위는 경질된 장관들과 크게 다를 바 없다.

그래서 나간 장관이나 남아있는 장관, 또 새로 장관에 지명된 후보자들 사이에 차이를 발견하기 어렵다. 모처럼의 개각이라지만 기대감도 들지 않는다. 이동관 방통위원장과 유인촌 문화체육관광부 장관 지명자가 의기투합한 이른바 '방송개혁', 그것이 이명박 정권의 언론탄압을 능가하는 평지풍파로 다가올 수 있다는 상상이 우려로만 끝날 것 같지도 않다. '9·19 남북군사합의로 안보태세가 와해됐다'는 주장하는 사람이 국방부 장관이 되면 안보가 튼튼해질지 긴장 관계가 높아질지도 생각해 볼 문제다.

"제일 중요한 게 이념입니다. 철 지난 이념이 아니라 나라를 제대로 끌고 갈 수 있는 그런 철학이 이념입니다." 이 말은 지난 8월 28일 국민의힘 연찬회에 나타난 윤석열 대통령의 말이다. 정권에 있어서 중요한 건 이념이고 국정철학이다. 이념과 국정철학을 바탕으로 국정 기조가 세워지는 것이고, 기조를 구현하기 위해서 장관과 고위공직자를 임명하는 것이다. 그러나 정작 윤 대통령은 자신의 이념이 무엇인지 국정철학이 무엇인지를 취임 후 아직까지도 밝힌 적이 없다. 야당과 쓴소리를 하는 언론과 시민단체에 대하여 윤 대통령은 공산전체주의로 몰아붙이고 있다.

때문에 이러한 현실에서 장관과 고위공직자의 발탁 기준은 도덕성과 능력보다는 '공산전체주의'에 맞서 이길 수 있는 전투력 강한 인물, 이념주의가 강한 사람들을 계속 발탁하고 있다. 공장에서도 불량품이 계속 나오면 제품보다 찍어내는 프레스를 점검해야 한다. 유인촌 문체부 장관 지명, 이동관 방통위원장 임명, 신원식 국민의힘 의원이 국방부 장관에 발탁된 건 홍범도 장군 흉상 철거로 촉발된 이념 전쟁을 더 가속화 하겠다는 대통령의 의지로 보면 될 것 같다.

9.13 개각에서 우려해야 할 건 대통령의 이념이고 국정철학이다. 언론을 길들이려는 무모한 시도, 역사의 정체성을 흔들어 놓는 폭거, 전체주의와 반동주의라 할 수 있는 국정운영 기조는 국가도 정권도 국민도 모두 불행해진다.

이상민 행안부 장관, 원희룡 국토부 장관, 박민식 보훈부 장관, 이동관 방통위원장, 그리고 새로 발탁한 유인촌 문체부 장관 지명자와 신원식 국방부 장관 지명자. 현재 논란이 되는 3부처 장관 후보자(국방부-문체부-여가부)를 두고 국민 절반 이상(57.1%)이 '잘못된 인선' 이라고 답했고, '잘된 인선' 이라고 답한 이는 28.5%다. 이들을 통해 윤석열 대통령이 구현하고 싶은 국가의 모습은 도대체 무엇인가? 윤 대통령은 왜 국민 여론에 반하는 사람들을 계속 자꾸 등용하는가? <2023. 9. 30>

44. 尹 정부 17개월, 17%p 차이로 강서구청장 補選에서 大참패, 그 원인은?

지난 10일로 윤석열 정부 출범 17개월을 맞은 대한민국의 모양새, 그다지 좋지 않다. 잇따른 대형 참사에도 책임지지 않고 언론 장악에 혈안이 된 정부, 대화와 타협이 사라지고 ′아사리 판′이 된 국회, 펑크 난 세수에 학자의 연구비까지 깎는 침체 일로의 경제, 극단적인 노사 갈등, 일촉즉발의 전쟁 위기가 감도는 남북 관계까지, 눈 씻고 찾아봐도 윤 정부에 박수를 쳐 줄만한 일이 없다. 백주 도심 전국 곳곳에서 ′묻지 마′ 칼부림이 일어나고, 학생과 학부모의 악성 민원에 시달려 극단적 선택을 하고있는 교사들이 속출하고 부동산 가격이 다시 들썩이고 밥상 물가가 폭등하는 등 민생이 만신창이인데, 정부와 여당은 뜬금없이 ′공산 전체주의′라는 신조어 까지 만들어 국민들을 불안하게 하고 갑자기 독립영웅 홍범도 장군까지 욕보이며 국민을 상대로 이념 전쟁을 선포, 국민들을 어리둥절하게 하고 있다.

이제 윤 대통령을 탓해 봐야 입만 아프다. 지난 17개월 동안 모두가 똑똑히 보았듯, 윤 대통령은 이 난국을 헤쳐 나갈 능력을 제대로 발휘를 못하고 있는 것 같다. 남녀와 세대, 지역과 노사 사이를 끊임없이 갈라치며 자신에게 닥친 위기를 모면하는 데만 능숙했지, 야당과의 협치나 토론과 합의를 통해 해결책을 조율해나가는 정치 지도자의 역량은 단 한 번도 보여준 적이 없다. 그의 시계는 여전히 아직도 검찰총장에 머물러 있는 것 같다. 최근 윤 대통령은 자신의 육성을 통해 스스로 밝힌 것이 있다. 대통령 후보 시절 여당 관계자와 나눈 대화의 녹취록에서 그는 스스로 "나는 대통령을 하려고 나온 사람이 아니다" "대통령 자리 자체가 귀찮다"고 고백을 했다. 그렇다면 왜 대통령을 하고 있나? 그리고 왜 대통령에 출마를 했나? 그는 검찰총장에서 일약 대통령으로 뛰어 올랐기에 그가 잘 아는 검사들을 곳곳에 기용 했다. 그러나 국민들은 '공익의 대표자'라는 검사들의 민낯을 보았다. 국민의 기본권을 보장하고 공공의 복리를 도모하기는커녕 얄팍한 법 지식을 활용해 사회적 약자와 정적을 괴롭히는 자들로 현재까지 활동을 하고 있을 뿐이다.

대한민국 국민들은 윤석열 대통령의 국정 수행 17개월을 지켜보면서 학벌과 직위, 연고 등을 기준 삼는 기성세대의 맹목적인 투표 관행에 문제가 있음을 깨닫고 있다. 그를 지지하고 있는 30%대의 국민들은 그가 서울법대를 나오고 검찰총장까지 오른 최고의 엘리

트였기에 그가 주창하는 상식과 공정이 통하는 새로운 대한민국 사회를 만들 것을 믿고 표를 몰아 대통령을 만들어 줬지만 지금은 거꾸로 불안감을 느끼면서 매주 토요일만 되면 '윤석열 퇴진' 시위가 전국 곳곳에서 이어지고 있다. 이렇게 윤석열 정부를 비판하고 견제하는 국민들의 표심이 결국은 지난 10.11 강서구청장 보궐선거에서 여지없이 분출되었다. 1개 구청장 보선이 마치 대통령 선거처럼 요란했다. 그런데 그 요란과 법석은 바로 윤 대통령이 만든 것이다. 이쯤에서 필자는 정부 여당과 윤석열 대통령에게 다음과 같은 고언을 하고 싶다.

"이제는 대통령과 여당이 변해야 합니다" "대통령의 이념 중심 국정 기조를 바꿔야 합니다" "윤 대통령이 국정 기조를 수정하고, 여당과의 수평적 관계를 허용하고, 야당과의 대화에 나서야 합니다" "대통령께서 여당은 용산 대통령실의 ′출장소′로, 야당은 ′반국가세력′으로 인식하고, 홍범도 장군 흉상 이전으로 대표되는 ′이념′ 중심 국정 기조에서 탈피해야 합니다" "윤 대통령은 이번 보선에서 심판받은 국정기조를 전환하고, 당·정·대를 인적 쇄신하고 대야 관계의 새 틀을 짜야 합니다" "민생을 놓고 야당과 선의의 경쟁을 펼쳐야만 정부와 책임여당의 활로가 생길 수 있습니다" "국민을 무시하고 매사에 일방적으로 밀어붙이는 강성과 독선을 버려야 합니다" "국민들은 대통령의 겸허하고 진술한 자세를 인사를 통해 보고 느끼고 싶습니다"

또 고언을 하고 싶다. "대통령은 취임 이후 지금까지 누구를 내치고 배척하는 기류뿐이었습니다" "대통령실과 정부에서 잘못하는 일이 있으면 여당에서 여론을 전달해 수정하는 시스템이 거의 작동하지 않고 있습니다" "1년이 넘도록 기자회견을 하지 않는 불통, 곳곳에 '내 사람'을 심어 국정을 주도하겠다는 오만, 직접 이념 전쟁의 전사로 뛰어드는 독선에서 벗어나야 합니다" "전 정부를 가리키며 '과거엔 더 했다'는 변명도 이제 더는 통하지 않는다는 것을 아셔야 합니다." "'남 탓' 아닌 '내 탓'이라는 성찰의 시간이 필요합니다"

이상과 같은 필자의 고언을 윤 대통령이 취임 후 지켜왔다면 이번 10.11 강서보선의 대참패는 없었을 것이다. 지금이야 모두가 서슬 퍼런 권력 앞에 납작 엎드려 숨죽이고 있지만, 윤석열 대통령의 처지가 참으로 딱하다. 필자가 보건데는 "대통령님, 그렇게 하시면 안됩니다" 라고 직언과 충언을 할 참모가 그의 곁에는 단 한 명도 없는 것 같다. 윤 대통령이 외치는 공정과 상식에 동조하는 국민들도 이제는 현재 구중궁궐에 갇혀 극우적 가치관에 매몰돼가는 윤 대통령의 모습을 지켜 보는것도 괴로워 하고 있다.
<2023. 10. 14>

45. '2030부산 EXPO', 유치 실패의 진짜 원인은?

　지난 11월 28일(현지시간) 참패에 가까운 성적표로 돌아온 세계 박람회(EXPO·엑스포) 개최지 투표 결과(사우디아라비아 리야드 119표 대 부산 29표)를 놓고 의견들이 분분하다. 국민들이 가장 알기로는 사우디가 엄청난 돈을 뿌려서 투표에서 압승을 했다는 이야기도 있고 또 내부 사정을 잘 아는 정부 관계자는 "엑스포 유치가 윤석열 대통령의 특별 관심사항이 되자 어느 순간부터 엑스포를 유치하여 대통령으로부터 능력을 인정받으려는 일부 관료들의 '욕망의 장'으로 변질됐다"면서 "이는 결국 냉정한 상황 판단이 아니라 기대를 부풀리는 '핑크빛 시나리오'가 난무했던 결과였다"고 말하고 있다.

사실 윤 대통령도 지난 6월 프랑스 파리에서 열린 PT(프리젠테이션) 연사로 나선 이후 "반드시 이겨야 한다"는 압박감이 한층 강해졌다. 실제 해당 PT가 끝난 이후 민관합동 유치위원회와 각 정부 부처에선 "사우디를 지시했던 상당수 국가들의 표심이 한국 지지로 선회했다"는 식의 근거없는 맹탕 보고가 줄을 이었다. 또 지난 7~8월 경에는 윤 대통령에게 보고하는 문건에도 "사우디와의 표차가 20표 이내로 좁혀졌다"는 문구까지 담겼다고 한다.

이 무렵부터 "사우디가 1차 투표에서 2/3(122표) 이상을 득표하지 못하면 2차 투표에서 한국이 이탈리아(개최 후보지 로마)의 표를 흡수 할 경우 승리할 수 있다"는 이야기들이 출처 없이 본격적으로 나오기 시작했다. 그러나 더 나아가 투표일이 임박해서 대통령실 미래전략기획관실은 "사우디와 불과 10여표 차이"라는 보고서를 올리자 윤 대통령은 희희락락 했다. 그러나 이는 모두가 사실이 아닌 근거없는 예측의 간절함이 조작해 낸 '희망적 수치'였을 뿐이다.

결국 이런 예측은 결과적으로 '허위보고'가 됐고 윤 대통령은 엑스포 유치 실패 후 다음 날인 11월 29일, 이례적으로 신속하게 대국민 담화에서 "예측이 많이 빗나간 것 같다"고 고백?(언급)을 했다. 평소 윤 대통령 성격상 이런 언어를 내뱉기에 매우 곤혹스러웠을 것이다. 사실이 아닌 예측과 상상의 가정만으로 마치 "반드시 엑스포를 유치할수 있을 것"이라는 아전인수식 시나리오를 쓰고 또 그것들을 분석한 참담한 결과였다.

PT(프리젠테이션) 현장에서 회원국들이 우리에게 '건투를 빈다'는 정도의 덕담이 마치 "우리는 당신들 한국을 지지한다"는 등 외교적 수사를 '유치국가로 지지하고 있다'는 착각을 갖게 한 착오였다. 또한 상상을 뛰어넘은 사우디의 선거전략의 판세 분석을 우리가 제대로 못한 것이 유치 실패의 원인이기도 하다. 엑스포와 같은 국제 투표전 에서는 사실 경쟁의 룰 자체가 없다. 엑스포 유치 참패 뒤 '오일 머니'에 대해 부정적 시각도 표출됐지만, 사실 이런 선거전에서는 각국이 스스로 용인할 수 있는 수준에서 모든 수단을 동원할 뿐이다.

실제 사우디는 한국에 지지를 표명한 국가를 상대로 '한국이 약속한 것보다 더 큰 지원을 해 주겠다'며 소위 꼬시는 작전으로 표 빼앗기 전략을 사용했다고 한다. 회원국중 한국이 다녀간 나라에는 사우디가 다시 방문을 해 더 큰 선물을 약속했다는 말도 있다. 사우디는 한국이 투표에 참여하는 파리 현지 대표들 포섭에 나서자, 투표 당일파리 시내의 호텔 2~3곳을 전체 빌려 일부 BIE회원국 본국의 장·차관급 인사를 묵게 하는 등 마지막까지 철저한 표 단속에 나섰고 이들이 파리까지 오는 항공비도 사우디가 냈다고 한다.

이렇듯 사우디에 대하여 전략 부재 및 상황을 제대로 파악을 못했기에 예상을 뛰어넘은 완패는 당연지사로 이제는 '누가 그 책임을 지느냐'가 남아있다. 이에 대해 외교부가 책임에서 결코 자유로울 수 없다. 하지만 사실 엑스포 유치전의 주무 부처는 외교부가 아닌 산업통상자원부다. 그러나 박진 외교부 장관은 책임론을 놓고 "판세를 가급적 객관적이고 정확하게 읽으려 노력했다"면서도 "다만 우리가 기대한 만큼 지지를 얻지 못한 것에 대해서는 겸허히 반성할 부분이 있다고 생각한다"고 말했다.

그러나 필자의 생각은 조금 다르다. 회원국들이 사우디를 몰표로 지지하여 유치를 하도록 몰아준데 대하여는 여러 가지 불확실의 이유들이 많다. 그러나 이들이 진실로 한국을 지지하지 않은 이유, 그것은 현재 한국이 북한과 화해정책이 아닌 남북간 긴장과 갈등이 계속되고 대치 중이라는 불안한 정세의 상황을 보고 멀리한 것이 아닌가 하는 생각이다. <2023. 12. 1>

46. '尹 핵관' 장제원의 불출마 선언은 용산의 '敗'

　윤석열 대통령이 당선자 시절 비서실장으로 기용, 개국공신으로 불렸던 '윤핵관' 국민의힘 장제원 의원이 12.12에 국회에서 총선 불출마를 선언했다. 장 의원은 페이스북에 자신의 부친인 故 장성만 전 국회부의장의 묘소를 찾았다는 내용의 글을 올리며 "시간이 지나면 지날수록 아버지가 주신 신앙의 유산이 얼마나 큰지 더욱 선명하게 다가온다"고 적었다. 이어 그는 "아버지의 눈물의 기도가 제가 여기까지 살아올 수 있는 힘이었다는 사실도 깨닫게 된다"며 "보고싶은 아버지! 이제 잠시 멈추려 합니다"라고 했다. 장 의원은 또 "아무리 칠흑같은 어둠이 저를 감쌀지라도 하나님께서 더 좋은 것으로 예비하고 계신 것을 믿고 기도하라는 아버지의 신앙을 저도 믿는다"고 했다.

장 의원이 불출마를 선언한 것은 공교롭게도 인요한 혁신위원회의 '혁신 활동'이 종료된 후다. 인요한 전 혁신위원장은 앞서 장제원 의원 등 윤석열 대통령의 핵심 측근들의 불출마를 '혁신 과제'로 추진한 바 있다. 그 배경엔 강서구청장 보궐선거 공천 과정 등을 주도했다가 실패한 위기감, 그에 따른 윤 대통령에 대한 '변화' 요구가 있었다. '대통령이 바뀌어야 한다'는 요구를 '윤핵관의 2선 퇴진'으로 치환하려 시도한 게 인요한 혁신위였다. 그러나 두 번의 패착으로 몰락했다.

윤 대통령이 김한길 국민통합위원장에 신뢰를 보냈을 때 인 위원장은 김 위원장과 친분을 과시하며 '혁신'의 깃발을 올렸는데 그것이 첫번째 패착이었다. 바로 '김한길 배후론'이 혁신의 당위성을 집어삼켰다. 다급해진 인 위원장은 이번엔 '윤대통령 신호'를 받았다고 밝혔다. 그것이 두번째 패착이었다. 인 위원장이 용산을 언급하자마자 '혁신위=윤석열' 등호가 성립되면서 모순에 빠졌다. 여권 위기의 원인이 윤 대통령인데, 윤 대통령이 혁신을 주도하고 있다는 것을 여실히 보여주었다.

'윤핵관 물갈이'가 혁신의 목적지였는데 반대로 대통령실 출신 총선 출마 대기자들이 줄줄이 지역으로 내려가고, '검핵관(검사출신 핵심관계자)'들이 공천을 받을 것이란 '루머'가 여의도에 돌았다.

이 틈을 타 '윤핵관 중 최고핵관'이라는 장제원은 수천명의 지지자들을 대동 산행을 하면서 대대적인 지역구 행사를 과시했다. 이때 사람들은 장 의원의 세과시가 혁신위의 힘을 빼는 요인으로 작용했다고 보고 또 이후 혁신위는 꼬리를 내린 후 판을 걷어치웠는데 이는 사실상 장제원-김기현으로 상징되는 '윤핵관'과 '당권파'의 대결이었다. 처음엔 팽팽한 듯 보였던 두 세력의 역학관계에서, 이젠 '승패'가 분명해졌다. '勝'은 김기현이고 '敗'는 장제원이다.

12일, 장 의원이 인요한 혁신위의 '빈손 퇴장' 이후 불출마를 선언한 것은 혁신위 활동 시절과 지금, 여권 내 역학구도가 완전히 변했다는 걸 방증한다. 장제원 의원으로서는 '인요한에 밀려 퇴장했다'는 불명예보다, 스스로 퇴장했다는 명예가 '정치적 리워드'를 강화할 수 있다. 실제 불출마를 하더라도 최소한 본인의 지역구 공천에 영향을 유지할 수 있고, 내각 입성도 노려볼 수 있다. 정치권에선 '희생'도 권리다. 시간도 없이 퇴출된 정치인들의 말로가 어땠는지 많은 이들이 알고 있다.

장제원 의원은 '명분'에서 분명히 윤 대통령 위에 서게 되었다. 김건희 특검법을 다뤄야 하는 김기현 대표를 위시한 '당권파'에 힘이 쏠리고 있다. '친윤' 성향 의원들은 '김기현 사퇴론'을 제기하는 비주류 중진들을 공격하기 시작했다. 이는 김 대표가 용산의 엄호를 받고 있다는 뉘앙스다. 지난 8일 혁신위 활동 종료 후 윤 대통령이 김기현 대표와 비공개 오찬을 한 이후 벌어지고 있는 기류 변화다. 윤 대통령이 김 대표에게 '부탁'을 해야 하는 처지가 됐다. 그 핵

심엔 윤 대통령의 '아킬레스건'이 된 김건희 특검법이 있다.

　이 모든 것은 대통령이 스스로 자초한 것이다. '김건희 리스크'의 위험성을 윤 대통령도 알고 있었지만 그는 정권 초 자신의 힘을 맹신했다. 하지만 국민여론은 70%가 김건희 특검을 찬성하고 있다. 이준석을 '내부 총질' 한다며 쫓아내고 당권 주자들을 하나하나 주저앉히고, 보궐선거 공천을 좌지우지하던, 당 위에 군림, 당을 쥐락펴락 해 왔던 윤 대통령은 이제 당에 아쉬운 소리를 해야 할 때가 됐다. 올해 초만 해도 "'내년 총선 170석'을 공언"했던 윤핵관 장제원의 '불출마 선언'은 결국 대통령의 힘이 빠지고 있다는 것을 음미해주고 있다. <2023. 12. 13>

47. 이낙연 전 총리는 정치 老慾 버려야

2023년 12월 현재, 대한민국 정치권은 두 개의 화두에 쏠리고 있다. 하나는 국민의힘 김기현 대표가 윤 대통령의 압박으로 대표직에서 사퇴한 후 누가 비상대책위원장 자리에 앉는가? 이고 또 하나는 이낙연 더불어민주당 전 대표가 독자 행보에 시동을 걸으면서 신당 창당을 선언했는데 이낙연의 그 신당 창당에 누가 참여를 하느냐이다. 필자는 단호하게 이 문제에 대하여 이낙연 전 대표에게 한마디 쓴소리를 하고 싶다.

"이낙연 전 국무총리님! 왜 그리 노욕(老慾)이 많으십니까? 오늘이라도 신당 창당 선언을 철회하십시오. 그 길이 당신이 사는 길입니다."

이낙연의 신당 창당, 분명 가시밭길이 예상된다. 아니 성공할 수가 없다. 현 민주당 의원들 중 친이낙연계서도 회의론이 팽배한 데다, 이 전 대표의 신당에 부정적 인식이 높다는 여론조사 결과까지 나와 창당 노선이 힘을 받기 어려운 상황이며 이제는 민주당 내부에서 '반이낙연' 전선이 구축되는 모양새다. 그간 이 전 대표에 대응을 자제해온 민주당 의원들도 일제히 가세하면서 계파를 불문하고 이 전 대표의 신당 창당을 비판하는 목소리가 세차게 결집하고 있다.

또한 민주당내 최대 의원 모임인 '더좋은미래'도 이 전 대표를 비판하며 신당 창당 선언을 철회할 것을 요청했다. '더좋은미래'는 기자회견에서 "민주당 당 대표와 민주 정부의 총리까지 역임하신 이낙연 전 대표께서 신당 창당을 선언한 것에 참담함을 금할 수 없다"며 "함께했던 민주당과 그 지지자들에 대한 최소한의 정치적 도리를 지켜달라"고 호소를 했고 한 중진 의원은 "이 전 대표의 신당 창당 선언이 나온 순간부터 그는 민주당의 적이됐다"며 "특히 '제1당 목표' 발언은 내년 총선서 제1당 자리를 놓고 민주당과 싸우겠다는 반역의 의지를 명확히 드러낸 것이기에 이제 당이 똘똘 뭉쳐 이낙연 전 대표와 싸워야 한다"고 말했다.

친낙계 좌장으로 꼽히는 한 중진 의원도 "이 전 대표에게 신당 창당은 절대 안 된다고 만류했다"고 전했고, 이 전 대표 측근인 이병훈 의원도 "신당은 제1야당 민주당 분열을 초래할 가능성이 크다"고 우려했고 이개호 정책위의장도 SNS를 통해 "하나 된 민주당만

이 이길 수 있다"고 강조했으며 박지원 전 국정원장도 페이스북에서 "이낙연 전 대표는 신당 창당이 아니라 이재명 대표와 손잡고 윤석열 독주 정권에 투쟁해야 미래가 있다"고 말했고, 조오섭 의원도 "이 전 대표 신당 창당은 윤석열 정권을 이롭게 할 뿐만 아니라 윤 정권을 심판하라는 민의를 저버리는 것"이라고 비판했다.

민주당 비명계 모임인 '원칙과상식'조차도 "이 전 대표의 창당 행보에 당황스럽다"고 평가를 했고 친명계 초선 의원도 "이낙연계 의원들조차 돕지 않는데 이 전 대표가 대체 어떤 사람들과 창당을 하겠다는 것인지 이해할 수가 없다"며 "총선은 다가오는데 민주당 내부선 더 이상 운신할 공간이 없으니 마음이 조급한 탓에 주변 측근들조차 설득하지 못한 채 가속페달을 밟은 것 같다"고 꼬집었다.

필자는 1952년생으로 이낙연 전 대표와 갑장이다. 이제는 나이로 보아도 모든 면에서 욕심을 버릴 때이며 내려놓을 때다. 그런데도 현재의 제1당 민주당을 누르고 자신이 신당을 창당해서 제1당을 만들겠다는 어리석은 생각, 소가 웃을 노릇이다. 풍문으로는 이낙연 전 대표가 이재명의 대장동 의혹 사건을 세상에 알리고 불을 붙인 장본인으로 알고 있다. 그렇다면 그 당시 권력의 힘으로 이재명을 제거했어야 했다. 그때 이재명을 제거 했다면 그는 대선후보가 되었을 것이고 지금 대통령이 됐을지도 모른다. 다시 쓴소리를 또 한마디 하고 필을 놓겠다.

"이낙연 전 더불어민주당 대표님! 고향인 전라도로 돌아가 조용

히 독서나 하면서 국민들이 존경하는 재상(宰相)과 정치가로 남아
있기를 바랍니다" <2023. 12. 16>

48. 2008년 '한나라당 돈 봉투' 사건과 2021년 '민주당 돈 봉투' 사건

　2024 총선, 불과 100여일 남았다. 그러나 거대 야당인 민주당은 지금 '돈 봉투 의혹'으로 사법리스크에 시달리고 있다. 현직 의원과 전직 당 대표가 구속되는 초유의 상황인데도 정작 민주당은 대국민 사과 한 마디 없다. '돈 봉투 의혹'은 송영길 전 더불어민주당 대표 측 관계자가 지난 2021년 전당대회 과정에서 현역 의원들에게 불법 자금을 건넨 사건으로 당 지도부를 뽑는 선거를 금권선거로 만든 것인데 현역 의원인 윤관석 무소속의원이 먼저 구속되고, 송 전 대표도 지난 18일 사안이 중하고, 증거인멸 우려가 있다는 이유로 구속이 됐다. 이외에도 돈 봉투를 받은 것으로 의심되는 의원들 21명의 명단이 재판 과정에서 공개되었다.

구속된 윤관석 의원은 지난 18일 열린 결심 공판에서 2021년 전당대회 상황에 대해 "당 내부 경선에 약간 관행이 남아있어 경각심을 놓치고 불법성을 도외시해 결과적으로 큰 잘못을 범했다"고 했고 민주당은 "송영길은 탈당한 개인의 몸이기에 민주당으로서는 공식 입장이 없다"며 사실상 선을 그었다. 송영길 전 대표가 탈당했다고 남의 일처럼 취급을 했다. 이는 참으로 한심한 일이다. 2021년에 벌어진 민주당 돈봉투 사건은 2008년 한나라당 전당대회 돈 봉투 사건과 닮았다. 당시 당 대표 후보였던 박희태 국회의장 쪽 인사가 고승덕 의원에게 300만원이 든 돈 봉투를 건넨 사건인데 2012년 고 의원이 언론을 통해 이를 폭로하면서 알려졌다.

　　당시 뿌린 돈의 규모는 2억원 가까이 된다. 돈 받은 사람도 이번 민주당과 비슷한 규모인 20명으로 알려졌지만 끝내 밝혀지지 않았다. 당시 정점식 서울지검 제2차장검사(현 국민의힘 국회의원)는 박 의장, 김효재 전 청와대 정무수석, 조정만 전 국회의장 정책수석만을 정당법 위반으로 불구속 기소했고 징역형과 벌금형만 선고, 꼬리자르기 수사라는 비판을 피하지 못했다. 하지만 눈에 띄는 건 당시 박근혜 비상대책위원장은 사건이 터지자 즉시 검찰에 수사를 의뢰했다. 지금 민주당은 대국민 사과도 하지 않고, 검찰 수사에 대해서도 탄압 운운하고 있다.

　　전당대회에 돈 봉투 돌려 걸린 사건을 마치 민주화 운동이라도 한 것인냥 머리를 굴리고 있다. 한나라당 돈 봉투 사건 당시 민주당은 "아직 차떼기당의 본색을 버리지 못하고, 뼛속까지 썩은 한나라당은 오직 국민적 심판밖에는 답이 없다", "집권 세력의 추악한 실태에 대해서 먼저 사과를 하는 것이 도리라고 생각한다. 검찰은 대상자를 빨리 소환해서 진상을 명명백백하게 밝혀 내길 기대한다"고 당시 열을 올리며 비판한 바 있다. 이에 박희태 국회의장은 결국 총선 불출마를 선언했고, 사실상 정계은퇴로 이어졌다. 지금의 민주당과 비교하면 박희태 전 의장이 훨씬 정도를 걸었고 양심적으로 처신을 했다고 본다.

현재 재판을 받고 있는 윤관석, 구속된 송영길, 그리고 민주당의 절대 다수는 이 사건에서 '관행' 운운하며 별일 아닌듯 말하고 있다. 당시 한나라당 돈봉투 사건을 맹비난했던 민주당은 지금 온데 간데 없다. 2012년 당시 법원은 돈 봉투 사건에 대해 "피고인들은 정당제 민주주의 근간을 훼손했기 때문에 엄한 책임을 피할 수 없다"고 판결한 바 있다. 그러나 당시 한나라당 돈 봉투 사건을 수사한 검찰은 박 의장의 불구속기소로 부실수사라는 비판을 피하지 못했다. 11년이 지난 지금 검찰 수사가 과연 어떻게 될지 주목받고 있다.

금권선거는 본질적으로 민주주의를 훼손하는 반헌법적 행위다. 대한민국은 민주주의와 법치주의를 근간으로 한다. 돈봉투 사건은 아주 후지고도 후진 한국 정치의 저질적 상징이다. 이를 그대로 둔다면 정치발전은 요원하다. 2008년 한나라당과 2021년 돈봉투 사건은 당의 지도부를 선출하는 과정에서 저질러진 '범죄'다. 더구나 2021년 민주당 돈봉투 사건은 2022년 대통령 선거를 앞두고 공명

정대하게 경선을 관리해야 할 당 지도부를 선출하는 전당대회에서 벌어진 일이다.

송영길 전 대표는 실제로 '명비어천가'를 부르며 중도사퇴한 후보들의 표를 총투표수에서 제외하는 등 '사사오입' 논란을 일으키며 이재명 당시 대선 후보 선출에 기여했다는 의심을 받고 있다. 한편 헌법은 제8조에서 정당활동이 민주적이어야 함을 규정하고 있고, 이를 어길 경우 정당을 해산할 수 있다고 규정하고 있다. 2008년의 한나라당 사건보다 현재의 민주당은 도덕적으로 깨끗하지 못한 정당이 되고 있다. 부끄러워하지도 않고, 사과도 하지 않는 뻔뻔한 정당이 되었다. 이래가지고서 어떻게 2024총선에서 승리를 하겠다는것인가? **<2023. 12. 26>**

49. 조국혁신당 돌풍, 그것을 만들어 준 것은 윤석열 정권

　조국혁신당의 돌풍이 거세지면서 4·10 총선 지형이 그야말로 요동치고 있다. 특히 조국 대표가 '광주의 하늘'을 당 색으로 정하는 등 남다른 호남에 대한 애정을 보이면서, 호남에서도 조국 일가에 대한 사법처리 과정의 '정치탄압' 동정론이 이는 등 조국혁신당 지지율 상승세는 그 끝을 모르고 있다. 이는 민주당과 국민의힘 등 거대 양당을 지지하지 않는 무당층이 급속도로 조국혁신당으로 쏠리고 있는 현상 때문이다.

　여야의 총선 승패 여부를 결정지을 가장 큰 변수로 지금 조국혁신당이 태풍을 불러오고 있다. 이러한 조국혁신당의 선전이 범진보진영의 결집을 넘어 민주당 지지로 이어진다면, 총선 성적표에서 민주당은 현재의 여소야대를 그대로 이어갈것으로 보고 있다. 필자는 지난 3월초 "민주당에 먹구름이 몰려오고 있다"는 칼럼을 썼는데 지금은 그 먹구름이 걷히고 있는 형국이라 하겠다.

돌풍으로 판세가 변화되고 있다보니 보수우파 언론사인 조선일보가 몹시 놀라고 당황해 하는 것을 볼 수 있다. 최근 조선일보는 현 조국 사태를 보면서 "예상 밖의 돌풍, 이변, 선거판이 요동치고 있다. 국민의힘은 허를 찔렸다"고 논평을 냈다. 그들이 말하는 범죄자 조국이 이렇게 정치적 태풍을 일으킬 사람으로는 보지 않았을 것이다. 그들이 예측했던 총선 각본에 조국은 없었다. "조국이 정치판에 뛰어 들어봐야 별 수 있겠냐, 재판 중인 피의자 방탄 프레임을 견딜 수 있겠냐"며 코웃음을 쳤다. 그런데 조국이 각본에 없는 돌풍을 일으키니 지금은 그들이 매우 당황해 하고 있는 것이다.

그러나 필자는 말하고 싶다. "조국혁신당의 돌풍은 이변이 아니고 때가 되어 민심이 폭발한 것이라고..." 조국을 지지하고 있는 그 민심은 현 정권을 향해 폭발할 준비가 되어 있었다. 조국이 정치판에 뛰어드는 것을 본 민심, 그 억눌린 민심이 폭발하는 물꼬를 틔워주었다고 본다. 세상에 우연은 없다. 아니 땐 굴뚝에선 연기가 나지 않는다. 어찌보면 조국혁신당의 돌풍은 윤석열 정권이 스스로 만들어 준 것으로 필자는 생각하고 있다. 그간 윤석열 검찰과 수구 정치집단, 그리고 영혼 없는 언론들이 조국 가족을 얼마나 괴롭혔나? 그들은 조국에게 십자포화를 퍼붓고 굶주린 하이에나 떼처럼 달려들어 물고 뜯었다.

법치로 위장한 칼날에 한 가족이 도륙되는 걸 보고 약자의 편에 선 선한 국민들이 조국에게 동정심을 보이며 지지를 하다보니 현재의 조국혁신당 돌풍과 강풍이 한반도에 불고 있는 것이다. 즉 조선일보가 놀라고 국힘을 당황하게 만든 '조국 돌풍'은 트라우마로 남은 무기력증을 털어내는 하나의 과정이다. '지역구는 민주당, 비례는 조국혁신당에 투표 하라'는 '지민비조'도 국민들 스스로가 창출한 것이다. 즉 민주당과 조국혁신당은 대체재가 아닌 보완재로 반드시 협력하라는 국민의 명령으로 조국이 몰고 온 그 돌풍이 검찰독재 프레임이 다시 부각되고 정권심판론에 힘이 실리고 있는 것이다. 이것이 바로 이심전심의 협업이다. '3년은 길다' '윤석열을 끌어내리겠다'는 구호에 국민들은 박수를 쳐주고 있다. 또한 어찌보면 좀 '깐족거린다'라는 인상을 주는 한동훈 보다는 시원한 마스크를 가진 서울법대 10년 선배 조국을 좋아하고 있다 하겠다.

윤석열 대통령의 멘토라고 불렸던 신평 변호사도 조국을 지지하는 발언을 했다. 그는 최근 CBS 김현정의 뉴스쇼에서 "조국 대표의 본격적인 정계등장을 계기로 모든 것이 바뀌어지기 시작했다. 지난 2월 설 이후 여론조사에서 는 국민의힘이 압도적인 우세를 보였는데, 조국 대표의 등장 이후 그것이 완전히 역전되었다. 이는 조국 교수가 일으킨 엄청난 정치적 태풍이다. 나는 미풍 정도로 예상을 했는데, 이제는 예상을 넘어 정치적인 태풍을 일으키고 있다."라고 말했다. 4.10 총선 이후의 한국 정치를 빨리 보고 싶다.
<2024. 3. 25>

50. 정말로 국민이 무섭다는 것을 4월 10일 밤, 보여 줘야

　한동훈 비대위원장도, 국민의힘도, 대한민국도 이제는 윤석열 대통령의 굴레에서 벗어나야 한다. 그로부터 해방이 되어야 나라도 바로 서고 국민도 평안해질 듯하다. 지금 국민의힘은 이번 총선에서 개헌저지선도 위태로운 상황에 처해 있다. 참패할 경우 그 원인은 무엇일까. 바로 윤 대통령과 부인 김건희 때문이다. 이에 한동훈은 막말까지 쓰며 유세를 했다. 윤 대통령으로 인한 스트레스였다. 오랜 기간 상사로 모셨던 윤 대통령에게 이야기해 봐야 안 먹힌다는 것을 너무나도 잘 알기에 그는 이재명 대표만 실컷 비난, 비판을 했다.

　솔직히 검사라는 직업은 정치와 맞지않는다. 검사는 국민을 조지고 징벌하는 사람이다. 그나마 판사, 변호사는 조정, 중재를 하지만 검사는 승부사로 흔히 말하듯 칼잡이들이다. 그런 이들이 갑자기 정치에 뛰어드니 그 국정이 온전하겠는가? 특히 윤 대통령이 정치에 뛰어든 과정은 특이했고 문제도 있었다. 2021년 국민의힘 인사들이 아크로비스타에서 검찰총장에서 물러난 윤석열에게 입당을 권유하자 옆에 있던 부인 김건희가 ″우리가 입당하면 저를 보호해주실 수 있나요?″라고 물었다고 한다. 참으로 이상한 질문이 아닌가? 그렇다면 윤석열 정부 탄생의 이유가 바로 ′김건희 보호′였다는 것인가?

사실 검사의 진정한 힘(?)은 ′기소의 힘(잡아가두는 힘)′이 아니라 ′빼주는 힘′이다. 그래서 전국 각지의 기업인들이 감방에 안가려고 검사들에게 줄을 대고 룸살롱 접대를 하려고 기를 쓰는 이유가 바로 그것이다. 그간 윤석열 정부는 이재명 대표에 대한 수백 번의 압수수색, 그리고 조국혁신당의 조국 대표와 그 가족에 대한 무차별 수사는 '기소의 힘'이었다. 그러나 김건희 전 대표에 대한 특검법 거부는 '빼주는 힘'이었다. 해병대 채 상병 사망사고와 관련, 애초 박정훈 대령을 집단항명 수괴로 입건 시키려 한 것도 '기소의 힘', 그러나 임성근 사단장을 혐의에서 빼주고, 이종섭 전 국방장관을 호주 대사로 임명해 빼돌리려 한 것은 '빼주는 힘'으로 정치 검찰의 행태였다.

유시민은 전에 ″박근혜·이명박이 대통령이 돼도 나라 안 망한다″고 말 한 바 있다. 그런데 윤 대통령을 두고는 그런 걱정을 해야 할 상황에 처했다. 60조 원에 달하는 세수 펑크가 걱정인데 총선 직전 전국을 다니며 1000조 원에 달하는 정책공약을 내거는 모습에는 어안이 벙벙할뿐이다. 2022~2023 연속으로 실질임금이 감소한 것도 역사상 최초인데 그는 또 국가의 미래를 견인할 연구개발 예산을 4조6000억 원 삭감한 최초의 대통령이다. 그래 놓고도 ″나는 과학으로 우리나라를 도약시킨 대통령으로 평가받고 싶다″고 말하고 있다. 그는 최근에 대국민담화를 한다면서 혼자 51분을 떠들었다. 그러나 그가 무슨 말을 했는지 정확하게 이해하는 사람이 없다.

우리나라 국민들이 제일 싫어하는 것은 "권력자가 건방지고 오만한 것"이다. 조선일보 김대중 주필은 최근에 "이번 총선을 통해 민주당이 1당이 되면 윤 대통령은 더 이상 이름뿐인 대통령으로 그 자리에 앉아 있을 수 없다. 나라의 혼란을 피하기 위해서 그의 결단이 필요할 수도 있다"는 섬뜩한 말까지 했다.윤 대통령은 주변의 충고도, 국민의 경고와 분노에도 아랑곳하지 않는 인물이다. 취임 이후 그는 국민들을 무시했다. 이태원 참사나 수해 등 국민의 아픔도 모른 척하고, 사과도 할 줄 모르는 대통령이었다.

사과를 하지 않는다는 것은 무슨 의미일까?. 그것은 즉 상대를 무시하고 국민을 무시하는 처사로 검사를 오래 했듯이 국민을 피의자 보듯 하는 그만의 처세였다. 건방지고 오만한 권력자는 심판해야 한다. 이제 보수도 기약 없는 희망은 버리고 새 출발 하는 게 낫다. ′나 혼자만이 정답′이라며 민심을 이기려 하는 윤석열 대통령, 그리고 국민과 싸워 이기겠다는 현 정부다. 이제는 정말로 국민이 무섭다는 것을 4월 10일 밤에 보여줘야 한다. <2024. 4. 8>

51. 국민의힘 4.10총선 大참패, 이미 예견된 일 이었다

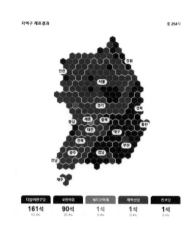

4.10총선이전 국민의힘 비상대책위원장이자 선대 총괄위원장으로 한동훈이 등장하자 야권에서는 '정권심판론'을 강화하는 기세였다. 한동훈, 그는 대한민국 법조 엘리티즘의 정점에 있었고, 윤석열로 상징되는 검찰 정치의 선두주자로 윤 정권의 2인자였다. 때문에 그의 등장이 윤 대통령과 국민의힘 입장에서는 분명 잘못된 선택이었다. 그의 등장으로 인해 야권에서의 정권 심판론은 더 불을 붙였다.

정권심판론은 이미 지난해 11월 강서구청장 보궐선거에서 그 결과가 나왔다. 17%포인트 이상 차이로 대패한 여권 내부에선 '정권 심판론'에 대한 심각성을 인지한 사람들이 많았다. 그래서 그 후 여권에서는 '총선 위기론'이 꽤나 심각하게 다뤄졌고 그 경각심을 일 거에 해소된 것 처럼 보이게 만든 게 바로 한동훈의 등판이었다. 총 선이 임박한 상황에서 합리적 판단을 하기에 충분한 시간이 주어 지지 않은 국민의힘은 11월 재보선 패배의 원인을 곱씹기도 전에 '73년생' 검사 출신, 야당과 맞서 싸운 '스타 법무장관'이란 타이틀 을 갖고있는, 그리고 '범죄자' 이재명에 맞설 '정의의 검사'라는 이 미지를 여권, 그들만이 간직한채 즉석에서 한동훈을 구매한 것이 다. 물론 이 결정에는 '절대 권력자'인 대통령의 '점지'가 있었다.

그러나 한동훈 이전의 국힘을 보자. 이들은 2년 동안 윤 대통령 주도하에 당 대표인 이준석을 내쫓았고, 비상대책위원회를 두 번 가동했다. 강서구청장 선거 패배로 김기현 체제가 무너지면서 또 두 번째 당대표 축출이 이뤄졌고, 마침내 세 번째 비대위가 들어서 는 집권 2년 동안 1년 이상이 정상이 아닌 '비상 상황'이었다. 그런 연유로 국힘은 강서구청장 보궐선거 대패를 체험했고 물가가 치솟 고 경제 전망의 어둠속에서 '영부인 리스크'를 넘어 '대통령 리스 크'가 부각되는 상황이 계속 전개됐지만 이들은 심각하지 않게 생 각했다.

이 와중에 이들은 검증되지 않은 정치경력이 없는, 선거 초보, 정 치 초보 한동훈을 '어림짐작'으로 선택, 22대 총선 사령관으로 임 명을 했다. 한동훈은 이때부터 대통령과 당이 선택한 대로만 움직 였다. 윤 대통령이 2년간 한 것을 한동훈은 100일간 응축해서 행 동을 보여주었다. 우리가 2년간 보아온 '검사 정치'는 세상을 이분법으로 재단해 왔다. 노동조합, 야당, 교육계에 이어 과학기술계까지 '카르텔'로 뭉친 잠재적 범죄자로 다루었으며 총선 전에 있었던 '대국민 담화'에서는 의사들에게 "국민 생명을 인질로, 불법 집단 행동을 벌이면 법과 원칙에 따라 대응"한다고 으름장을 놓았다. 망치를 들면 모든 게 못으로 보이듯, 검사들의 세계에선 모든 게 敵이었다.

또 공정과 정의를 독점한 검사들이 세운 이분법은 급기야 '야당'을 모두 적으로 돌리는 정치 지형을 만들어냈다. 국민의힘을 제외한 이번 총선에서 의석을 확보한 정당인 더불어민주당, 조국혁신당, 개혁신당, 새로운미래, 진보당 등 5개의 야당은 모두 '반 윤석열' 구호를 내걸고 앞다퉈 투쟁을 했다. 이재명이 재판을 받고 있고 조국이 감옥에 갈 가능성이 높다는 걸 모르는 유권자들은 없었다. 그럼에도 불구하고 한동훈은 '이-조심판'을 선거내내 외쳤다. 그 결과 '정의로운 검사'들이 주도했던 국민의힘은 대참패를 했다. 왜 졌을까?

한동훈은 유세 현장에서 "저는 조국 같은 사람이 정치하겠다고 나서서 이렇게 지지율을 받는 게 기괴하다고 생각한다"고 말했다. 이는 상황을 모르는 그의 어리석음 무지였다. 이런 자가 총선사령관이 됐으니 대참패를 한 것이다. '역프레임'의 힘은 세다. 한동훈이 범죄자 응징을 말할 때, 김건희 명품백 사건과 해병대 채상병 사건에 대한 질문은 오히려 커져갔다. 한동훈이 검사 조직에 속할 때는 "범죄자들을 응징하자"는 말이 당위성을 갖는다. 그러나 그가 국민의힘에 속해 있을 땐, '누가 보면 국민의힘 후보들 중엔 범죄자가 한 명도 없는 줄 알겠다'는 비아냥을 감수해야 했다. 당장 대통령의 처가와 한동훈의 자녀가 범죄 의심을 받고 있으며, 대통령 본인도 채상병 사망사건 수사 외압 의혹에서 자유롭지 않은 것을 그도 알았어야 했다. 총선이 끝나자 조국혁신당이 이 문제를 특검으로 제기하면서 "검찰은 김건희를 소환하라"고 외치는 것 아닌가?

　범죄자를 사면해 후보로 만들었다 망신을 당한 '강서구청장 재보선', 또한 한동훈 자신이 징역 30년을 구형한 전직 박근혜 대통령과 웃으며 사진을 찍고 나서 '범죄자 응징'을 말하는 것, 모두가 모순이었다. 한동훈, 그는 이번 총선에서의 패배를 책임지고 당대표(비대위원장)직에서 어제 사퇴를 했다. 그러나 아직도 그는 자신 스스로 '정의로운 조직'에 속한 '정의로운 검사'라 생각하고 있을 것이다. 한동훈은 애초에 '윤석열의 상징'으로 소모될 운명이었다. '손쉬운 선택'의 유혹에 넘어가 본질을 외면한 후과를 달게 받았다.

　한동훈, 필자의 생각에서 본다면 그는 이번 총선에서 '불출마'를 선언할 게 아니라 그의 선배가 있는 용산지역구에 출마, 정치인으로서 차근차근 과정을 밟았어야 했다. 그러나 그는 만성 인물난에 시달려 온 허약한 보수인 국힘에 의해 당의 주인으로 선택돼 한 순간에 몰락이 되는 만신창이가 되고 말았다 <2024. 4. 12>

52. 尹-李 영수회담, 尹은 아집 버리고 흉금 없는 대화 나눠야

  윤석열 대통령 취임 이후 첫 '영수회담'이 전격 성사될 모양이다. 여야 극한 대치를 이어가던 정국에 반전의 계기가 마련될지 주목된다. 19일 오후 윤 대통령이 먼저 이재명 대표에게 전화를 걸어"다음 주 만나자"고 제안하고 이재명 대표가 받아들인 영수회담은 정부 출범 이후 처음이다. 그동안 이 대표는 거듭 1:1회담을 제안해왔지만 대통령실은 계속 거절해왔다.그 이유는 온갖 혐의로 검찰 수사와 재판을 받고 있는 '범죄 피의자'(혹은 재판 중인 피고인)와 대통령이 얼굴을 맞대고 협상하는 건 부적절하다는 해괴한 인식이 깔렸다.

  그러나 대통령실이 그 해괴한 인식에서 360도로 변한 것이다. 이유는 바로 총선 패배 때문이다. 특히총선 후폭풍에 따른 지지율 급락이영향을 미쳤다고 본다. 19일오전 공개된 한국갤럽의 윤 대통령 지지율은 레임덕 수준인 23%까지 떨어졌다. 윤 대통령 취임 이후 가장 낮은 수준을 보였다. 신속히 국면을 전환하지 않으면 걷잡을 수 없는 수렁으로 빠질 수 있다는 위기감이 대통령실을 휘감으며지지율 급락은 야당과의 강 대 강 대치를 이어갈 수 없음을 절대적 실감한 것이다.

또한 대통령의 남은 임기 3년 동안도 계속 국회를 장악할 거대 야당이 재차 힘을 과시하고 나섰기 때문이기도 하다. 민주당을 중심으로 야권은윤 대통령의 1호 거부권(재의요구권) 행사 법안인 양곡법 개정안을 또 다시 발의해 17일국회 본회의에 직회부하고 제21대 국회 회기가 끝나기 전 이른바 '채상병 특검'도강행처리하겠다고벼르고 있음을 보고는 대통령 거부권을반복하기는 어렵다는것을 느낀것이다. 사실 108석 국민의힘 의원 중 7명의 이탈표가 나오면 거부권은 무력화된다.

그러나 尹-李회동에서 어떤 현안이 논의될지는 모르지만 큰 틀에서 민생 우선 법안에 협조를 구하고 쟁점 사안에서는 이견을 좁혀가는 협상 통로를 구축해야 할 것이다. 또한 그간의 대치로 보아 극명한 인식의 차이도 접점을 찾을지 관건이다. 윤 대통령은 야당의 동의가 필수적인 국무총리 인선 등에서 이 대표와 의견을 교환하고 도움을 요청할 것으로 예견된다. 야당이 압도적 다수를 차지한 상황에서 인준을 부결하면 국무총리임명이 어렵기 때문이다.

윤 대통령은 취임후 그동안 역대정권에서도 없었던 영수회담을 그만이 기피해 왔다. 그는 차기 대권을 노리고 있는 이재명 대표를 '각종 사법리스크에 노출된 피의자'로 간주하고 무시해 왔다. 특히 황태자로 불린 한동훈은 이 대표를 '죄인'으로 지칭, 총선에서 계속 '심판'을 강조했다. 주변 참모들도 尹과 똑같은 시선으로 대하여 왔다. 그런데 3년 이상 남은 임기 동안 국정을 운영하기 위해서는 야당의 협조가 있음을 이제서야 실감하고 야당 대표인 이 대표를 만나자는 '제스처'(?)를 취했는데 과연 윤 대통령이 흉금을 터놓은 내밀한 대화를 나눌 수 있을지도 의문이다. <2024. 4. 19>

53. 尹 정권 이후 처음 갖는 尹-李 영수회담, 진정한 協治 나와야

　윤석열 대통령과 이재명 더불어민주당 대표가 윤석열 대통령 취임후 최초로 회담 석상에서 만나는 영수회담을 하루 앞두고 여야 및 대통령실은 회담 성격과 의제 등을 둘러싸고 10일간 기 싸움을 계속했다. 그나마 이것도 국힘이 민주당에 총선에서 참패를 한 결과로 이루어진 산물이라 하겠다. 그렇게 도 이재명 대표를 범죄자? 라고 깔보고 무시했던 윤 대통령 아닌가?

　그런데 특히 이번 회담이 첫 영수회담임에도 양측의조율된 의제가 없는데다, 배석자들과 오찬도 없이 오후 2시로 정해놓고 그냥 1시간 가량 차(茶)나 마시며 대화하는 형식이라 성과는 장담하기 어렵다는 평가 때문이다. 어째서 윤 대통령은 그리도 야박하게 제1야당 대표와 오찬이든 저녁이든 밥한끼 같이 먹기가 싫었을까? 그러나 이같은 배경에도 결국은 이재명을 배타시하는 주변 참모들 때문이리라고 본다. 이쯤되면 아마도 향후 야당과의 관계는 그리 발전이 없을것 같다.

하지만 민주당은 영수회담 하루 앞둔 28일국정 기조의 전환을 요구하면서, 국회의 입법 활동을 존중하고 각종 특검도 수용하라고 압박하고 나섰다. 박성준 더불어민주당 수석대변인은 28일, 서명브리핑을 통해 "내일 윤석열 정부 출범 2년 만에 첫 영수회담이 열린다"며 "영수회담은 산적한 민생현안을 해결하고 대·내외적 위기를 극복하는 국정전환의 첫걸음이 되어야 한다"고 말했다.

이날 그는 "윤석열 대통령은 총선 민의에 국정기조 대전환으로 답해야 한다"며 이같이 말하고 "국민은 총선 민의를 통해 윤석열 대통령의 불통과 일방독주를 더이상 용인하지 않겠다는 뜻을 분명히 했다"고 압박했다. 즉 이번 총선의 결과에 대해 "국회를 통과한 민생법안에 거부권을 남발하고, 야당과 언론을 탄압하고 민주주의를 훼손하는데만 몰두했던 윤석열 정권을 심판했다"며 "국민은 윤석열 대통령에게 국정기조 대전환을 요구하고 있다"고 한 것이다.

이에 박 대변인은 "이런 상황을 이 대표가 회담에서 적극적으로 윤 대통령에게 전하면서 각종 특검을 과감히 수용할 것과 민생법안에 대한 거부권 행사를 자제하고 국회와 국민을 존중할 것을 요구하겠다는 분명한 뜻을 밝힐 것"이라고 전했다. 그러나 국민의힘은 "민주당이 총선 승리에 도취돼 정쟁 만들기에 고심하고 있다"며 채상병 특검법 등 쟁점 법안 차단에 나섰다. 김민수 국민의힘 대변인은 "정말로 민생을 위하는 안건들이 테이블 위에 논제로 올라가게 된다라고 하면 두 번 못 만날 일도 세 번 못 만날 일도 없을 것"이라며 "이재명 대표가 특검 요구 등이 아니라 민생회담을 해야한다"고 주장했다.

오늘 오후에 열리는 윤 정권 이후 첫 영수회담,대선 경쟁자였던 두 사람이 마주 앉는 건 처음이다. 지난 2년간 서로 외면하는 사이 정치는 극단의 대립으로 치달았고 민생은 표류했다. 진정한 '협치'가 절실한 시점이다. 이 대표의 국정 쇄신 요구에 윤 대통령이 얼마나 진정성 있게 답할지가 관건이다. 영수회담은 일단 만남 자체가 성과다. 양쪽 모두 '민생을 챙기는 리더'라는 명분과 정치적 목적은 달성한 셈이다. 윤 대통령은 전격적인 영수회담 제안으로 불통 이미지에서 벗어나고 총선 참패로 수세에 몰린 상황을 반전시킬 계기를 잡았다.

이 대표는 8번의 두드림 끝에 회담을 이끌어내며 국정운영 파트너와 유력 대선주자로서 입지를 다지게 됐다. 특히 의제를 둘러싼 신경전이 길어지자 "일단 만나자"고 돌파구를 열면서 협상 주도권을 쥐었다. 문제는 성과다. 양측의 이견이 워낙 커 회담 전망이 밝지만은 않다. 합의문에 담길 내용을 놓고 양측의 기대와 속내는 현저하게 엇갈린다.특히 대통령실은 이번 회담으로 협치의 물꼬를 트고, 여야정 협의체를 띄워 대화의 동력을 이어가는 데 방점을 찍었다. 반면 민주당은 "들러리가 될 수 없고, 윤 대통령이 달라졌다는 걸 확인할 수 있는 최소한의 성의 표시가 필요하다"면서 이번 회담에서 성과를 거둬야 후속 논의가 가능하다는 판단이다.

이에 국민의힘 내부에서도 윤 대통령의 '통 큰 양보'를 촉구하는 목소리가 나온다. 김용태 당선자는 "채 상병 순직 사건은 국민적 의혹이 큰 만큼 대통령이 진상 규명 의지를 천명하는 정도는 가능하지 않겠느냐"라고 말했다. 최악의 시나리오는 양측의 입장차가 평행선을 달려 한 번 만나고 그치는 것이다. 윤 대통령과 이 대표가 접점을 찾을 여지가 없다고 판단할 경우 정국은 출구 없는 극단적 대치로 격화될 수밖에 없다.

'빈손 회동'으로 끝날 경우 입을 정치적 타격은 윤 대통령이 더 크다. 총선 민심을 외면했다는 거센 비판에 더해 거대 야당이 주도권을 쥔 국회에서 운신의 폭이 한층 좁아진다. 민주당은 "윤 대통령이 달라지지 않는다면 우리는 우리의 길을 가면 된다"고 강경 모드를 예고했다. 다만 이 대표 또한 의석수로 밀어붙이는 일방 독주는 부담이다. 김대중 정부 시절부터 영수회담 경험이 풍부한 박지원 전 국가정보원장은 "이번 회담은 윤 대통령과 대한민국 3년의 운명을 가를 마지막 기회"라며 "이 대표와 협치(協治)를 넘어 공치(共治)에 나서야 한다"고 강조했다. 한 발씩 양보해 초당적 국정운영의 동력을 확보해야 한다는 조언이다. 과연 오늘 2시 이후 어떤 결과가 나올지 자못 궁금하다. <2024. 4. 29>

54. 총선 참패 후, 아무것도 변한 것이 없는 尹 대통령

　윤석열 대통령과 이재명 더불어민주당 대표가 4월 29일 여야를 대표해 처음 대면했다. 무려 720일 만의 회동이었다. 하지만 윤 대통령과 이 대표는 그토록 어렵게 이뤄진 회담에서 합의서 한 장도 내지 못했다. 밥도 같이 먹지 않았다. 이것만 봐도 얼마나 ′냉랭한 만남′이었는지 알 수 있다. 애초 회담을 바라보는 두 사람의 시각과 목적이 달랐던 데서 나온 필연적인 결과다.

　′4.29 윤-이 회동′의 결론을 미리 말하자면, 우선 ′윤 대통령은 전혀 변하지 않았다′는 점이 확인됐다. 둘째, 윤 대통령은 회담 내용보다 소통의 모습을 보여주는 데 힘을 쓰다가 오히려 불통의 인상만 강화했다. 셋째, 앞으로 이런 식의 만남은 지속되기 어렵다. 그

이유를 꼬집어 본다면 이재명 대표는 민생, '이(이태원 특별법)·채(채상병 특검)·양(양평 고속도로)·명(명품백 수수)·주(주가조작 의혹)', 정치회복, 외교 등 네 분야에서 12가지의 방향 수정과 전환을 요구했다. 하지만 윤 대통령은 단 하나도 긍정적인 답변이나 반응을 내놓지 않았다.

총선 참패 엿새 뒤 열린 국무회의 모두발언에서 밝힌 '정책 방향은 옳은데 소통에 문제가 있었다'는 시각에서 전혀 변한 게 없었다. 모두발언 4시간 뒤에 참모에 의해 공개된 '국민에게 죄송'이라는 사과가 실은 '악어의 사과'였음을 확인해준 격이다. 대통령실은 4.29 영수회담 뒤 의료 개혁에 대해 원칙적인 합의가 이뤄졌다고 말했지만, 이것도 사실과 다르다. 이 대표는, 정부의 전향적인 태도 변화와 의료진의 즉각적인 현장 복귀, 공공·필수·지역의료 강화라는 3대 원칙에 입각해 해결할 것을 요구했다. 그러나 대통령실은 이것을 '이 대표가 의료 개혁의 원칙에 의견을 같이한 것'으로 두루뭉술하게 해석했다.

윤 대통령은 그동안 이재명 대표가 '피의자 신분'이란 이유를 내세워 만남을 회피해 왔다. 그런데 윤 대통령은 이번에 만나려고 한 것 자체를 '선물'로 생각한 것 같다. 또 만남을 내세우며 소통에 힘쓰는 모습을 과시하려고 한 듯하다. 의제와 의전 등을 논의하는 준비 회의를 질질 끌다가 민주당 쪽에 책임을 떠넘기면서 '나는 소통하려고 했는데 민주당이 까다롭게 굴어서 무산됐다'고 책임 전가하려고 했는지도 모른다. 하지만 이런 윤 대통령 쪽의 기획은 민주당에 두 번이나 되치기 당하면서 실패로 끝났다. 오히려 불통 인상만 커졌다. 이 대표가 지지부진한 준비 회담의 결과를 기다리지 않고 만남을 앞세우는 태도로 나오면서 책임 떠넘기기가 더 이상 어려워졌다.

총선 패배로 할수없이 이 대표에게 먼저 전화를 걸어 만나자고 하면서 주도권을 잡았던 윤 대통령이 주도권을 내주는 계기가 된 것이다. 즉 이 대표는 회담 전 의례적인 덕담이 끝나자 대통령실이 카메라 기자를 내보내려고 하는 순간, 주머니에 준비해 온 서류를 꺼내 15분간 읽어 내려갔다. 총선에서 나온 민심을 요약한 요구 사항들이었다. 이 순간, 윤 대통령은 이 대표의 이런 움직임을 전혀 감지하지 못하고 있다가 얼굴이 재빛으로 굳어버렸다.

어쩌면 윤 대통령이 기획한 이날 4.29 ′소통 쇼의 파탄′은 정진석 비서실장 임명에서 예고됐다고 볼 수 있다. 정 실장은 비대위원장 시절인 2023년 1월, 이 대표가 신년 기자회견에서 여야 수뇌 회담을 제의하자 ″대통령이 범죄 피의자와 면담할 때는 아니라고 생각한다″라고 반대한 적이 있었다. 영수회담을 앞두고 이런 전력이 있는 사람을 대통령 비서실장으로 기용한 것도 자책골이었다.

대통령실은 영수회담이 앞으로도 계속될 것이라고 예고했다. 그러나 이런 식의 만남은 앞으로 이뤄지기 어려울 것이라고 본다. 회담을 앞두고 의제 조율도 없이 회담했고 서로 엇갈린 얘기만 했다. 또 식사도 하지 않고 차만 마시며 135분의 시간만 허비하면서 의미 없는 회담으로 끝난 것이다. 서로 신뢰와 양보가 없는 사진 찍기나 보여주는 회담은 지속하기 어렵다. 윤 대통령이 변해야 한다. 소통하는 척 하지말고 진심으로 총선 민심을 받드는 태도로 돌아서지 않는 한 이재명 대표 응하기 어려울 것이다. 또한 윤 정권이 2년 동안 해온 정책의 대전환을 바라는 민심이 그런 회담을 용인하지 않을 것이다. <2024. 5. 1>

55. 한가하게 김치찌개를 끓이는 대통령, 국민들은 무엇을 느낄까?

　지난 24일, 더불어민주당은 대통령실 출입기자단과의 만찬을 겸한 간담회에서 직접 앞치마를 두르고 김치찌개와 계란말이를 배식한 윤석열 대통령에 대해 비판의 목소리를 냈다. 민주당 대변인은 "해병대원 특검법 거부에 대한 국민의 분노가 하늘을 찌르고 있고, 서민들은 하루하루 살기가 힘들다고 민생고를 호소하고 있는데 대통령이 한가롭게 김치찌개를 배식하는 모습을 보니 한탄만 나온다"고 토로했다.

　그는 또 "이번 만찬 행사가 기자들과의 소통을 보여주기 위한 연출된 쇼에 불과하다"고 지적하며 "정작 중요한 현안에 대한 문답도 없었다. 기자들은 대통령과 얼굴을 익히는 것보다 국민의 물음에 대한 답을 듣고자 했을 것"이라고 비판했다. 그는 이어 "방송통신 위원회와 방송심의위원회, 선거방송심의위원회를 앞세워 전방위 적으로 언론을 탄압하면서 소통하는 모습을 연출했다"며 "국민과 언론을 기만하는 쇼 그 이상도 이하도 아니다"라고 강조했다.

그는 또 "검찰 수사에 아랑곳하지 않고 뻔뻔하게 공개일정을 소화하는 김건희 여사와 특검법 거부에 대한 국민의 분노를 비웃듯 보여주기식 쇼통을 하는 윤석열 대통령의 모습에 국민은 모욕감을 느낀다"고 주장하면서 "그 분노가 25일 범국민대회를 기점으로 걷잡을 수 없이 폭발할 것"이라며 "윤 대통령 부부는 이 상황을 두렵게 바라봐야 할 것"이라고 경고했다.

앞서 대통령은 취임 3년 차를 맞으면서 소통 강화를 위해 용산 대통령실 잔디마당에서 대통령실 출입 기자들을 초청해 만찬을 가졌다. 이 자리에서 윤 대통령은 약 200명의 기자들에게 직접 고기를 굽고, 약속했던 김치찌개를 나눠주었다. 이날행사는 언론과의 격의 없는 소통을 강화하고자 마련된 것으로 참모진들도 '노타이' 차림으로 참석했다.

물론 대통령이 기자들을 위한 '김치찌개' 배식 행사를 가질수 있다. 그러나지금이 어떤 시국인가? 윤 대통령은'순직 해병 진상규명 방해 및 사건 은폐 등의 진상규명을 위한 특별검사 임명 등에 관한 법안'(채상병 특검법)에 대해 재의요구권(거부권)을 행사했다. 그 거부권이 28일, 21대 마지막 국회본회의에 재상정돼 재의결될지, 부결돼 폐기될지 관심이 쏠리는 때인데 한가하게 기자들과 이런 시간을 보내는 대통령을 바라보는 필자로서는 참으로 허탈하고 안타까울 뿐이다.

어제 25일 오후 3시, 서울역 인근에서 열린 '채상병 특검법 거부 규탄 및 통과 촉구 범국민대회'에는 더불어민주당 이재명 대표와 박찬대 원내대표 등 지도부와 22대 국회 당선인들이 총출동했고 시민들과 해병대연대도 동참,대정부 규탄을 했다. 조국혁신당 조국 대표와 당선인 전원, 새로운미래와 정의당, 기본소득당, 진보당과 사회민주당 지도부도 장외집회에 참석해 특검법 처리를 촉구했다. 이런 국민들의 분노를 대통령은 모르는 것인가?

윤석열 대통령이 거부권을 행사한 것은 취임후 6번째, 법안 수로는 10건째다. 거부권 행사로 국회에 돌아온 법안은 재적의원 과반 출석에 출석 의원 2/3이상이 찬성하면 그 즉시 법률로 확정된다. 부결되면 폐기된다. 21대국회 현재 의석상 전원 출석시 여권에서 17표의 이탈표가 나오면 대통령의 거부권은 무력화가 된다. 필자는 국민의힘에서 이탈표가 나와 가결될 가능성이 있다고 본다. 그 이유는 대통령 지지율이 그리 높은 상황도 아니기 때문이다.

채상병 특검법은 지난해 7월 실종자 수색작전중 숨진 해병대 채모 상병의 사건 초동수사와 경찰 이첩과정에 대통령실, 국방부가 부당하게 개입했다는 의혹을 규명하기 위한 특검을 도입하는 내용을 담고 있다. 특검 수사상황에 따라 윤 대통령까지 수사 대상이 확대될 가능성을 배제할 수 없다. 이러한 엄중시기에 사건의 무게를 망각하고 한가하게 김치찌개를 끓이는 대통령, 국민들은 과연 그를 어떻게 보고있을까? <2024. 5. 26>

56. 동아일보 천광암 논설주간의 尹 대통령 비판에 박수를

    윤석열 대통령이 지난달 30일 국민의힘 워크숍에 참석해 '단합'을 강조하며 의원들이 앉은 테이블을 직접 돌며 축하주를 따르고 기념사진을 찍은 사실이 알려지자, 동아일보가 "차라리 술은 시간이 지나면 저절로 깨기라도 한다. 그보다 더한 미몽(迷夢)에 취해 정신이 혼미한 듯한 윤 대통령과 여당은 언제나 깨어날까"라고 비판했다.

    천광암 동아일보 논설주간은 3일 <윤 대통령은 꼭 축하잔을 돌려야 했나> 칼럼에서 이명박 대통령이 과거 김영삼 전 대통령에게 면박을 당했던 사례를 언급했다. 천광암 논설주간은 "2010년 8월 당시 이명박 대통령이 청와대로 김영삼 전 대통령과 전두환 전 대통령을 초청한 적이 있다. 오찬 테이블에서 전 전 대통령은 '와인 더 없느냐'고 했다가, 김 전 대통령으로부터 '청와대에 술 먹으러 왔나'라고 된통 면박을 당했다"고 했다.

천 논설주간은 또 "윤 대통령이 지난달 30일 국민의힘 당선인 워크숍 만찬에 참석해서 테이블을 돌며 맥주를 따랐다가 야당들로부터 집중 공격을 받고 있다"고 했다. 지난 1일 이재명 더불어민주당 대표는 자신의 SNS에 "얼차려 훈련병 영결식날 술타령 수재지원 해병 사망사건 수사방해 진정한 보수라면 이럴 수 있나?"라고 했다.

이어 천 논설주간은 "윤 대통령이 축하주를 돌린 날은 22대 국회가 임기를 시작하는 첫날이었다"며 "108 대 192. 집권여당의 기록으로는 사상 유례가 없는 참패를 하는 바람에 거대 야당의 '재가' 없이는 웬만한 법안 하나 들이밀 수 없는 게 지금 윤 대통령과 여당의 처지다. 국민에게 약속한 수많은 공약과 개혁 다짐의 무거움을 조금만 생각했다면 '오늘은 제가 욕 좀 먹겠습니다'를 외치며 호기롭게 맥주캔을 들어 올리지는 못 했을 터"라고 했다.

앞서 윤 대통령이 엑스포 개최지 결정을 눈앞에 둔 지난해 12월 프랑스 파리에서 대기업 총수들을 불러 술 마셨다가 '폭탄주 회식' 논란에 휩싸인 점, 그리고 지난달 10일 서울의 한 전통시장을 방문해 수산물 판매대에 놓인 멍게를 보고 "소주만 한 병 딱 있으면 되겠네"라고 말한 점 등도 지적했다. 천 논설주간은 또 "대통령실과 여당이 제정신이었다면 진즉에 대통령의 PI(President Identity·최고경영자 이미지)에서 ′술′ 이미지를 지우기 위한 관리에 들어갔어야 했고, 연찬회장 테이블 위의 맥주는 윤 대통령이 뭐라 하든 사전에 치워졌어야 정상″이라고도 했다.

그는 또 윤 대통령이 세계 주요 24개국 중 지지율 23위를 했다고도 짚었다. 그는 "세계 주요국 지도자들의 지지율을 정기적으로 조사하는 미국 ′모닝 컨설트′의 홈페이지에는 5월 1~7일 사이 조사된 24개국 국가지도자의 지지율이 올라와 있다. 꼴찌는 15%인 기시다 후미오 일본 총리다. 윤 대통령은 19%로 23위″라며 "′그래도 기시다보단 낫네′ 이렇게 위안거리로 삼을 생각이라면 일찌감치 접는 게 좋다. 기시다 총리의 경우 비록 지지율은 낮지만, 연립 여당인 공명당과 합해 중의원과 참의원 양원에서 모두 탄탄한 과반의석을 확보하고 있다. 인기는 없지만, 최소한 자신의 정책을 입법으로 뒷받침할 힘은 있다"고 주장했다.

천 논설주간은 끝으로 "윤 대통령은 그간의 ′오답 노트′에서 교훈을 찾고 또 찾아도 지지율 반등이 쉽지 않을 판에 ′지나간 건 다 잊어버리자′고 외쳤고, 황우여 비상대책위원장은 ′우리가 소수정당이라고 하는데 사실 108이 굉장히 큰 숫자′라고 말했다. 그러면서 ′쇄신′과 ′반성′은 온데간데없이 사라지고 ′똘똘′과 ′단결′ 구호만 난무했다"며 "차라리 술은 시간이 지나면 저절로 깨기라도 한다. 그보다 더한 미몽(迷夢)에 취해 정신이 혼미한 듯한 윤 대통령과 여당은 언제나 깨어날까"라고 우려했다.

이쯤해서 필자도 한마디 하고 싶다 "윤석열 대통령님! 도대체 언제 정신을 차리고 국민을 위한 진정한 정치를 할 겁니까? 대통령 취임 후 잘한것이 도대체 무엇입니까? 대통령 께서는 '나를 탄핵하려만 하라'고 말씀을 하셨는데 이제 그 탄핵의 열차가 서서히 출발을 하려고 합니다. 그 전에 용산을 떠날 마음은 없으신지요? 그리고 대통령실은 술한잔 마시고 좋아하면서 어퍼컷을 날리는 대통령 모습(사진)을 자랑으로 공개했는가?"라고.. <2024. 6. 4>

57. 尹 대통령, 개(犬)를 안고 웃는 것 보다 국민들과 함께 웃는 모습 보여야

윤석열 대통령 부부가 중앙아시아 3국 순방 과정에서 투르크메니스탄의 국견을 선물받았다. 양국의 우호를 증진하기 위한 통상적 선물이라지만, 동물을 물건처럼 선물로 주고받는 모습에 대한 비판의 목소리도 높다. 대통령실은 윤 대통령 부부가 투르크메니스탄 최고지도자 구르반굴리 베르디무하메도프 인민의사회 의장으로부터 '알라바이' 품종 강아지를 선물받았다고 밝혔다. 알라바이는 투르크메니스탄의 국견으로 유목 생활을 하는 투르크메니스탄인들을 지켜주는 역할을 하고있다고 한다.

김건희 여사는 알라바이를 선물받은 뒤 "투르크메니스탄의 보물을 선물받아 매우 영광"이라며 "양국 협력의 징표로 소중히 키워나가고 동물 보호 강화를 위해 더 힘쓰겠다"고 화답했다. 하지만 '국가 정상 간 동물 선물'이 동물을 물건으로 취급하는 구시대적인 발상이라는 지적은 계속해서 나오고 있다. 동물복지문제연구소 '어웨어'의 이형주 대표는 "대통령이라면 감응력이 있는 동물을 선물로 주고받는게 동물보호, 생명 감수성에 반하는 것임을 알아야한다"면서 "정상 간 선물은 사전에 조율하는 게 일반적인데, 사실은 정중하게 거절했어야 한다"고 말했다.

정상 간 동물 선물에 대한 비판 여론이 없었던 것도 아니다. 과거 문재인 전 대통령도 북한 김정은 국무위원장으로부터 풍산개 '곰이'와 '송강이'를 선물받았을 당시에도 비판 여론이 있었다. 당시 녹색당은 "고유한 삶이 있는 존재를 정치적 도구로 이용하는 것은 시대 흐름에 역행하는 구태적 행정 발상"이라고 지적했다. 선물로 받은 동물의 지위가 불분명한 점도 문제다. 이미 문 전 대통령이 선물 받은 풍산개 두 마리는 법적으로 반려동물이 아닌 '대통령선물'인 관계로 개인이 소유할 수 없다. 이 문제를 해소하기 위해 시행령 개정이 논의됐지만, 개정이 지지부진 결국 풍산개는 대통령기록관에 반환됐다.

현재 풍산개들은 광주 우치동물원에서 지내는 중이다. 풍산개를 어디에 둘지에 대해 윤 대통령이 이어받아 키우는 방안도 논의됐지만, 김대기 당시 대통령 비서실장은 "지금 (윤 대통령이) 한 10마리 정도 키우는 것 같다"며 "애완견을 더 들이기는 어려운 상황"이라고 말한 바 있다. 이후 윤 대통령은 은퇴 안내견 '새롬이'를 입

양해 현재 반려동물 11마리를 키우고 있다는 소식을 들은바 있다..

　필자의 생각으로는 다른것도 아니고 개를 선물로 받아오는게 과연 제대로 된 외교 행보인지 묻지 않을 수 없다. 또 이번에 선물로 받은 개들이 한국에서 어떤 삶을 보내게 될지는 더 지켜봐야 하겠지만 윤 대통령은 개들을 안고 좋아서 웃는것 보다는 자신을 대통령으로 만들어준 국민들과 함께 좋은 정책을 실시하여 지지율도 올라가서 '훌륭한 대통령, 존경하는 대통령, 좋은 대통령'으로 호평을 받으며신나게 웃는 모습을 보여주는것이 어떨런지? 그러다 보면 매주 토요일마다 열리는 수많은 군중들의 '윤석열 탄핵' 집회도 열리지 않을것 아닌가? <2024. 6. 17>

58. 한동훈의 국민의힘 대표 당선, 그 이유는?

　지난 7월 23일 국민의힘 전당대회에서 한동훈 후보가 당대표로 선출됐다. 윤 대통령이 적극적 밀었던 원희룡 전 장관은 낙동강 오리알이 되고.... 이는 국힘 당심이 현재권력이 아닌 미래권력으로 한동훈을 택한 것으로 본다. 즉 당의 변화와 쇄신을 이끌고 미래를 개척할 인물로 한 대표를 택한것이다.

　비상대책위원장으로서 지난 4.10 총선을 진두지휘했던 한 후보는 야당에 패배 후 책임을 지고 물러났는데도 다시 그를 당대표로 뽑은것을 보면 어쩌면 이해가 안되지만 한편으로는 여의도 대통령인 이재명과 192석의 거대 야당에 맞설 대항마가 필요하다는 위기감에 한동훈을 선택한 것 같다. 우선 한 대표 당선은 무엇보다 대통령의 지지와 친윤계를 등에 업은 원희룡 후보를 꺾었다는 점에서 주목된다. 당원들이 여권의 현재권력인 윤석열 대통령의 뜻이 아닌 미래권력 한 대표를 택한 것이기 때문이다. 한 친윤계 의원은 "대통령이 힘이 없고 대통령을 위해 나설 만한 사람도 없다. 과거에는 대통령을 등에 업고 성공했지만 지금은 친윤 그룹이 어디 있나. 아무도 없다"고 말했다. 한동훈이 대표로 당선돼 함성을 지를때 윤 대통령은 이미 자리를 떴고 윤 대통령이 킨텍스에서 열린 국민의힘 전당대회에 참석하자 당원들의 함성보다 한 후보를 향한 함성이 더 컸다는 후문도 있다. 한 대표가 전대에서 확인된 당심·민심을 바탕으로 당정관계 조정에 나선다면 윤 대통령의 여권 장악력은 급격히 약화될 수 있다. 김용태 의원은 전대에 앞서 "한 후보가 당대표가 되면 대통령실에 레임덕이 올 수 있다"고 말한바 있다.

필자가 보기에 국힘 당원들이 한동훈에게 표를 던진것은 우선 당내에 새로운 인물이 없기때문에 쇄신에 대한 열망이 깔렸다고 본다. 즉 원희룡·나경원·윤상현 후보와 같은 기성 정치인이 아닌 정치 신인인 한 후보를 택한것이 새로움을 택했다는 것이다. 한동훈과 친하다고 하는 한 국힘 의원은 "여러가지로 국민의힘이 많이 어렵다. 이런 상황에서 한 후보가 새로운 정치를 선보일 수 있다는 기대가 컸다. 비상대책위원장 임기는 얼마 되지도 않았고 이제는 당의 지도자로서의 능력을 보고 싶은 것"이라고 말했다. 또 다른 국힘 의원도 "당원들은 당의 혁신을 위해선 기존의 인물들보다 새로운 한 후보가 적합하다고 본 것"이라고 말했다.

이러한 평가를 듣는 필자로서는 황교안 전 자유한국당 대표, 30대의 나이로 사상 첫 제1야당 대표가 됐던 이준석 전 국민의힘 대표 사례를 다시 보는것 같다. 황교안 전 대표는 입당 43일 만에, 이준석 전 대표도 사상 첫 30대 제1야당 대표로 뽑히며 정치권에 돌풍을 일으켰는데 당시 이를 지켜본 한 국힘 의원은 "당시 황 전 대표에게는 탄핵 국면을 벗어날 수 있다는 당원들의 열망이 모인 것이고 홍준표 대구시장, 오세훈 서울시장과 같이 후보군이 쟁쟁했는데도 황교안이 승리를 했는데 이번에도 그때와 똑같은 현상"이라고 말했다.

지금 대한민국의 정치는 여소야대 국면에서 집권 여당이 주도권을 잡지 못한 채 거대 야당에 끌려다니는 상황이 지속되고있다. 때문에 야당에 맞설 적임자를 한동훈으로 판단한 것이란 진단도 있다. 모 친한계 의원은 "보수 진영에서 앞장서서 싸우고 스피커 역할을 해주는 전사가 부족하다는 비판이 있는데 한 후보가 법무부 장관일 때 민주당과 맞섰던 모습이 이런 비판을 불식할 수 있다고 당원들이 판단한 것 같다"고 말했다. 그러나 필자가 보기에는 한동훈 후보가 비대위원장으로서 4.10 총선에서 패배를 한것은 그 보다 김건희 여사 명품가방 수수 사건, 이종섭 전 국방부 장관의 호주대사 임명 등 대통령실의 책임이더 컸기에 참패를 했다고 본다.

어쨌든 한동훈이 압도적으로 국민의힘 당 대표가 된것은 그가 비대위원장으로 들어와 선거를 위해 애썼는데 좋은 결과를 만들어주지 못했다는 것에 대해 보수 유권자들은 미안한 마음을 갖고 있었

고 또 그러다 보니 그의 책임론을 거론하려는 총선백서에 대한 부
정적인 시각도 생겨난 것이고 당원들이 한번은 더 그에게 기회를
주자는 뜻이 있었기에 대표가 된 것으로 본다. 한편에선 또 전당대
회가 진흙탕 싸움으로 변질되면서 그가 경쟁 후보들로부터 집중
공격을 받은 것이 거꾸로 오히려 좋았다는 것이다. 그러나 필자가
보는 핵심은 김건희 여사가 그에게 보낸 사과 문자를 무시한것이
대통령을 싫어하는 당원들로부터 점수를 딴것으로 본다.

<2024. 7. 29>

59. 대통령은 국민들이 좋아하고 신나는 정치 펼쳐야

　어제 윤석열 대통령이 김문수 경제사회노동위원회 위원장(전 경기 도지사)을 고용노동부 장관 후보자로 지명했다. 지명이유는 그간 그가 윤 대통령에게 노동 문제에 관해 꾸준한 조언을 했던 몇 안 되는 인물이었기 때문이라고 한다. 그러나 야당과 노동계는 그가 '극우·반노동 발언'을 일삼아 왔다는 점에서 지명철회를 주장하고 있다. 향후 인사청문회 과정에서 그가 그동안 쏟아낸 '극우·반노동적' 발언이 다시 논란이 될 것으로 보인다.

　김문수 후보자, 그는 2022년 국회 경사노위 국정감사에서 문재인 전 대통령을 향해 "김일성주의자"라고 말해 민주당의 비난을 받은 바 있고, 같은 해 하이트진로 화물 노동자 파업을 향해서도 "노동자들이 손배소를 가장 두려워한다. 민사소송을 오래 끌수록 굉장히 신경 쓰이고 가정이 파탄 나게 된다"고 말한 바 있으며 지난해 3월엔 광주 글로벌모터스를 방문해 "노조가 없습니다. 현장에서 핸드폰은 보관하고 사용할 수 없습니다. 평균임금은 4천만원이 안 됩니다"라는 글을 자신의 페이스북에 올리는 등 끊임없이 반노조·반노동 발언으로 노동계를 자극해 온 인물로 평이 나 있다.

그는 이런 비판을 의식한 듯 후보자 지명 뒤 기자들과의 질의응답에서 "제가 부족한 만큼 한국노총을 비롯한 노동계와 경총(한국경영자총협회)을 비롯한 사용자 단체, 국회와 노동 관련 학계, 언론계의 말씀을 늘 경청하겠다. 더 낮은 곳, 어려운 분들을 더 자주 찾아뵙고 현장의 생생한 말씀에 귀를 기울이겠다"고 말했지만 야당과 민주노총은 그의 장관후보 지명에 크게 반발하고 있다. 민주당소속 국회환경노동위원회 의원들은 이날 오후 국회 소통관 긴급 기자회견에서 "기상천외, 천인공노할 인사 참사"라며 "그가 장관을 맡는다면 정상적인 노사관계도, 노동정책도, 고용정책도 기대할 수 없다"고 밝혔다.

민주노총도 성명을 통해 "인사 참사도 이런 인사 참사가 없다. 과거 이력을 팔아가며 반노동 행보를 일삼는 자가 노동자와 대화하겠다는 말을 누가 믿느냐"며 지명 철회를 촉구했다. 노동부 안팎에서는 그의 지명을 "올드보이의 귀환"이라 평하며 "이정식 장관과 달리, 그가 '밀어붙이기식' 노동개혁 추진에 속도를 낼 수 있다"고 보며 "미조직 노동자를 비롯한 '노동약자' 보호를 강조하면서 양대 노총을 '기득권세력'으로 비치게 만들어왔다는 점에서 노동계와의 관계가 악화 될 수 있다"는 우려가 나오고 있다.

김문수 고용노동부 장관과 같은 날 방송통신위원회 위원장에 임명된 이진숙 은 임명된지 10시간만에 대통령 추천 2인위원만 참여한 비공개 회의에서 정부여당 편향 13명의 공영방송 이사진 선임안을 속전속결로 처리했다. KBS 이사 7명과 방문진 이사 6명 및 감사 1명이다. 방문진 이사는 김동률 서강대 교수, 손정미 TV조선시청자위원회 위원, 윤길용 방심위방송자문특별위원, 이우용 언론중재위원회중재위원, 허익범 법무법인 허브 대표변호사, 임무영 변호사다.

KBS 이사 7명은 권순범 현 KBS이사, 류현순 전 한국정책방송원장, 서기석 현 KBS이사장, 이건 여성신문사 부사장, 이인철 변호사, 허엽 영상물등급위원회부위원장, 황성욱 전 방송통신심의위원회 5기상임위원 등이다. 이들은 이미 1일, 대통령이 재가를 했기에 이들은 8월 13일부터 임기가 시작되며, 임기는 3년이다. 이날 방통위 비공개 전체회의는 방통위 역사상 유례 없는 속도전이었다. 이진숙 위원장은 회의 개최 2일전 상임위원에 통지하도록 돼 있지만, 이 같은 절차도 무시한 채 속전속결로 처리했다.

방통위는 여야 추천 위원 5명으로 구성되지만, 이날 전체회의가 있기 전 위원은 '0'명이었다. 이유인 즉은 윤 대통령이 야권 추천 위원을 수 개월간 임명하지 않았고, 야당은 이런 대통령 행태를 불신하면서 추가 추천을 하지 않았다. 때문에 이날 참석자는 대통령 추천 2인(이진숙 위원장, 김태규 부위원장)만 참여했다. 이는 '법률적으로도 반드시 문제가 있는 행동'으로 차후 복잡한 과정이 전개되리라고 본다.

이에 민주당 등 야권은 8월 1일, 이진숙 위원장에 대한 탄핵소추안을 발의한다고 밝혔다. 8월 1일 본회의가 열리면 탄핵안을 보고하고 국회법에 따라 24시간 후 72시간 이내에 표결한다는 방침인데 이진숙 위원장은 탄핵 전 사퇴를 한 두 사람(이동관, 김홍일)과는 달리 위원장 자리를 고수하겠다고 밝혔다. 이진숙 신임 방송통신위원장은 이번 국회 청문회에서 말도 많고 탈도 많은 후보자였다. 그는 선배였던 정동영 민주당 의원의 질문에도 아주 도도하고 오만하게 굴어서 비난의 대상이 되기도 했다.

그는 2015년 3월부터 2017년 11월까지 대전 MBC사장 재직시 91차 국내 출장을 다니면서 출장비 명목으로 1,736만원을 신청해 전액 '현금'으로 수령하고도 실제 출장비는 법인 카드로 사용해 중복 사용한 것으로 드러났다.

출장비를 현금으로 받으면 법인카드를 중복해서 사용할 수 없음이 사규로 명시했는데도 이를 위반했고 법인카드를 중복으로 사용할 시에는 당사자의 소명서가 있어야 하는데도 그는 소명서를 내지 않았다. 이렇듯 불법의 법카 내용을 밝힌 민주당 이정헌 의원은 "이진숙은 제과점 100만원, 상품권 400만원 등 출장비를 현금으로 수령 했음에도 불구하고 법인카드로 추가지출을 해왔다"면서 "소명서 제출 없이 출장비와 법인카드를 남발했기에 이진숙 방통위원장은 지금이라도 자연인으로 돌아가 법의 심판을 받아야 할 때"라고 강도 높게 비판했다.

한편 한국기자협회 등 언론단체도 이진숙 임명에 "이진숙의 방통위는 언론사의 치욕으로 남을 것"이라면서 "대통령은 무엇이 급했는지 오늘 오전 방통위원장과 부위원장의 임명을 강행했다"고 비판했다. 이들 단체는 "오늘 다시 시작된 불법적 2인 체제 방통위의 모든 의결은 어떤 명분으로도 포장할 수 없는 반헌법적 작태일 뿐"이라며 "우리가 이진숙씨에게 방통위원장이라는 명칭을 도저히 붙일 수 없는 이유"라고 했다.

이어 "방송기자 출신으로는 최초로 방통위원장에 오른 이가 기자 본연의 감시와 비판을 보도 편향으로 몰아가며 모든 기자의 부끄러움이 됐다"면서 "대통령의 하명으로 공영방송을 해체하고 며칠 전 연임된 류희림 방송통신심의위원장과 언론 자유를 말살할 이진숙의 시간은 한국 언론사에 치욕으로 남을 것"이라고 했다. 이쯤해서 필자도 한마디 하고 싶다. "위 두 사람, 김문수와 이진숙, 어쨌든 이 두 사람에 대하여는 이미 국민 모두가 싫어하는 인물로 평이 났다. 그런데 이들을 (김문수를)임명 하려하고 (이진숙을)임명한 사람은 윤 대통령이다. 옛날로 말하면 임금(王)이다. 임금은 백성의 뜻에 따라 정치를 해야 한다. 백성이 싫어하는 정치는 하지 말아야 한다. 손 바닥에 王자를 쓰고 선거 운동을 해서 왕(대통령)이 된 윤석열 대통령, 제발 백성(국민)들이 좋아하고 신나는 정치를 해 주시기를 부탁 드린다"라고....<2024. 8. 1>

60. 동교동 DJ 사저, 역사적 장소로 영구 보존 돼야

　김대중 전 대통령의 3남 김홍걸 전 민주당 의원이 상속세 부담으로 자신의 부모가 살았던 동교동 사저를 개인에게 매각한 것과 관련해 정치권, 특히 민주당 등 야권이 시끄럽다. 야권에서는"김대중 대통령 탄생 100년, 서거 15주기가 되는 올해 2024년, 김대중·이희호 여사께서 37년간 머물렀던 동교동 사저가 어느 제과업자 개인에게 100억 원에 매각되었다는 사실은 온 국민에게 충격"이라고 밝히고 있다.

　김홍걸 전 의원은 상속세 부담으로 할수없이 사저를 내놓은 것으로 알려졌다. 필자는 1985년 9월 23일에 동교동을 방문한바 있다. 당시 필자는 프레스센터 1402호 한국교열기자협회(현재는 한국어문기자협회) 사무국장 겸 경희대 동문회보 주간을 맡아 신문을 제작하고 있었는데 1985년 2월 미국에서 귀국한 DJ가 이 신문을 보고 당시 총무국 노경규 비서를 시켜 필자를 불러 동교동을 방문, 생애 최초로 DJ를 독대한 사실이 있다.

당시 동교동 DJ자택은 리모델링을 해 너무도 깨끗했다. 당시 DJ는 필자에게 잘 만들어진 정원과 화단을 가리키며 "류 동지, 이 정원과 화단의 흙들이 모두청와대서 버린 흙들인데 이곳으로 온겁니다" 라고 말씀을 하시기에 필자는 "네 선생님, 좋은 징조입니다. 그렇다면 선생님은 반드시 청와대에 들어가시게 됩니다"라고 답을 드리자DJ 는 매우 기분좋아 했다. 그리곤 그날, 필자는 아주 귀한 서적인 <4.27 과 국민을 위한 마지막 선택>('행동하는 양심' 낙관이찍힌DJ의 친 필 휘호 싸인을 받은)책을 받았는데 그 책은 지금 국내 유일의 도서 로 존재하고 있다.

동교동! 필자는이곳을김대중의 정신이 살아있는 역사적 유산의 현장이며 한국 현대사의 살아있는 민주화의 성지로 보고있다.'동교 동'이라는 단어 자체가 우리나라 민주화 운동의 상징이다. 때문에 이 런 중요한 장소가 개인 사업가에 의해 상업시설로 변모된다는 것은 우리 현대사를 너무 쉽게 없애는 일이자 근대 민주화 운동의 역사를 가볍게 볼수가 있다. 물론 막내 아들인 김홍걸 전 의원이 상속세 부 담을 이유로 민간인에게 팔아넘긴 것은 아무래도 잘못된것 같다. 사 전에 민주당 등 야권과 상의를 했으면 좋았다는 생각이 든다.

물론 김 전의원도 매각하기전 방법을 찾으려 했지만 쉽지 않았을 것이라고 생각이 든다. 그는 "거액의 상속세 문제로 세무서의 독촉을 받았기 때문"이라고 말했다. 그러나 이제 이 문제가 수면위로 떠 오른이상 이제라도 민주당이 나서고 뜻있는 분들이 나서서 하루빨리 건물 매각을 백지화하고 이 건물을 매각할 수 밖에 없었던 사정을 감안하여 문제를 풀어야 한다고 본다. 필자는 이런 의미있는 장소를 보존하는데 있어 국가의 예산을 쓰는 것도 합당한 방법이라고 생각이 든다.

동교동 DJ사저는 박정희 정권의 암살 위협과 시도, 전두환 정권의 가택 연금과 사형 선고를 견디며 끝내 역경을 이겨낸 역사의 현장으로 이는 DJ가 민주주의를 살리기 위해 당신의 목숨을 걸고 저항했던 위대한 증거로 사실 '동교동'은 사적인 장소가 아니기에 매각을 사적인 일로 보지 말자는것이 필자의 견해다. 또한 동교동은 DJ와 같은 꿈을 꾸며 한 시대를 함께 했던 모든 사람들에게도 삶의 일부인 곳으로 분명 동교동은 역사적 귀한 현장이다.

동교동은 또 우리의 민주주의가 어떤 고난과 희생, 인내와 저항 위에서 싹 텄는지를 알리는 장소로 영구히 지켜져야 하고 그 가치는 무엇으로도 바꿀 수 없다. 때문에 상속세는 '동교동' 소멸의 이유가 될 수 없다. 이제라도 김 전 의원은 사저 매각 결정을 되돌리고 정치권과 공공기관이 힘을 모은다면 어머니 이희호 여사의 유언대로 '김대중 이희호 기념관'으로 보존할 수 있을 것으로 생각이 든다. 이는 이미 많은 역대 대통령들의 사저와 생가가 보존돼 미래세대를 위한 선물로 남겨져 있기 때문이다. <2024. 8. 6>

61. 尹 스스로 '자진하야'를 보인 실망스러운 담화

　7일 오전 윤석열 대통령의 기자회견을 앞두고 공개된 뉴스토마토 여론조사에서 국민 절반 이상은 윤 대통령의 향후 거취에 대해 "자진 하야해야 한다"는 의견을 표명했다. 국민의힘의 지지기반인 영남에서도 절반 가까이 윤 대통령의 자진 하야를 촉구했다. 즉 '윤 대통령의 향후 거취로 무엇이 가장 적절하다고 생각하는지'란 질문에 전체 응답자의 52%가 "자진 하야해야 한다"고 답했고 19.2%는 "대국민 사과와 함께 국정을 전면 쇄신해야 한다"고 답했다. "임기 단축 및 개헌에 나서야 한다"는 응답은 10.1%였다.

　'잘 모르겠다'는 유보층은 1.3%였다. "흔들림 없이 국정에 매진해야 한다"는 응답은 17.4%에 불과했다. 야권에서도 최근 명태균 녹취 등을 통해 윤 대통령과 김건희 여사의 공천 개입 의혹이 불거지면서 윤 대통령의 자진 하야, 탄핵, 임기단축 개헌 등이 언급되고 있다. 또 정권 규탄 장외집회를 주도하고 원내에서는 특검법을 재추진 하고 있다. 이러한 여론조사를 지역별로 보면 모든 지역에서 '자진 하야해야 한다'는 답변이 많았다. 특히 보수진영의 핵심 지지 기반인 영남에선 절반 가까이가 "자진 하야해야 한다"고 답했다.

대구·경북(TK)의 경우 '자진 하야' 응답이 47.7%로 '흔들림 없이 국정 매진' 24.2%의 두배 가까이 됐다. '사과·국정 쇄신' 응답은 17.6%, '임기 단축 및 개헌'은 9.6%로 각각 나타났다. 부산·울산·경남(PK)의 경우도 '자진 하야' 의견이 48.6%로 절반에 달했다. '흔들림 없이 국정 매진' 23.5%, '사과·국정 쇄신' 19.7%, '임기 단축 및 개헌' 6.3% 순이었다. 그러나 윤석열 대통령은 7일 오전 10시에 시작된 대국민담화에서 "저와 제 아내의 처신이 올바르지 못해 사과드린다"고 말했다. 이에 윤 대통령은 사과의 의미를 묻는 말에 "국민들에게 걱정을 끼친 것은 저와 제 아내의 처신과 모든 것에 문제가 있기 때문으로, 이런 일이 안 생기도록 더 조심하겠다는 말"이라며 윤 대통령은 "회견 소식이 발표된 지난 4일 밤에 집에 가니까 아내가 그 기사를 봤는지 '사과를 제대로 하라. 괜히 임기반환점이라 해서 그동안의 국정 성과만 얘기하지 말고 사과를 많이 하라'고 했다"고 밝혔다.

윤 대통령은 이러한 답변을 하며 "이것도 국정 관여이고 국정 농단은 아니겠죠"라면서 "아내가 의도적인 악마화나 가짜뉴스, 침소봉대로 억울함도 본인은 갖고 있을 것이지만 그보다는 국민에게 걱정 끼쳐드리고 속상해하시는 것에 대한 미안한 마음을 훨씬 더 많이 갖고 있다"고 전했다. 특히 윤 대통령은 "사과가 어떤 것에 대한 사과인지 구체적으로 특정해달라"는 지적에는 "사과의 대상을 구체적으로 말하기에는 지금 너무 많은 이야기가 있다"며 "명태균 씨와 관련한 내용 등 일부는 사실과 달라 인정할 수도 없고 모략이라 그것은 사과할 수 있는 문제가 아니다"라고 답했다.

그러면서 "여러 내용이 사실과 다르지만 제가 대통령으로서 기자회견을 하는 마당에 그 팩트를 갖고 다툴 수도 없는 노릇이고, 그렇다고 그게 다 맞는다고 할 수도 없다"며 "어떤 것을 집어서 말한다면 사과를 드리고 아닌 것은 아니라고 얘기하는 것"이라며 "사실 잘못 알려진 것도 많은데 대통령이 맞다 아니다 다퉈야 하겠는가"라며 "사과의 대상을 건건이 특정하지 못하는 것을 양해해달라"며 두루뭉실하게 넘어갔다.

이날 윤 대통령의 대국민담화 및 기자회견에 대해 추경호 원내대표가 "진솔하고 소탈했다"고 긍정적인 평가를 내 놓은 반면, 한동훈 대표는 별다른 입장 표명 없이 침묵을 지키고 있으며 이재명 민주당 대표는 "국민들께서 그렇게 흔쾌히 동의할 만한 내용은 없는 것 같다"면서 "'정부 여당에 반하는 특검을 하는 것 자체가 헌법에 반한다', '명태균 씨에게 부정한 지시 한 적 없다'는 대통령 발언에 대해선 "아직 내용을 자세히 못 봐 입장을 말씀드리긴 어렵다"고 말하면서도 "다만 전해지는 얘기들을 들어보면 우리 국민들께서 기대했던 내용은 없다"고 밝혔다.

그런데 이날 필자는 기자회견을 지켜보면서 외교 분야에서 아쉬움이 있었다. 정치 분야에서 김건희 여사 관련 내용이 많았지만 외교 분야에서는 그리 중요한 내용이 없었다. 이날 기자회견 진행 사회자는 지방지로 영남일보와 부산일보 2명을 지명했고 외신으로는 미국 2명, 일본 1명만을 지목하고 중국 기자에게는 질문권을 주지 않았다. 중국이 내일부터 내년 말까지 한국인 관광객 등에 대해 '무비자 입국'을 허용하면서 우리 국민은 여권만 소지하면 별도 허가 없이 중국을 방문할 수 있게 됐다. 이로써 국제사회에서의 국가 영향력을 반영하는 대한민국 '여권 파워'도 역대급 수준으로 올라섰다. 이 같은 조치는 1992년 한중 수교 이후 처음으로 이렇게 된 배경에는 한중 관계를 우호적으로 가져가며 러시아와 북한 협력을 견제하겠다는 중국의 의지가 담긴 것으로 풀이된 것인데 대통령이 이 문제에 대하여 기회를 이용, 미래를 향한 한중 관계를 우호적으로 피력했으면 얼마나 좋았을까를 기대했는데 결국은 그 기회를 놓쳐버렸다. 특히 1년 후에는 시진핑 중국 국가주석이 아시아태평양경제협력체(APEC) 정상회의 참석차 한국을 방문할 가능성도 크기 때문에 필자로서는 더욱 더 아쉬웠다.

한동훈 대표가 김건희 여사 관련 몇가지 내용을 대통령에게 건의했던 내용에 대한 답도 별로 없고 또한 국민들이 기대했던 여러가지 정치 현안에 대한 문제에 대하여도 윤 대통령은 사실적인 진정한 사과를 표하지 않았다. 이날의 기자회견을 볼 때 결국 국민들의 "윤 대통령은 하야 하라"는 함성은 앞으로 더욱더 커질 것 으로 보여진다. <2024. 11. 7>

62. 검사 탄핵 추진에 집단적 반발하는 검사들, 국민들의 싸늘함도 보라!

대한민국 검찰, 정말 왜 이러나? 이들 검찰은 그동안 김건희 여사 관련 수사에서 무조건 무혐의로 일관해 왔다. 이에 야당인 민주당은 김건희 여사 주가조작 의혹 수사 검찰 지휘라인 탄핵을 추진하고 있다. 그러자 검찰은 집단적으로 반발하고 있다. 이를 본 시민사회단체가 "국민의 공감이나 지지를 받기 어렵다"고 비판했다. 맞는 말이다.

시민단체인 참여연대는 11월 30일 논평을 내 "검찰 조직에 위해가 된다고 여겨지는 사안이 터지면 어김없이 검사들의 집단행동이 이어지고 있다. 반면 이들 중 탄핵소추안의 배경이 된 김 여사 도이치모터스 주가조작 사건 수사 불기소처분에 대해 집단행동을 하거나 이의를 제기하는 검사는 단 한명도 없었다"며 "'정치적' 탄핵이라는 검찰의 주장이 국민의 공감이나 지지를 받기 어려운 이유"라고 비판했다.

앞서 더불어민주당은 김건희 여사의 도이치모터스 주가조작 의혹 사건 불기소 처분을 한 수사 지휘부에 책임이 있다고 보고 이창수 서울중앙지검장과 조상원 4차장검사, 최재훈 반부패수사2부장의 탄핵 소추안을 내일 2일, 국회 본회의에 보고하고 오는 4일 표결할 방침인데, 이를 두고 검찰 간부 수십여명이 입장을 내는 등 집단 반발이 이어지고 있다.

그동안 검찰은 검찰공화국의 수장인 윤석열 대통령 부부 비호를 위해 노골적인 봐주기 수사를 해왔다. 도이치모터스 주가조작 사건은 이미 의혹이 제기된지 4년이나 지났고 다른 범죄인들은 이미 2심 선고까지 마친 상황이다. 재판부도 "김 여사와 신한투자증권 직원 간의 통화 녹취록을 근거로 김 여사의 계좌가 시세조종에 이용됐다"며 "검찰도 김 여사가 권오수 전 도이치모터스 회장에게 계좌를 위탁했고 이들 사이에 원금 보장과 수익 약정이 있었음을 확인하고 김 여사의 주가조작에 연루된 정황이 있다"고 지적을 한 바 있다.

그런데도 검찰은 기소도 하지않고 그냥 덮어버렸다. 이는 김 여사가 주가조작 사실을 알지 못했던 것이 아니라 검찰이 알고 싶지 않았던 것으로 보여진다. 또한 국민들이 알지 못하게 하는데만 전 전 궁금했다. 때문에 시민단체인 참여연대가 민주당의 검사 탄핵 에 '헌법훼손'이라며 반발하고 있는 대통령실을 향해서 "그런 말 을 할 자격이 있는지 의문"이라고 했다.

필자 역시 "대통령실과 민정수석, 법무부장관 등은 이원석 전 검 찰총장의 강력한 지시로 엄정 수사 의지를 드러냈던 기존 수사팀 을 해체하고 그 자리를 이른바 '친윤 인사'들로 채워 수사를 막은 것이 오히려 반헌법적이 아닌가?"라고 반문하고 싶다.

참여연대 역시 "송경호 전 서울중앙지검장과 검사들은 도이치 모터스 사건 전담팀을 꾸리며 수사의지를 보인지 열흘 만에 다른 곳으로 발령 났고, 이창수가 이끈 서울중앙지검은 검찰총장을 패 싱하고 핸드폰을 반납하고 '황제조사'를 진행했다"며 "인사권을 남용해 본인의 가족이 연루된 수사를 막은 것이야말로 헌법 훼손 이자 위헌적 행위"라고 했다. 그러면서 "대통령 배우자가 연루된 의혹 수사와 관련된 사안에 대해 대통령실이 왈가왈부하는 것은 이해충돌"이라며 "대통령실은 입을 다물어야 한다"고 덧붙였다.

그런데도 서울중앙지검 차장검사, 부장검사에 이어 부부장검사 전원이 검찰 내부망 이프로스에 집단 성명을 올려 "검사 탄핵 시도 는 민주적 정당성을 남용하는 것"이라고 반발했는데 검찰은 왜 민 주당이 탄핵을 시도하는지를 숙고해봐야 할것이다. 이들은 "검사 들이 정치적 중립성과 독립성을 지키고 법과 원칙에 따라 국민을 보호하는 본연의 업무에 충실할 수 있도록 검사 탄핵소추 방침을 재고해 주기 바란다"고 요구했는데 먼저 김건희 수사에서 "공정하게 법과 원칙에 따라 수사를 했는지?" 반성해야 할 것이다.

이처럼 집단행동을 하는 용기와 결기가 있다면 필자는 "지금이라도 김건희 여사를 다시 재수사 해 보라"고 말하고 싶다. 윤석열 대통령 부부에 대해서는 아무 말도 못 하는 검사들이 자신들의 특권을 지키기 위해 목소리를 높이는데 있어 결코 국민들도 동의를 하지 않고 있다. 그리고 일반 공무원들은 사소한 법률 위반에도 징계를 받는데 대한민국 검사들만 유독 예외가 되어야 한다는 비뚤어진 특권 의식에 공감할 국민 또한 아무도 없다.

일반 국민은 단 돈 만원을 훔쳐도 처벌을 받는데 수십억을 해 먹은 김건희는 왜 처벌을 하지 않는 그 이유를 밝히지 않는 검찰! 할 말이 없다. 필자는 다시한번 김건희의 각종 사건에 대해 "검사들은 김건희 무혐의에 단 한마디라도 했는가?"라고 묻고싶으며 이번 민주당의 검사 탄핵 추진에 대한 집단 반발 사건은 경찰국 신설 반대 행동을 주도한 류삼영 전 총경을 중징계했듯 검사들도 징계를 해야 한다고 본다. <2024. 12. 1>

63. 윤석열의 뜬금 없는 12.3 비상계엄 선포... 그는 분명 파면 될 것이다.

윤석열이 3일 밤 11시, 뜬금없이 비상계엄을 선포했다. 그는 "더불어민주당의 거듭되는 탄핵 시도와 내년도 예산 삭감이 내란을 획책하는 반국가 행위 이기에 계엄을 선포한다"고 이유를 밝히고 또 "파렴치한 종북 반국가 세력들을 일거에 척결하겠다"고 밝혔다. 도대체 이 무슨 뚱딴지 같은 행위인가? 확실히 그는 정상이 아니었다. 이러한 날벼락의 행동에 애국 시민들이 여의도로 집결을 하고 국회는 신속하게 4일 오전 1시쯤 비상 계엄령에 대한 해제 결의안을 재석 190명 전원 찬성으로 가결했다.

우원식 국회의장은 "계엄령 선포는 무효가 됐다"고 밝혔다. 헌법 77조 5항은 "국회가 재적의원 과반수의 찬성으로 계엄의 해제를 요구한 때에는 대통령은 이를 해제하여야 한다"고 규정했다. 그러나 윤석열은 즉시 해제를 하지않고 뜸을 들이다가 결국 헤제 조치를 내렸다. 윤석열, 그의 반헌법적이고 반 민주적인 비상계엄 선포는 그를 대통령으로 임명해준 국민들에 대한 배신이었다. 그가 그의 잘못된 권한을 이행한 이유는 북한 공산 세력의 위협으로부터 자유 대한민국을 수호하고 우리 국민의 자유와 행복을 약탈하고 있는 파렴치한 종북 반국가 세력들을 일거에 척결하고 자유 헌정 질서를 지키기 위함이었고 망국의 나락으로 떨어지고 있는 자유 대한민국을 재건하고 지켜낸다는 헛소리 였다.

그는 또 "지금까지 국회는 우리 정부 출범 이후 22건의 탄핵소추 발의하였으며 22대 국회 출범 이후에도 10명째 탄핵 추진 중"이라며 "이것은 세계 어느 나라에도 유례 없을 뿐 아니라 우리나라 건국 이후에 전혀 유례가 없던 상황"이라며 "판사를 겁박하고 다수 검사를 탄핵하는 등 사법 업무를 마비시키고 행정안전부 장관의 탄핵, 방송통신위원장 탄핵, 감사원장 탄핵, 국방부 장관 탄핵 시도 등으로 행정부마저 마비시키고 있다. 또한 국가 예산 처리도 국가 본질 기능과 마약 범죄 단속, 민생 치안 유지를 위한 모든 주요 예산을 전액 삭감하여 국가 본질 기능을 훼손하고 대한민국을 마약 천국, 민생 치안 공황 상태로 만들었다"고 이유를 말했다.

윤석열은 또 "국정은 마비되고 국민들의 한숨은 늘고 있다. 이는 자유대한민국의 헌정 질서를 짓밟고 헌법과 법에 의해 세워진 정당한 국가 기관을 교란시키는 것으로서 내란을 획책하는 명백한 반국가 행위로 국민의 삶은 안중에도 없고 오로지 탄핵과 특검, 야당 대표의 방탄으로 국정이 마비 상태에 있다"며 "지금 우리 국회는 범죄자 집단의 소굴이 되었고 입법 독재를 통해 국가의 사법 행정 시스템을 마비시키고 자유민주주의 체제의 전복을 기도하고 있다. 자유민주주의 기반이 되어야 할 국회가 자유민주주의 체제를 붕괴시키는 괴물이 되었고 지금 대한민국은 당장 무너져도 이상하지 않을 정도의 풍전등화의 운명에 처해 있다"고 횡설수설 했다.

그는 또 "저는 북한 공산 세력의 위협으로부터 자유 대한민국을 수호하고 우리 국민의 자유와 행복을 약탈하고 있는 파렴치한 종북 반국가 세력들을 일거에 척결하고 자유 헌정 질서를 지키기 위해 비상 계엄을 선포하고 이 비상계엄을 통해 망국의 나락으로 떨어지고 있는 자유 대한민국을 재건하고 지켜낼 것"이라며 "이를 위해 저는 지금까지 패악질을 일삼은 망국의 원흉, 반국가 세력을 반드시 척결하고 체제 전복을 노리는 반국가 세력의 준동으로부터 국민의 자유와 안전, 그리고 국가 지속 가능성을 보장하며 미래 세대에게 제대로 된 나라를 물려주기 위한 불가피한 조치"라고 국민들이 이해할수 없는 비상식의 말만 되풀이 했다.

이어 윤석열은 "저는 가능한 한 빠른 시간내에 반국가세력을 척결하고 국가를 정상화시키고 계엄 선포로 인해 자유 대한민국의 헌법 가치를 믿고 따라주신 선량한 국민들께 다소 불편이 있겠지만 이러한 불편을 최소화하는 데 주력할 것이며 이와 같은 조치는 자유 대한민국의 영속성을 위해 부득이한 것이며 대한민국이 국제

사회에서 책임과 기여를 다한다는 대외 정책 기조에는 아무런 변함이 없고 대통령으로서 국민 여러분께 간곡히 호소드리는 것은 저는 오로지 국민 여러분만 믿고 신념을 바쳐 자유 대한민국을 지켜낼 것이다. 저를 믿어달라"고 황당한 말만 늘어놓았다.

이날 윤석열의 비상계엄 선포는 대통령실 내부에서도 극비로 진행됐다. 대통령실 관계자도 "대부분의 수석들도 상황을 알지 못했다"고 전하면서 "윤 대통령의 계엄령 선포는 김용현 국방부 장관의 건의로 이뤄졌다. 국방부는 "국방부 장관 주재로 전군 주요지휘관 회의를 개최했고 전군 비상경계 및 대비태세 강화를 지시했다"고 밝혔다. 결국은 윤석열의 충암고 1년 선배인 김용현이 과잉충성으로 후배인 윤석열을 파국으로 즉 탄핵을 당하게 하는 악수를 둔 것이다. 지금 21세기 대한민국에 비상계엄 사태를 세계 어느 국가도 이해하지 못하는 현실에 그들은 국가 반역죄를 범한 것이다.

비상계엄 선포 후 군은 계엄사령부로 전환해 6개항으로 구성된 계엄사령부 포고령을 계엄사령관 육군대장 박안수(육군참모총장) 명의로 발동을 하면서 "국회와 지방의회, 정당의 활동과 정치적 결사, 집회, 시위 등 일체의 정치활동을 금하고 자유민주주의 체제를 부정하거나, 전복을 기도하는 일체의 행위를 금하고, 가짜뉴스, 여론조작, 허위선동을 금하고 모든 언론과 출판은 계엄사의 통제를 받고 반국가세력 등 체제전복세력을 제외한 선량한 일반 국민들은 일상생활에 불편을 최소화할 수 있도록 조치한다"며 "이상의 포고령 위반자에 대해서는 대한민국 계엄법 제 9조(계엄사령관 특별조치권)에 의하여 영장없이 체포, 구금, 압수수색을 할 수 있으며, 계엄법 제 14조(벌칙)에 의하여 처단한다"고 했다.

이어 계엄군은 윤석열의 계엄선포에 따라 즉각 태세에 돌입, 4일 오전 0시40분 무장한 계엄군이 국회 본회의장 진입을 시도했다. 이에 국회 보좌진 등이 본회의장으로 향하는 입구의 유리문에 바리케이드를 세우고 군의 진입을 막았지만 계엄군은 헬기를 동원해 국회로 군 병력을 투입했고 유리창을 깨면서 국회 본회의장 진입을 시도했지만 우원식 국회의장과 여야 의원들이 긴급 본회의를 열고 재석 190명 전원 찬성으로 비상 계엄령 해제 결의안을 가결했다. 그야말로 전광석화의 계엄해제 결의였다.

윤석열의 계엄령 선포 후 160분 만에 곧바로 해제를 요구한 것이다. 우원식 의장은 "국회는 국민과 함께 민주주의를 지키겠다. 국회 경내에 들어와 있는 군경은 당장 국회 바깥으로 나가주시기 바란다"고 덧붙였다. 계엄 해제 후 국회 안으로 진입했던 계엄군들은 철수했다. 이재명 민주당 대표는 비상계엄 해제 요구 결의안이 통과된 직후 자신의 사회관계망서비스(SNS)에 글을 올려 "국민 여러분께서는 안심하셔도 된다"며 "끝까지 국민의 생명과 안전을 보호하겠다. 지금 이 순간부터 윤 대통령은 대통령이 아니다. 국민은 윤석열 대통령의 비상계엄을 허용하지 않았다"고 말했다.

이재명 대표는 또 군을 향해서는 "장병 여러분이 들고 있는 총칼은 모두 국민으로부터 온 것으로 이 나라 주인은 국민이고 국군장

병 여러분이 복종해야 할 주인은 윤 대통령이 아니라 바로 국민"이라고 말했다. 특히 윤석열이 키운 한동훈 대표는 "대통령의 비상계엄 선포는 잘못된 것으로 국민과 함께 막겠다. 집권 여당으로서 이 사태가 발생한 것이 매우 유감"이라고 밝혔다. 조국 조국혁신당 대표도 "비상계엄 발령 자체가 불법"이라며 "윤석열 대통령은 대통령 자격이 없고 반드시 처벌되고 탄핵돼야 한다"고 말했다. 윤석열, 그는 결국 임기를 채우지 못하고 박근혜 전 대통령에 이어 파면이 되는 불명예 대통령이 될 것 같다. <2024. 12. 4>

64. 국힘 의원들이여! 압도적 찬성으로 윤석열 탄핵에 앞장 서라!

　대한민국 역사에서 기록 될 2024년 12월 3일 밤 10시 25분, 정신 이상자 대통령 윤석열은 어쩌구 저쩌구 하면서 "계엄을 선포한다" 고 당당하게 결연한 의지로 말했다. 그리곤 6시간 후인 12월 4일 새벽 4시 반, 어쩌구 저쩌구 하면서 "계엄을 해제한다"고 말했다. 그후 3일이 지나면서 미치광이가 저질렀던 내란의 밤에 얽힌 이야 기들이 조금씩 속속 드러나고 있다. 겉으로는 어설픈 쿠데타였지 만 일촉즉발의 순간이었다. 애초의 계획대로라면 포고령 1호 발표 와 동시에 국회는 이미 그들 마수에게 장악이 되었을 것이다.

　그러나 변수가 곳곳에서 터졌다. 공수부대 특임여단 참수부대로 불리는 707부대 병력과 국회 통제를 지시했던 경찰의 소통 착오로 국회의원들이 국회 진입에 성공을 하면서 계엄 해제를 위한 정족수를 채울 의원들이 속속 집결할 수 있었고 보좌진들도 반란군 진입을 지체시킬 수 있었다. 하지만 1979년 12.12사태 때처럼 계엄군들은 민첩하고 과감하게 작전을 수행하지 않았다. 특히 계엄군들은 한밤중에 모여든 시민들의 저항으로 혼란을 느껴야 했다. 결국 예측 못한 변수와 혼란스러운 명령체계, 그리고 위대한 국민의 저항으로 윤석열 친위 쿠데타는 '2시간 반 천하'로 종을 쳤다.

그러나 사태 3일이 지난 지금, 속속 드러나는 계엄 관련 스토리를 보면서 그날 국회의원들이 본회의장에 진입하지 못했거나 707 참수부대가 본회의장을 뚫고 의원들을 연행해 미리 준비해 놨다는 과천 수감 장소에 수감했다면 12월 4일 이후 대한민국은 어떠했을까? 필자는 12,12 사태의 계엄시국을 현장에서 보았기 때문에 끔찍하고 잔인한 일들이 꼬리를 물고 일어났을 것이다.

윤석열이 자행한 비상계엄선포, 분명한 반헌법적이며 불법적인 내란 행위다. 검찰총장 출신인 그가 왜 그런 반역의 불법행위인 비상계엄을 선포했을까? 그 이유를 보면 거리가 너무도 멀다. 탄핵소추와 예산 삭감을 한 민주당에 대하여 분개를 하면서 "내란을 획책하는 명백한 반국가 행위", "자유민주주의 체제의 전복 행위"로 "종북 반국가 세력들을 일거에 척결"하기 위해 비상계엄을 선포한다고 했다. 동문서답 식이다. 그러나 주 이유는 명태균이 계속 폭로를 하는 비밀, 그리고 부인 김건희가 구속될지 모른다는 두려움에 선수를 친것이라는 설도 있다.

그러나 누가 작성한지도 모르는 계엄 포고령 1호에는 ´처단´한다는 내용이 있다. 처단의 의미는 북한에서 자주 쓰는 용어로 살해, 제거의 의미로 이 표현은 전두환 신군부가 주도한 계엄 포고에서도 발견된다. 그리고 윤석열은 방첩부대와 국정원에 지시, 우원식 국회의장과 자신의 눈에 적으로 보였던 정치인들 10여명을 체포 수감하라고 지시를 했는데 그 속에는 20년을 동고동락한 후배 한동훈까지 쿠데타군의 체포 대상으로 삼았다. 이에 대하여 국민들은 경악을 하고 있다.

또한 윤석열은 국회 점령을 시도한 계엄군보다 더 많은 계엄군을 선관위 점령에 투입을 했는데 이 역시 이유가 극우 유튜버들이 주장한 총선 부정선거 의혹의 증거를 확인하려 했다는 사실에는 참으로 어안이 벙벙할 뿐이다. 어떻게 이런 비정상적인 생각을 하고 있었을까? 50년대 냉전적 사고방식에서 벗어나지 못한 극소수 극우세력의 정신상태를 대통령이란 사람의 머리속에 자리잡고 있었음을 볼때 그를 대통령으로 선택한, 그를 지지했던 국민들, 모두가 같은 뇌를 가지고 있다는 한심한 생각이 들 뿐이다.

2024년 12월 7일인 내일 저녁, 국회는 국민을 배신하고 국민의 대변자인 국회의원들이 있는 국회의사당을 난입, 점거하면서 계획적으로 명분도 없이 개인적인 감정으로 국민들에게 대역 죄인으로 불안감을 안겼던 윤석열을 탄핵한다. 그러나 국힘에서 8명이 표결에 찬성을 해야만이 윤석열은 대통령직무를 중단하고 헌재의 판결을 기다리게 된다.

지난 12월 4일 새벽, 국회본회의장에 모였던 국회의원 190명이 계엄선포 해제를 위한 가결을 했을때 현장에는 국힘소속 18명도 있었는데 이 자리에는 한동훈 대표도 있었다. 그는 윤석열의 계엄선포가 있자 "잘못된 것, 위헌 위법"이라면서 윤석열에 반기를 들었다. 이때 국민들은 그를 똑똑하게 봤을 것이다. 그리고 오늘 6일 오전, 한동훈 그는 국힘 최고위 회의에서 "빠른 시간내로 대통령의 직무를 정지시켜야 한다"고 말했다. 어제까지도 탄핵을 반대한 그가 찬성쪽으로 돌아선 것이다.

그 이유는 아마도 속속 드러나는 계엄관련 증거와 증언들을 보면서 계엄선포가 불법이며 위헌임을 확신했기 때문이다. 그러나 한 대표는 원내가 아닌 원외이기에 그를 따르는 의원들, 즉 친한계는 소수이기에 그의 탄핵 찬성에 손을 드는 의원들은 적다. 그리고 국민의힘 다수는 아직도 극우적 정신상태에 포위된 대통령의 결사옹위를 외치고 있다. 윤상현 의원이 강력하게 주장하는, 더불어민주당에 정권을 내어줄 수 없다는 것이다.

그러나 현재 국면에서 대한민국 보수의 진정한 위기는 다음 정권을 민주당에 내어주는 것이 아니라 보수가 윤석열과 동일시되는 것으로 극우 유튜버의 사고방식, 기만과 거짓의 정치행태가 대한민국 보수를 대표하고 있음을 깨달아야 한다. 보수가 살려면 내일 있을 윤석열 탄핵 통과에 압도적인 탄핵 찬성으로 윤석열식 보수와 끝장을 내야 한다. 만취한 운전사에게 핸들을 먼저 뺏어야 하듯이 이번 계엄사태를 통해 명백한 범죄를 저지르고도 아직까지도

"나는 잘못이 없다"면서 침묵으로 일관하고 있는 정신이상자 윤석열로부터 국가 운영의 핸들을 빼앗아야 한다.

　내일 있을 윤석열 탄핵 표결, 아마도 국힘 내부에서는 격렬한 찬반의 논쟁과 권력 투쟁이 벌어지겠지만 냉철하게 생각해야 한다. 특히 국민들 76%가 탄핵을 찬성하고 있음을 유념 해야 한다. 그리고 지역구 유권자들의 시선도 생각을 해야 한다. 국민들은 예민하기 때문이다. 국힘 소속 의원들의 판단에 따라 탄핵 이후 정국도 달라질 것이다. 하지만 중요한 것은 "내란 수괴의 동조자가 될 것인가? 보수의 새판을 짜는 공로자가 될 것인가?"다. 끝으로 필자는 국힘 의원들에게 외친다. "시간이 없다. 범죄자 윤석열과 단호히 결별하라! 그래야 살 길이 열린다." <2024. 12. 6>

65. 기회주의자 한동훈, 髟天하
는 절호의 기회 놓쳤다!

지난 7일 국회에서 열린 윤석열 탄핵소추는 국민의힘 의원 105명
의 불참으로 결국불발이 되었다. 이 불발에 대한 책임은 당대표인
한동훈에 있다. 이날 열린 탄핵소추는 12.3 계엄령을 선포한 내란
혐의를 받는 윤석열의 행위가 헌법 부정이 아닌지 헌법재판소에 묻
는 절차였다. 탄핵 제도를 규정한 헌법 제65조에 따라 헌정 즉, 헌법
에 따른 정치를 작동시키는 것이다. 그런데 국민의힘은 "대통령 탄
핵만은 피해야 한다. 더 이상의 헌정 중단 사태는 막아야 한다"라면
서 결국은 내란 혐의가 짙은 윤석열을 탄핵 심판이라는 사법 심사조
차 받지 못하게 하여 그들은 스스로 헌정을 중단시켰다.

지난 12월 3일 밤 10시 25분, 윤석열이 불법적이고 반헌법적인 계엄령을 선포하자 한동훈은 "잘못된 선포다. 국민과 함께 비상계엄을 막겠다"는 선언을 했다. 이때 그의 발언은 국힘당 내부의 논의를 거쳐 나온 것이 아니고 즉각 직접 적인 자신의 발언이었기에 더더욱 무게감이 실렸다. 만약 국힘당 내부논의를 거치려 했다면 시간도 잃고 기회도 잃고 무엇보다 당 내부 동의를 끌어낼 가능성 자체가 없다는 사실을 누구보다 잘 아는 한동훈의 정치적 결단이었던 것이라고 본다. 또한 이러한 한동훈의 즉각적인 대응 발언은 계엄군 수뇌부의 판단에도 영향을 미쳤을 것으로 본다. 정권 양대 축의 하나인 정부여당의 대표가 "비상계엄을 반대한다"고 하기에 계엄선포는 윤석열의 단독 결정임을 알게 하는 증거였다. 그렇다면 이 상황에서 목숨 걸고 국회 무력장악 명령을 수행할 사령관이 누가 있을까? 그것은 계엄군에 실탄을 줄 것인지 여부를 결정케하는 중대 판단근거가 되었을 것이라고 필자는 느낌을 가져본다.

이 순간 필자는 한동훈 그를 높이 평가했다. 어찌 보면 자신이 모셨던 상관인 윤석열에게 반기를 드는 순간이었다. 그리고 그는 이날 밤 자신을 따르는 의원 18명을 국회 본회의장에 진입시켜 계엄해제 의결에 동참을 시키면서 주가를 높였다. 그러나 그는 5일 열린 국힘 의원총회가 주장하는 탄핵반대에서는 게엄선포 후 첫 의견과는 달리 찬성의 소리를 내지 못했다. 이 사이 국회에서는 계엄사태에 관련된 증언과 증인들이 속속 나오며 사태의 심각성이 엄중하자 그는 6일 오전 국힘 최고위 회의에서 확실한 목소리로 "대통령의 직무는 정지되어야 한다"면서 "탄핵찬성"을 내 비쳤다.
그 이유속에는 윤석열이 자신을 포함한 정치인 11명을 체포하라는 증거와 확신을 알고 반대에서 찬성으로 뜻을 바꾼 것이다. 그러자 이날 저녁 윤석열은 한동훈을 한남동 관저로 불렀다. 그리고 윤석열은 "나는 너를 체포하라고 지시한적이 없다"는 말을 들으면서 아마도 탄핵을 막아달라는 말을 한 것 같다. 그 외 또다른 밀약이 있었는지도 모른다. 그래서 한동훈은 윤석열과 독대를 하고 돌아온 그 날저녁 국힘 의총에서 탄핵찬성에서 반대로 돌아서며 당론으로 의결을 했다.

그리고 탄핵을 처리하기로한 7일 오전 10시, 윤석열은 단 2분 짜리 담화를 발표했는데 이 속에는 전혀 반성도 없는 사과문으로 자신의 거취를 당과 정부에 일임을 하겠다는 명분도 없고 의미도 없는 말만 내 뱉었다. 이런 무책임의 윤석열 담화가 발표된 후 한동훈은 삼청동 총리공관으로 달려가 한덕수 국무총리를 만났다. 이 상황에서 그는한 총리를 만나야 할 하등의 이유가 없었다. 한 총리도 계엄을 모의한 일당에 포함된 인물인데 그러한 피의자를 찾아갔다는 것은 그 자체로 윤석열의 담화 속에 언급된 "국정을 우리당과 함께 운영해 나가겠다"는 말, 그것을 논의하러 갔다는 것 외에 다르게 해석할 여지가 아무것도 없는것이고 탄핵 부결에 동의할 것이라는 거래가 있었을 가능성을 추론케 한다. 아니나 다를까, 한 총리 회동을 마치고 나온 한동훈은 "민생 경제와 국정 상황에 대해 총리께서 더 세심하고 안정되게 챙겨주셔서 국민들이 불안하지 않게 해 달라"고 당부했으며 한 총리는 "앞으로 당과 긴밀하게 소통하면서 민생 경제를 잘 챙기겠다"고 했다 한다. 들으나마나한 소리다. 결국 한동훈은 자신을 체포하려했던 윤석열의 그 달콤한 말을 듣자 국힘 의총에서 탄핵소추를 반대쪽으로 당론을 정한후 7일 저녁, 5천만 국민이 주시하는 국회 탄핵소추의 역사의 현장을 외면하면서 결국은 불발에 일조를 했다.

이로서 한동훈은 향후 정치인생에서 승천할수 있는 절호의 기회를 놓쳤다. 이날 국힘의 동참으로 윤석열의 탄핵이 통과되었다면 그는 향후 재편될 수밖에 없는 보수진영의 새로운 리더로서 커다란 위상을 굳힐 수 있는 기회를 상실한 것이다. 그가 윤석열을 탄핵 시켰다면 그는 한 동안 딜레마에 빠졌던 당원게시판 논란에서 시원하게 탈출이 되었을 것이다. 한동훈이 날개를 다는 순간은 7일, 탄핵을 결정하는 단 한 번 뿐이었다. 이때 그는 그의 주가, 모든것을 상실했다.

민주당은 7일 탄핵이 부결되었지만 계속 2차, 3차, 4차... 탄핵이 될 때까지 반복하겠다는 의지를 분명히 했다. 그렇게 되면 그때마다 윤석열과 국힘에 대한 국민들의 분노도 커질 것이고 결국은 탄핵은 이루어지고 윤석열은 파면이 되고 아울러 내란의 수괴로 그가 갈곳은 교도소 뿐이다. 7일 저녁, 탄핵이 부결되자100만의 국민들은 '내란당 국민의힘 해체'를 요구하고 나섰다. 그런데도 국힘 의원들은 이러한 국민의 함성에 벙어리다. 아마도 향후 전국의 국민의힘 사무실은 국민의 불같은 항의에 문 열기도 어려울 것이며 다음 총선에서는 국힘 간판이 완전히 사라질지도 모른다. 어쨌든 지켜 볼 일이다.

<2024. 12. 8>

66. 수사당국, 적반하장의 내란 수괴 윤석열! 즉시 체포 구금 하라!

　전두환이 내란을 일으킨 12.12사태 45주년인 오늘, 新내란 수괴인 윤석열 그가 12.12망언을 쏟아냈다. 그는 12.3 계엄이후 네번째인 대국민 담화를 통해 직접 여러 가지 사실 관계를 설명하며 세번째와는 판이한"12.3 계엄선포는 내란도 아니고 불법 계엄도 아니다"라고주장했다. 그는[도대체 2시간짜리 내란이라는 것이 있습니까? 질서 유지를 위해 소수의 병력을 잠시 투입한 것이 폭동이란 말입니까? 계엄령을 발동하되, 그 목적은 국민에게 거대 야당의 반국가적 패악을 알려 이를 멈추도록 경고하는 것이었습니다. 국회의 계엄 해제 의결이 있으면 바로 병력을 철수시킬 것이라고 했습니다.] 라고 말했다.

그런데 윤석열의 이 말은 사실이 아니다. 그는 "내란이 아니었다, 경고만 하려는 것이었다"는 발언이 사실이 되려면 국회가 안전하게 계엄 해제 의결 여부를 결정할 수 있도록 보장했어야 했다. 곽종근 특수전사령관과 홍장원 전 국정원 1차장은 "대통령이 국회의원들을 잡아들여서 혹은 끌어내서 해제 의결을 막으라고 했다"고 국회에서 증언했다.

곽종근/특수전사령관은 "대통령께서 직접 지시하기를 '의결정족수가 차지 않은 것 같다, 들어가는 문을 빨리 부수고 들어가서 안에 있는 인원들을 밖으로 끄집어내서 데리고 나와라, 이렇게 말씀을 하셨다."고 증언했다. 또다른 증언도 있었다. "이번 기회에 다 잡아들여, 싹 다 정리해라고 대통령이 지시했다.""이재명, 우원식, 한동훈, 김민석, 박찬대. 등 잡아들여".....

헌법에 보장된 국회가 계엄 해제를 요구할 권한을 윤석열이 반헌법적으로 막으라고 직접 지시했다는 증언이 국정원과 군의 최고위급으로부터 나온것이다. 헌법학자들은 대통령이 반헌법적인 계엄을 선포해 군을 동원했다면 2시간이든 1시간이든 내란으로 볼 수 있다는 의견이다. 국회 상공에 헬기가 등장한 시점이 지난 3일 밤 11시 40분. 물론 이 전부터 계엄군이 동원됐겠지만 이 때를 시작 시점으로 한다고 해도 국회에서 계엄군이 철수하기 시작한 시간이 계엄 해제 가결 이후인 4일 새벽 1시 15분 이었다.

이때까지만 계산하면 윤석열의 2시간이란 말이 맞을 수도 있지만 그가계엄 선포를 해제하겠다고 발표한 건 새벽 4시 27분이다. 그때까지 주변에 계엄군은남아 있었고국회의원들도 만약을 대비해 국회에 대부분 남아있는 상황이었다. 그래서 윤석열, 그가 말하는 "2시간이었다, 경고용이었다"이발언은 사실이 아닌 거짓말이다.

윤석열은 담화에서 또 [300명 미만의 실무장하지 않은 병력으로 그 넓디 넓은 국회 공간을 상당 기간 장악할 수 없는 것입니다. 만일 국회 기능을 마비시키려 했다면, 평일이 아닌 주말을 기해서 계엄을 발동했을 것입니다. 국회 건물에 대한 단전, 단수 조치부터 취했을 것이고, 방송 송출도 제한했을 것입니다. 그러나 그 어느 것도 하지 않았습니다. 분명히 말씀드리지만, 저는 국회 관계자의 국회 출입을 막지 않도록 했고.]

그러나 이 발언도 거짓이다. 그는 "실무장은 하지 말라고 했다, 국회 무력화하려는 의도 아니었다"는 주장이지만 일단 '실무장'의 사전적 의미는 '전투에 필요한 장비를 실제로 갖춘다는 것'이다. 꼭 실탄을 갖고 가지 않아도 '실무장'이 될 수 있지만 실탄을 포함시켜서 해석한다고 해도 사실이 아니다. 우선 실탄을 스스로 가지고 갔다고 털어놓은 1공수여단장의 증언이 있다.

이상현/제1공수특전여단장 "사령관님이 추가 지침으로 '실탄은 개인별로 지급하지 말고 지역대장이나 대대장이 통합 보관하라'라는 지시를 받았는데, 저만 제가 실탄 500여 발을 제 차량에다 우발 상황 대비해서 가지고 왔죠."

그날 12월 3일, 국회로 들어온 계엄군들을 보면 방탄복에 방탄헬 멧, 야간작전용 야간투시경, 비록 실탄을 장전하진 않았어도 권총 이나 소총을 휴대하고 있었다. 이것을 실무장이 아니라고 할 수는 없다. 윤석열은 또 [국회 출입을 막으라고 한 적 없다.] 즉 국회를 막으려는 의도가 사실은 없었던 것이라는 주장인데 이 말도 거짓 말이다. 그날 국회로 들어갈 수가 없어서 60대인 우원식 국회의장 은 담을 넘어 들어가야 했다. 우 의장 외에도 담을 넘어 국회로 들 어간 의원들이 많다. 이준석 의원도국회로 못 들어가서 국회를 막 고 있는 계엄군과 실랑이를 벌였다.

이미 곽종근 특전사령관은 최초에 받은 지시가 '국회 봉쇄'였다 고 말했고 홍장원 전 국정원 1차장도 다 잡아들이라는 지시를 받았 다고 국회에서 증언을 했다. 조지호 경찰청장도 "포고령에 따라 국 회를 통제했다"고 말했다. 군, 국정원, 경찰 모든 기관의 최고위 담 당자가 '국회 통제 지시가 있었다'고 말하고 있다. 이렇듯 국회 출 입을 막았고, 무력화 시도가 있었다는 것이 당일 영상과 사진, 녹취 록, 그리고 최고위급 관계자들의 증언으로 모두 입증된 사실인데 도 내란 수괴 윤석열은 계속 거짓말을 했다. 참으로 뻔뻔스럽고 비 겁한 인간이다.

그는 또 선관위 관련 발언도 했다.[국정원 직원이 해커로서 해킹 을 시도하자 얼마든지 데이터 조작이 가능하였고 방화벽도 사실상 없는 것이나 마찬가지였습니다. 선관위도 국정원의 보안 점검 과 정에 입회하여 지켜보았지만, 자신들이 직접 데이터를 조작한 일이 없다는 변명만 되풀이할 뿐이었습니다. 지난 24년 4월 총선을 앞두고도 문제 있는 부분에 대한 개선을 요구했지만, 제대로 개선되었는지는 알 수 없습니다. 그래서 저는 이번에 국방장관에게 선관위 전산시스템을 점검하도록 지시한 것입니다.]

이 발언 역시 사실이 아니다. 발언의 흐름을 보면 그는 "선관위가 북한 해킹에 잘 뚫리더라, 그래서 국정원을 시켜 점검을 시켰는데 조작이 없다고만 했다. 총선을 앞두고 있어서 보완하라고 했는데 믿을 수가 없어서 계엄군을 투입했다." 즉 지난 총선에 부정선거가 있었다는 뉘앙스를 주고 있다. 이 부정 선거 의혹은 이미 고발이 돼서 수사 기관이 몇 개월을 수사했지만 문제가 없다는 결론이 진작 나왔다.

윤석열은 또 하루가 멀다 하고 "다수의 힘으로 입법 폭거를 일삼고 오로지 방탄에만 혈안 되어 있는 거대 야당의 의회 독재에 맞서, 대한민국의 자유민주주의와 헌정 질서를 지키려 했던 것입니다. 그 길밖에 없다고 판단해서 내린 대통령의 헌법적 결단이자 통치행위가 어떻게 내란이 될 수 있습니까? 대통령의 비상계엄 선포권 행사는 사면권 행사, 외교권 행사와 같은 사법심사의 대상이 되지 않는 통치행위입니다."라고 궤변을 늘어 놓았다.

그의 주장을 요약하면 "비상계엄 조치는 고도의 정치적 판단이니 사면권과 외교권과 같이 사법 심사 대상이 아니다"라고 말하지만 대법원과 헌법재판소는 이 '통치 행위'가 사법심사 대상이 되는지 여부를 여러 차례 판단했는데 인용된것이 1996년 헌법재판소의 판례가 있다. 즉 김영삼 전 대통령이 긴급명령한 금융실명제가 국민의 기본권을 침해하는지 여부를 판단했다. 이때 헌재는 ′통치 행위′라는 개념을 인정했지만 통치 행위를 포함한 모든 국가 작용은 국민의 기본권적 가치를 실현하기 위한 수단이라는 한계가 있다라는 걸 분명히 했다. 당연히 ′통치 행위′라고 할지라도 헌재의 심판 대상이라고 판시했다.

김대중 전 대통령의 대북송금사건 때도 이 ′통치 행위′가 사법심사 대상이 되는지 다퉜는데 이때도 ″기본권을 보장하고 법치주의 이념을 구현하여야 할 법원의 책무를 태만히 하거나 포기하는 것이 되지 않도록 해야 한다″며 사법 심사 대상이라고 판시를 했다. 정리하면 통치 행위가 사법심사 대상이 된다고 대법원도 헌법재판소도 여러 차례 판시한 것이다. 때문에 비상계엄이 고도의 통치 행위로 본다고 하더라도 사법 심사 대상이 되는 것이다.

1997년 전두환 노태우 등 신군부 내란죄에 대한 대법원 전원합의체 판결에서도 당시 두 사람 다 내란죄로 처벌 받았다. 이때 대법원은 ″비상계엄이 고도의 정치적 행위″라고 볼 수 있겠지만 ″폭력에 의하여 헌법기관의 권능행사를 불가능하게 하거나 정권을 장악하는 행위는 어떠한 경우에도 용인될 수 없다″며 ″사법 심사 할 수 있다″고 판단했다. 이러한 판례가 있는데도 내란 수괴인 윤석열은 자기는 잘못이 없다고 항변을 하고 있다.

내란죄 정의는 형법 제87조에 나와 있다. <국가권력을 배제하거

나 국헌을 문란하게 할 목적으로 폭동을 일으킨 자를 내란죄로 처벌한다>고 되어있다. '국헌을 문란하게 할 목적으로 '폭동을 일으켰는가'가 내란죄성립 여부를 판단하는 잣대로 '국헌 문란'은형법 제91조에서 <'국가기관을 강압에 의해 전복 또는 그 권능행사를 불가능하게 하는 것'>으로 규정하고 있다. 이 규정이라면 윤석열 그가 말한 "선관위는 영장에 의한 압수수색이나 강제수사가 사실상 불가능하니 이번 비상계엄으로 국방 장관에게 선관위 전산시스템을 점검하도록 했다"고 했기에 내란죄에 해당이 될수 있다.

12.3 비상계엄은 윤석열이 자유민주주의 체제 자체를 공격한 것이다. 병력을 통해서 국회를 공격해서 정치 활동을 금지하려고 했다. 선거관리위원회를 병력을 동원해서 점거했다. 이것이야말로 자유민주주의 체제를 전복하려는 기도였다. 그래서 윤석열은 즉시체포해서 구금을 해야 한다. <2024. 12. 12>

67. 윤석열, 사나이 답게 '공수처' 에 자진 출두, 죄 값을 받으라!

윤석열은 12.3 비상계엄 사태를 주도해 국회로부터 탄핵소추를 받아 직무가 정지, 동시에 합동수사기관으로부터 내란수괴 혐의를 받고 있는 국민으로부터 버림받은 배신자요 국가의 반역자다. 그런 그가 공수처로부터 체포영장이 발부되자 그를 지지하는 비정상의 어리석은 시위대에게 "여러분과 끝까지 싸우겠다"는 선동성 공개 서한을 보냈다. 참으로 경천동지 할 일이다.

12.3 계엄을 주도한 내란의 두목인 그는 자신의 친구인 변호사 석동현을 시켜 "자유와 민주주의를 사랑하는 애국시민 여러분"으로 시작하는 공개 편지에서 "새해 첫날부터 추운 날씨에도 이 나라의 자유민주주의와 헌정질서를 지키기 위해 많이 나와 수고해 주

셔서 정말 감사하다"고 황당한 주장을 했다. 필자는 "윤석열은 확실하게 헌법과 법률을 위반, 자유민주주의 기본질서를 부정한 대한민국의 원흉으로 한국뿐만 아니라 세계적으로 비판을 받고 있는 者로 경찰, 검찰, 군 수사기관 등이 확실한 증거를 갖고있는 '내란' 혐의 정점에 서 있는 헌정질서 붕괴를 시도한 범죄자로 내란조직의 우두머리"라고 단정을 하고 있다.

그런 윤석열이 지지자들에게 보낸 서한에서 현재의 시국에 대해 "나라 안팎의 주권침탈 세력과 반국가세력의 준동으로 지금 대한민국이 위험하다"는 글을 전했는데 이러한 인식을 접하는 필자로서는 참으로 경악을 금할수가 없다. 어떻게 이런 표현을 쓸수 있는가? 이것이야말로 적반하장아닌가? 이런자가 대한민국의 대통령이었다는 사실에는 그야말로 한탄스러울 뿐이다. 한마디로 그는"망상장애"로 구제불능의 인간인듯 싶다. 아직도 자신 스스로가 대역죄인임을 모르고 있는'쉽게 변하지 않는 잘못된 믿음'의 망상으로 그는 계속 국민들에게 폭력을 쓰고 있다.

그는 특히 서한에서 "저는 실시간 생중계 유튜브를 통해 여러분께서 애쓰시는 모습을 보고 있다. 정말 고맙고 안타깝다"며 "국가나 당이 주인이 아니라 국민 한 분 한 분이 주인인 자유민주주의는 반드시 승리한다! 우리 더 힘을 내자!", "저는 여러분과 이 나라를 지키기 위해 끝까지 싸울 것"이라는 뜻을 전달하면서 자신에 대한 지지세력을 격려·고무하는 동시에 '싸우겠다'는 자세를 한층 더 강조했다. 이는 그가 수사기관의 수사와 법원의 체포영장 발부에 대해 변호인단을 통해 '불법'이라는 입장을 고수하고 있는 변명과 꼼수인데 결코 국민들은 용서하지 않을 것이다.

대법원은 2015년 1월 이석기 내란음모 사건에 대한 판결문에서 "우리 헌법은 국민주권주의, 자유민주주의, 국민의 기본권보장, 법치주의 등을 국가의 근본이념 및 기본원리로 하고 있다. 이러한 헌법질서 아래에서 헌법이 정한 민주적 절차가 아니라 폭력 등의 수단에 의해 헌법기관의 권능행사를 불가능하게 하거나 헌법의 기능을 소멸시키는 행위는 어떠한 경우에도 용인될 수 없다"고 전제, "내란선동죄는 내란이 실행되는 것을 목표로 선동함으로써 성립하는 독립한 범죄이고, 선동으로 말미암아 피선동자들에게 반드시 범죄의 결의가 발생할 것을 요건으로 하지 않는다"고 판시한 바 있다.

대법원은 또 "내란선동은 주로 내란행위의 외부적 준비행위에도 이르지 않은 단계에서 이루어지지만, 다수인의 심리상태에 영향을 주는 방법으로 내란의 실행욕구를 유발 또는 증대시킴으로써 집단적인 내란의 결의와 실행으로 이어지게 할 수 있는 파급력이 큰 행위"라며 "따라서 내란을 목표로 선동하는 행위는 그 자체로 내란예비·음모에 준하는 불법성이 있다고 보아 내란예비음모와 동일한 법정형으로 처벌되는 것"이라고 설명했다.

이렇다면 내란수괴 윤석열이 자신의 관저 앞에 모인 지지자들(비정상의 무리들)에게 메시지를 보낸 사실 자체가 바로 내란도 모자라 극단적 충돌을 선동하는 범죄를 가속화하고 있기에 공수처는 수단방법을 동원, 오는 6일까지가 아니라 오늘이라도 내란수괴 윤석열을 속히 체포해야 한다. 무엇보다 메시지를 통해 지지자들에게 극단적 충돌을 선동하고 있는 행동은 대단히 우려스러운 일로 윤석열 그는 내란을 벌인 것으로 부족해 지지자들을 선동, 극단적 충돌과 혼란을 부추기고 있는것은 국민적 시각에서도 용서할수 없는 일이기 때문이다.

　MBC가새해를 맞아 12·3 내란사태를 비롯한 주요 정치 현안과 관련해 대국민 여론조사를 실시했는데 윤석열을 감싸는 내란세력과 극우적인 동조자들이 한 달 가까이 선동을 지속하고 있음에도 불구하고, 응답자의 69%가 비상계엄은 내란죄에 해당한다고 판단했고 64%는 윤 대통령을 즉각 체포해 구속해야 한다고 답했다. 특히 부산·울산·경남 지역에서도 '내란죄'라는 응답과 '즉각 체포·구속해야 한다'는 응답이 크게 높았다.

　윤석열은 지난 12월 12일, 비상계엄 실패후 담화에서 "저는 수사를 받던 탄핵을 받던 당당히 맞설것"이라고 국민 앞에 선포를 했다. 그런 그가 왜 변신을 하여 지금은 당당하지 못한, 사나이 답지 못한, 치졸하고 옹졸한 처신으로 꼼수를 부리고 있는가? 필자는 윤석열에게 충고한마디를 하고 싶다. "탄핵으로 직무는 정지가 됐어도 신분은 대통령이니까 오늘이라도 그자리를 미련없이 내려놓고 모든것을 정리, 스스로 공수처에 출두, 수갑을 받는것이 정상이고 그나마 훗날 평가를 받을것"이라고...

대통령이 되지 말아야 했을 인간, 윤석열! 그는 지금도여전히 망상에서 벗어나지 못하면서 그가 저지른 내란에 대한 반성이나 잘못이 한치도 없다. 그는 지금도 국회와 법원, 그리고 검찰과 헌법재판소 등 모든곳을 부정하고 자기만이 최고인양 군림, 위험한 폭주를 계속하고 있는 세계적으로도 유일무이(有一無二)한 악한(惡漢)이다. 공수처는 하루빨리 윤석열을 체포하여 법의 심판대에 세워야 한다. 그것만이 윤석열의 망상과 광기를 멈춰 세우고 대한민국을정상화 시키는 길이다. <2025. 1. 2>

68. 윤석열과 국민의힘이 내 뱉는 궤변... 참으로 개탄 스럽다

　헌정사상 첫 현직 대통령 체포라는 초유의 사태에 집권 여당인 국민의힘에서는 '대통령 망신주기', '국격이 무너졌다'는 등의 거친 반응이 쏟아졌다. 이들은 대통령 관저에 다수 의원이 몰려가는가 하면, 공수처장과 국가수사본부장을 검찰에 고발하기도 했다. 윤석열은 내란의 우두머리로 혐의를 받고 있기에 국회에서 탄핵소추가 되어 현재 헙법재판소에서 탄핵여부 심리가 진행 중이고 헌재에서는 아마도 이변이 없는 한 전원 만장일치 탄핵이 인용되리라 믿는다. 그럼에도 국힘은 이 모든 것을 부정하고 있다. <12.3 비상계엄은 내란이 아니다>라는 당론을 계속 고수하고 있다.

　한남동 관저에 1차, 2차, 몰려가 체포영장 집행 저지에 선도적 역할을 한 김기현 의원은 "불법 영장의 불법 체포, 거기에 대해서 군사보호시설에 임의로 침범하는 매우 나쁜 선례를 반복해서 남겼다."고 말했고 권영세 비상대책위원장은 "공수처의 비상식적이고, 비정상적인 칼춤을 보면서 우리 국민들께서 충격과 분노, 참담함을 금하지 못하셨을 것이다."라면서 "윤 대통령이 체포영장에 응한 건 '자발적'이라면서, 유혈사태를 막기 위해 내린 큰 결단"이라고도 평가했다. 또한 국힘지도부 역시 "공수처와 경찰이 체포를 고집한 것은 대통령 망신주기 목적"이라며 강하게 반발했다.

이들은 또 "대통령 체포는 공수처와 서부지법, 민주당과 내통한 경찰이 만든 '역사적 비극의 삼중주로 불법적 영장 집행에 정치적, 법적 책임을 묻겠다"면서 오동운 공수처장과 우종수 국가수사본부장을 직권남용과 불법체포감금죄 등의 혐의로 검찰에 고발했다. 그러나 이들의 양대 기관장 고발은 어불성설이요 사건으로도 성립이 될 수 없는 각하가 될 것으로 믿는다. 윤석열을 체포한 것은 개인들이 한 일이 아니고 대한민국 국가가 법률에 따라 집행한 정당한 행위이다. 그런데도 이들은 모든 것을 불법으로 몰고 가면서 일부 지지층을 선동하고 있다. 참으로 이유도 안 되는 궤변을 늘어 놓고 있는 것이다.

윤석열은 2025년 1월 15일 오전 10시 33분, 한남동 관저에서 버티고 버티다가 결국 체포에 응했다. 그는 계속 꼼수와 변명, 궤변, 법꾸라지 행태를 보이며 체포에 불응 해오다 2차 체포영장 집행 전에는 "자진출두로 해 달라"는 궤변을 늘어놓았지만 공수처 검사들은 "체포영장에서 자진 출두라는 법은 대한민국에 없다"면서 그를 체포 했다. 그러나 대통령이라는 신분 때문에 수갑은 채우지 않았다. 그러나 필자 생각에는 수갑을 채워서 호송차로 연행을 했어야 했다고 생각을 한다. '12·3 비상계엄 사태' 43일 만이자 2차 체포영장이 발부된 지 8일 만에 윤석열은 결국 구속의 길로 향했지만 그가 마지막으로 국민들에게 전한다는 '영상 메시지'를 보면 도대체 그는 누구인가?를 또다시 연상하게 한다. 인간들이 사는 사회가 아닌 마치 외계에서 온 인간인 듯 싶다.

그는 영상 메세지에서 "안타깝게도 이 나라에는 법이 모두 무너졌다. 수사권이 없는 기관에서 영장이 발부되고, 또 영장 심사권이 없는 법원이 체포영장과 압수수색 영장을 발부하는 것을 보면서, 그리고 수사 기관이 거짓 공문서를 발부해서 국민들을 기만하는 이런 불법의 불법의 불법이 자행되고 무효인 영장에 의해서 절차를 강압적으로 진행하는 것을 보고 정말 개탄스럽지 않을 수 없다."는 말도 안되는 또 그 말에 더 말도 안되는 궤변을 늘어놓았다. 어떻게 이런 者가 대한민국의 대통령으로 있었는지 참으로 개탄스럽고 황당할 뿐이다. 윤석열은 또 "불미스러운 유혈사태를 막기 위해서 일단 불법 수사이기는 하지만 공수처 출석에 응하기로 했다."고 자기변명의 말을 뻔뻔스레 했다. 이어 그는 "그러나 제가 공수처의 수사를 인정하는 것은 아니다. 대한민국의 헌법과 법체계를 수호해야 하는 대통령으로서 이렇게 불법적이고 무효인 이런 절차에 응하는 것은 이것을 인정하는 것이 아니라 불미스러운 유혈사태를 막기 위한 마음일 뿐"이라며 "끝까지 싸우겠다"고 말했다.

그는 국민을 배신하고 국가에 큰 반역죄를 저지른 12.3 행동에 대하여 체포를 당하는 최후 까지도 자신의 잘못을 인정하지 않았다. 도대체 이 者의 지능지수는 얼마인가? 숭맥인가? 천치인가? 참으로 알 수 없는 일이다. 공수처는 윤석을 체포 즉시 공수처로 연행, 오전 11시부터 윤석열을 피의자 신분으로 조사했다. 윤석열 보다 7기 아래인 후배 검사 출신인 이재승 공수처 차장이 조사를 했는데 약 10시간을 조사했다고 한다. 그러나 그는 시종 묵비권을 행사하고 조사 말미의 피의자 날인도 거부를 했다고 한다. 그리고 오늘 16일 오후 2시 2차 조사를 위한 출두를 요청했는데 불출석 통보를 보내왔다고 한다. 이쯤 되면 공수처는 48시간이 아니라 곧바로 윤석열에 대한 구속영장을 청구하여 헌재의 탄핵 심판과는 별개로 속전속결 형사 절차를 마무리 하여 그를 끝장내야 한다.

윤석열을 잘 알고 있는 국회의원들은 "윤석열에 대한 특혜와 특권을 허용해서는 안된다"고 강조하고 있다. 민주당 추미애 의원은 윤석열이 내란 우두머리 혐의로 체포된 15일, 자신의 페이스북에 "윤석열은 마침내 내란 우두머리 죄목으로 체포되었지만 그는 국격을 추락시키고 국민을 허망하고 부끄럽게 만들었다"고 지적하면서 "퇴장하는 뒷모습은 끝까지 당당하지 못하고 찌질하고 옹색했다"고 질타했다. 추 의원은 또 "4년 전 불법이 발각돼 징계를 당할 때도 일일이 절차를 다투고 징계위원을 모두 기피 신청하며 법을 조롱했던 것처럼 헌법기관을 정지시킬 목적의 내란을 저지르고도 영장이 불법이라고 하거나 이의를 제기하고 헌재재판관 기피신청을 했다"면서 "제 버릇 남 못 주고 재연했다"고 평했다.

추 의원은 특히 "그는 교활한 위장술로 내란죄를 저지르기 전까지는 국민을 속이는 듯 했지만 내란죄를 저지른 후에는 그를 무조건 감싸주던 언론도 그를 버렸다"면서 "부도덕하고 폭압적이고 거짓투성이의 인성도 내란 전후로 만천하에 드러났다"고 말하고 서울중앙지검장을 지냈고 윤석열과 악연으로 '저격수 역할'을 자처한 민주당 이성윤 의원도 "내란수괴 윤석열 체포한 날, 주가도 수직상승했다"며 "체포는 시작일 뿐"이라고 강조했다. 이 의원은 또 "내란수괴 윤석열은 무기 또는 사형을 받아 영원히 격리될 것"이라면서 "내란 좀비, 내란잔당들도 엄중 처벌해 정의를 다시 세워야 한다"고 거듭 강조했다.

정계 입문 직전까지 부장검사로 재직하다 조국혁신당 검찰개혁위원장을 지낸 박은정 의원도 "내란 수괴이자 군사반란 수괴인 윤석열의 마지막은 도무지 상식이 통하지 않은, 위법·무도했던 4년 전의 그 모습 그대로였다"며 "적법절차로 진행된 감찰과 징계를 회피하던 당시 윤석열 검찰총장과의 싸움은 외롭고 험난하기만 했다. 하지만, 이번에는 많은 민주시민들이 함께 해주셨다. 위대한 국민의 승리"라고 감회를 밝혔다. 이어 박 의원은 "헌법 11조 2항은 사회적 특수계급을 인정하지 않기에 더 이상 피의자 윤석열에 대한 특혜와 특권을 허용해서는 안된다. 모든 형사사법 피의자와 동일하게 조사받아야 한다"고 강조했다. <2025. 1. 16>

69. 국민의힘, 이제는 윤석열과 결별을 해야 할 때

현직 대통령이자 국민의힘 1호 당원인 윤석열이 오늘 26일 결국 구속 기소되면서 국민의힘은 고심이 커질 것으로 보인다. 심우정 검찰총장은 윤석열이 임명을 한 후배검사다. 그런 이유로 나라를 걱정하는 국민들은 사실 윤석열을 불구속기소로 재판에 넘길 것 같아서 어제부터 잠을 이루지 못했다. 필자 역시 그러했다.

하지만 검찰 비상계엄 특별수사본부는 오늘 내란 우두머리 윤석열을 구속 상태로 재판에 넘겼다. 정말로 천만다행이다. 공수처가 내란 우두머리 및 직권남용 권리행사 방해 혐의로 윤석열 사건에 대해 공소제기 요구 처분 결정을 한 지난 23일 이후 3일 만에 전격 구속기소를 결정한 것이다. 만약 검찰이 윤석열을 불구속 기소, 석방을 했다면 이 나라는 두 동강이 났을 것이다.

　공수처로 부터 윤석열 사건을 넘겨받은 검찰은 지난 24일에 이어 25일 尹에 대한 구속 기한 연장을 2회 신청 했으나 법원은 모두 불허를 했다. 법조계에서는 이런 법원의 불허 조치에 대하여 "이는 검찰이 빨리 구속기소를 하라고 조치한 것"이라는 반응이 나왔고 윤석열을 너무도 잘아는 민주당 이성윤 의원도 "법원이 도와 주는 것"이라며 "기분 좋은 일"이라고 말했다.

　이제는 여당인 국민의힘 행동과 태도다. 그동안 국민의힘은 상황 파악을 못하고 내란 우두머리 윤석열을 계속 옹호해 왔다. 일부 광신도 의원들은 한남동 관저 앞에서, 서부지원 앞에서, 윤석열 지지자들을 더 난폭하게 집회를 하게 하는 선동을 부추켰고 그로인해 대한민국 법원이 침입을 당해 파괴가 되는 대형 참사가 발생을 했고 그러한 행동을 하도록 그들을 부추키고 선동을 한 일부 몇몇 의원들 때문에 그들은 졸지에 폭도가 돼 젊은이들 61명이 구속 되었다.

　그러나 국민의힘은 검찰이 윤석열을 구속 기소 했기에 법치를 부정하면서 문제를 삼고 또 지지자들을 선동하여 검찰청사를 공격할지도 모른다. 국민의힘 신동욱 수석대변인은 법원이 윤석열에 대한 구속 기간 연장을 재차 불허하자 "검찰은 윤 대통령을 즉각 석방하고, 법리 판단을 새로 해야 한다"고 요구했고 윤석열의 오랜 친구인 권성동 원내대표도 "이 모든 혼란은 내란죄 수사권이 없는 공수처의 위법적 체포영장 집행에서 비롯된 것"이라고 공수처를 비판하는 등 말같지 않은 궤변만 늘어 놓았다.

하지만 이제는 피고인으로 전락한 윤석열을 다시금 살펴봐야 할 것이다. 앞으로 내란수괴의 재판이 진행되면서 헌법재판소의 탄핵 심판 역시 윤석열의 구속기소 현실을 보면서 속도를 낼 것이다. 그러다보면 윤석열에 대한 탄핵 결정, 즉, 인용이냐 기각이냐의 결과가 나오게 되는데 필자의 견해로는 100% 파면이 될 것으로 본다. 이것이 민주주의 법치국가 진리요 사필귀정이다. 때문에 그동안 윤석열의 호위 전략을 펼쳐온 국민의힘은 변화를 해야 한다. 변화를 해야만이 살게 되고 희망이 있다.

이제 재판 과정에서도 수인번호 ′0010′이 부착된 수의를 입은 윤석열은 계속 비상계엄과 관련하여 "나는 죄가 없다. 비상계엄선포는 대통령의 고유권한이자 통치행위로 사법부가 관여할 일이 아니다"라는 뚱딴지 같은 황당한 주장을 할것이 뻔하기 때문에 이런 무죄 주장을 이어나가는 모습이 여당인 국민의힘 입장에서는 매우 불리한 상황이 될 것이다.

때문에 이제 국민의힘은 국민으로부터 해체가 되기전 윤석열과 냉정하게 결별을 해야 할 것이다. 그렇지 않고 계속 윤석열을 감싸고 지지하고 옹호를 한다면 조기 대선이 실시될 경우 강경 지지층 결집만으로는 선거에서 결코 승리를 할 수 없고 무조건 대참패를 하게 될것은 너무도 자명한 일이다. <2025. 1. 26>

70. 국민의힘, 이제 문 닫고
   사라져야 할 때

　내란 수괴 혐의를 받는 윤석열 그가 체포 직후인 지난 1월 15일 오후 장문의 편지를 썼다. "국민 여러분, 새해 좋은 꿈 많이 꾸셨습니까?"로 시작했지만 그 글 속에는 '사과'나, '죄송'이라는 단어는 한 곳도 없었다. 뜬금없이 "자유민주주의를 경시하는 사람들이 권력의 칼자루를 쥐면 어떤 짓을 하는지"라며 야당을 성토하고 계엄을 정당화 했다. 필자는 그런 글을 보면서 민주주의를 경시하는 윤석열이 권력의 칼자루를 쥐고 그간 어떤 짓을 했는지 그 자신 스스로 구치소 거울을 보면서 반문해 보라고 말하고 싶다.

　12.3 내란 사태 이후 12.12, 당일 윤석열은 '법치'와 '불법'이라는 단어를 반복하며 궤변적 주장만을 반복하면서 "민주당이 불법

적 탄핵을 일삼으며 입법 폭주를 거듭했기 때문에 법치주의를 확립하기 위해서 계엄령을 발동했다"는 대국민 담화를 발표했다. 그후 그는 계속하여 국회의 대통령 탄핵 가결, 헌법재판소의 탄핵 절차와 공수처·검찰·경찰의 내란죄 수사에 불법이라는 잣대를 스스럼없이 남발했고 체포영장을 발부한 법원을 향해서도 불법이라는 꼬리표를 붙였다. 체포영장이 집행되던 날에도 그는 "불법의 불법의 불법"이라는 해괴한 용어를 쓰면서 수사당국과 법원을 싸잡아 성토했다.

 법치란 '법에 의한 정치'를 말한다. 그리고 법은 입법부의 입법 행위와 사법부의 판단에 의해 구현되어야 한다. 때문에 불법을 스스로 판단할 권한은 어느 누구도 없으며 권력자가 스스로 법을 재단하고 그 법이 강요되는 국가는 '독재 국가'이지 '법치 국가'가 아니다. 그런데 윤석열은 독재국가를 획책하려 했으며윤석열의 2년 6개월은 법치가 무너진 절대주의 시기였다. 법 밖에 존재했던 김건희 여사를 둘러싼 의혹들, 권력의 온갖 비리와 불법을 두둔했던 검찰... 윤석열 정권의 대한민국은 법치 국가가 아니라 법을 악용하여 사적인 이익을 취하는 국가였다. 그런 대통령이 국민에게 총부리를 겨눴다. 그래 놓고도 법치를 말한다. 참으로 경천동지 할 일이다.

 공수처는 오직 '소환 불응'을 이유로 현직 대통령 윤석열을 체포했다. 그런데 윤석열은 공수처가 수사권 없음을 이유로 진술에 응하지 않았지만 결국 도주와 증거인멸 우려가 있기에 법원으로부터 구속영장이 발부 되고 기소가 되었다. "내란죄 수사권도 없는 공수처"라는 국힘 주장이 맞다면 법원은 공수처에 대통령 체포영장을 발부하지 않았을 것이고 또 구속영장도 발부하지 않았을 것이다. 불소추 특권을 가진 대통령에게 체포영장을 청구하고 발부한 것은 확실한 내란 혐의로 국가와 국민의 생명을 위협할 수 있는 엄중함이 있었기 때문이다.

공정과 상식을 내세우고 법치를 말하던 윤석열이 군부독재 시절과 같은 절대 권력을 잡기위해 스스로 용산의 괴물이 된 것이다. 윤석열이 이렇게 된 것은 온갖 불공정과 비상식, 불법을 두둔하고 눈감아 왔던 국민의힘과 그 당에 속한 의원들에게 있다. 오죽하면 정옥임 전 의원도 "대통령 앞에서 아부하고 중진으로서 말할 위치에 있는데도 말 한마디 못 한 그 사람들도 공동책임이 있다"고 말했다. 지금 국민들은 '국민의힘'을 '내란의힘'으로 비아냥 조롱하고 있는데 실제로 국힘은 '내란의힘'이 거짓이 아님을 보여주는 행보를 12.3 내란 사태 이후 계속 보여주고 있다.

윤석열이 체포되고 구속영장 실질심사에 직접 나서 구속의 부당성을 주장 했지만 그가 한남동 관저로 다시 돌아갈 것이라고 예상하는 국민은 거의 없었다. 사건의 엄중함이나 법치주의 관점에서 보면 구속은 예정된 수순이었다. 그런데 예기치 못한 사건이 발생했다. 구속영장이 발부되자 윤석열을 지지하는 극우 세력들이 서부지법에 침입, 무차별 공격을 감행했다. 그리고 영장을 발부한 女 판사를 죽이겠다고 법원 내부를 파헤친 소식은 윤석열의 구속보다 더 큰 충격이었다. 국회 유리창을 부수고 난입한 계엄군과 법원 유리창을 부수고 난입한 극우 지지자들 앞에서 민주주의와 법치주의는 처참하게 유린당했다. 사태가 이 지경이 됐는데도 "경찰의 과잉 대응"이 문제였다는 취지로 시위대를 옹호한 국힘의 권성동의 발언에는 할 말이 없다. 이런자가 원내대표 라니.... 또 김재원 전 의원도 자신의 페이스북에 "거병한 십자군 전사들에게 경의를 표한다"고 말했다. 모두가 정신 이상자들이다. 12.4 계엄해제 국회 의결부터 1.19 법원 폭동 사태까지 법치주의를 무시하고 반법치주의로 국가와 국민에 맞서왔던 국민의힘이다. 이들은 입법부와 정당의 소임, 무엇하나 제대로 한 것이 없다. 오직 윤석열과 극우 지지자들 사이에서 내란 옹호의 매개체 역할만 충실했을 뿐이다.

윤석열은 1.15, 체포에 앞서 관저를 찾은 국민의힘 의원들에게 정권 재창출을 부탁했다. 하지만 국민들은 절대로 내란을 획책한 무리의 대통령 재탄생을 바라지 않을 것이다. 김영삼 문민정부 이후 세 번을 집권한 보수 정권, 박근혜 와 윤석열은 탄핵 당했고 이명박도 온갖 비리로 징역을 살았다. 보수 후보로 당선된 대통령 3명 모두가 임기를 채우지 못하거나 구속되는 불명예를 당했는데 또 이 혼란의 와중에 정권 재창출을 이야기한 윤석열, 그는 정말로 후안무치한 정권욕에 사로잡혀있는 者로 이런 者가 대한민국의 대통령이었다는 사실에 한심하고 그저 부끄러울 뿐이다.

국민의힘은 연일 계속하여 야당의 잠재적 대선 후보인 이재명 더불어민주당 대표를 가리켜 "이재명이 대통령이 되면 한국은 공산주의가 된다"" "이재명이 대통령이 되면 끔찍한 미래만이 온다"는 등 허무맹랑한 말들을 늘어놓고 있다. 이쯤에서 필자가 한마디 하고 싶다. "국민들이 진짜로 끔찍하게 생각하는 일은 윤석열 정권의 재탄생이다. 공정과 상식, 법치를 내걸고 불공정과 비상식, 불법을 자행해 온 정권, 내란을 획책하고 영구 집권의 발상을 가졌던 정권, 이런 정권의 재탄생은 악몽"이라고.... YS 문민정부 이후 세 번이나 불량 대통령을 내세운 국민의힘, 이제는 문을 닫고 사라져야 한다. 내란 수괴범을 낳은 정당이 무슨 낯으로 정권 재창출을 이야기 하는가? 거리의 극우 폭동 세력들을 부추겨 윤석열을 지키려 발버둥 치는 정당인 국민의힘, 차라리 해산하는 게 낫다. <2025. 2. 7>

71. 전한길, 단순한 극우적 발언 넘어 심각 수준의 몰상식 망언, 이제 멈춰라

한국사 강사라고 하는 전한길이 지난 2월 15일 광주에서 열린 탄핵 반대 집회에서 "계엄령을 통해 국민을 일깨워준 윤 대통령을 석방하라고 이렇게 마음껏 외칠 수 있는 자유민주주의 대한민국이 너무 좋다"라는 아주 심각한 망언을 했다. 전한길은 이날 오후 보수 성향 개신교단체 '세이브코리아' 주최로 광주 금남로에서 열린 집회에 참석해 "강기정 광주시장과 박지원 민주당 의원은 보고 있느냐. 아무리 오지 말라고 해도 대한민국을 살리겠다고 전국에서 모인 시민의 이 열정을 강제로 꺾을 수 없다"며 특유의 행동을 보이며 지랄발광을 했다.

전한길은 요즘 극우 집회에 참석을 하면서 계속 "윤 대통령의 계엄령은 계몽령이며 지금 윤 대통령은 억울하게 구치소에 갇혀 있다"면서 "나도 처음엔 12·3 비상계엄 선포를 미친 짓이라고 비판했지만 시간이 지난 뒤 거대 야당인 민주당이 29명을 탄핵한 반민주적 행위를 알게 됐고 비상계엄이 '계몽령'이라는 것을 알게 됐다"고 말했다. 그는 이어 "정당한 선거에 의해 당선된 국민이 뽑은 대통령을 아예 대통령으로 인정하지 않는 건 대통령과 자유민주주의에 대한 도전이자 반국가적인 일"이라며 "윤 대통령을 즉각 복귀시켜야 한다"고 강사라고 하는 자가 정신병자 같은 주장을 했다.

그는 또 "45년 전인 1980년 광주시민들은 이 금남로에 모여 독재에 맞서 민주화를 이루기 위해 피를 흘리고 희생했다"며 "집회를 열 수 있었던 건 신군부 독재에 맞서 싸운 정의로운 광주시민들의 투쟁과 희생 덕분이라며 대한민국이 40년 만에 민주화를 이룰 수 있었던 것도 DJ와 YS, 광주시민의 희생이 있었기 때문이기에 우린 통합과 화합으로 뭉쳐야 한다. 민족 모두가 하나 돼 자유 민주주의 대한민국을 만들어 가야 한다"고 나름의 열변을 토했다. 이 말은 80년 사태에 비유를 하면 맞는 말이다. 그러나 지금 현재 내란 수괴자인 윤석열을 빗대서는 이런 표현은 맞지 않는다.

전한길은 또 민주당을 겨냥 "민주당은 거짓말 당이자, 사기 당이다. 모든 국민을 상대로 사기 탄핵했다는 게 서서히 드러나고 있다"면서 "사실 내가 대통령이라고 해도 무조건 비상계엄을 선포했을 것이고, 국민께서도 민주당이 행한 이 사실을 알고 나면 여러분이 대통령이라 한들 비상계엄을 선포할 수밖에 없지 않겠나"라고 강조했다. 그는 또 "민주당이 윤 대통령 취임 후 지난 2년간 178회 대통령 퇴진 및 탄핵 주장, 29번의 검사 및 감사원장 등 국무위원 탄핵, 일방적인 정부예산 삭감에 나섰다"고 말했다. 그러나 이 점에 대하여도 전한길은 사태에 대하여 동기와 그 원인을 모르는 말들을 했다.

특히 전한길은 "민주당과 일부 시민들은 윤 대통령에게 내란혐의를 덮어씌우고 있는데 행정부와 국가시스템을 마비시킨 민주당으로 인해 과연 대통령이 할 수 있는 게 뭐가 있었겠나"라면서 "윤 대통령은 결국 국민에게 이런 민주당의 패악질을 알리기 위해 비상계엄이란 특단의 조치를 할 수밖에 없었을 것"이라고 강조를 하면서 윤석열이 선포했던 비상계엄에 대해 '계몽령'이라고 주장을 하면서 10가지 계몽령을 설명했는데 왜 그가 갑자기 이렇게 윤석열을 옹호하는 전사로 변신이 됐는지 어안이 벙벙하다. 내란의힘으로 당명이 바뀔지 모르는 여당에 아첨을 해 경상도가 고향이니 차기 총선에서 공천을 받아 금뱃지를 달기 위한 작태가 아닌가 하는 생각이 든다.

그는 또 "현재 대한민국은 거대야당 민주당의 횡포로 대통령도 없고 국무총리도 없고 안보책임자 국방장관도 없고 치안 담당 행정안전부 장관과 경찰청장도 없고, 지금은 대행의 대행인 최상목 대행마저도 민주당이 말을 안들으면 탄핵하겠다고 협박 공갈치고 있다"면서 "이러다가 민주당은 모든 공무원을 탄핵시키고 행정부를 마비시키고 마지막으로 제가 가르친 9급 공무원까지도 탄핵시킬 것 같다"면서 "지금 만약 북한이 침략이라도 해오면 어떻게 될지 눈앞이 캄캄하다"면서 "정말로 민주당은 국가와 국민은 안중에도 없고 대통령을 빨리 쫓아내고 오직 이재명 대통령을 만들려는 권력 욕심밖에는 없는 당"이라고 비판했다. 이런 말을 거침없이 쏟아내는 전한길, 그가 진정 역사를 가르치는 선생인가? 묻지 않을 수 없다. 현재의 대한민국을 이 지경으로 만든게 누구인가? 윤석열 때문임을 그는 왜 모르는가?

국민의힘과 내란 우두머리 피의자 윤석열은 제20대 대통령 선거에서 이기고도 부정 선거가 있었다고 주장을 하는 작금의 태도를 보면서 이런 자들과 그 일당들이 대한민국을 이끌었다는 현실을 과연 어떻게 봐야 할지 참으로 암담할 뿐이다. 이에 대해서도 전한길은 "해외에서는 선거와 투표가 모두 수작업으로 진행되며 우리나라도 그렇게 수개표를 해야 한다"고 주장했는데, 선관위는 이미 제22대 국회의원 선거부터 수검표 과정을 도입하고 있음을 그는 모르면서 떠들고 있는 것이다.

전한길은 또 지난 2월 8일, 동대구역 탄핵 반대 집회에서 진보성향이라고 알려진 문형배, 이미선, 정계선, 정정미, 헌법 재판관의 실명을 거론, "만일 헌재에서 탄핵이 인용되면 제2의 을사오적"이라는 협박에 가까운 발언을 했는데 이는 참으로 위험한 발언이다. 그는 헌법재판소 본연의 기능을 무시하고 대통령직 수호를 위한 어용 기관이 되라고 압박을 했고 대통령 탄핵 인용을 나라를 팔아먹는 행위와 동일시 하면서 헌재의 기능을 철저하게 무시하는 발언을 했다.이에 대해 필자는 전한길에게 충고를 할까 한다. "헌재가 윤석열 탄핵을 인용하면 즉, 윤석열을 파면하면, 파면에 찬성한 헌법 재판관은 제2의 을사오적"이라는 발언에 대하여는 지금이라도 사과를 하라는 것이다. 대통령 파면과 매국 행위는 엄연히 사안이 전혀 다른 문제인데 마치 "국가 최고지도자=국가"라는 전근대적, 전체주의적 사고관에서 벗어나지 못한 심각한 논리적 오류를 범한 발언이다. 대한민국은 국민이 주권을 가진 나라, 즉 국민이 주인인 나라로 대통령은 국민에 의해 선출되는 하나의 대리인이다. 때문에 전한길의 이 주장은 대한민국의 자유민주주의에 정면으로 반대되는 주장이기에 사과를 해야 한다.

또한 전한길, 그의 논리대로 대통령 탄핵 파면이 매국 행위라고 한다면 이미 박근혜 대통령 탄핵 및 구속과정 일선에서 활약한 박영수 특검의 수사팀장 윤석열 검사 또한 매국노가 되는 것이다. 지금 전국에서 지랄발광의 전한길 발언은 본인의 인기에 취한 나머지 불과 10년도 안된 현대사를 제대로 인지 못하고 정신없이 그저 생각나는 대로 떠들다가 은연중에 터져 나온 삐뚤어진 역사관으로 전혀 논리적이지 않고, 한국의 민주주의나 현대사에 대한 사실관계도 모르면서 헌법 재판관 실명까지 언급하는 것은 단순한 극우적 발언을 넘어 심각한 수준의 몰상식한 망언이라고 볼 수밖에 없다. <2025. 2. 16>

72. 헌재는 재판관 전원일치 8:0 으로 윤석열 파면할 것 믿어

엊그제 2월 25일, 윤석열 탄핵심판 재판이 2개월간에 걸쳐 11차 변론으로 종결이 되고 이제 헌법재판소 선고만을 남겨 놓고 있다. 이날, 윤석열은 끝까지 "비상계엄은 국가 위기를 극복하기 위한 대통령의 합법적 권한 행사"라고 주장했지만 법조계에선 '만장일치 탄핵 인용' 결정이 나올 거라는 관측이 조심스럽게 나오고 있다. 탄핵 인용은 즉 파면인데 파면은 고위 공직자가 헌법이나 법률을 위반했을 때 당하는 것으로 다수의 헌법 전문가들은 두달여간 탄핵 재판을 통해 대통령의 파면 사유가 충분히 입증됐다고 말하고 있다.

이종수 연세대 법학전문대학원 교수는 "이미 전 국민이 비상계엄을 지켜봤고, 국무회의 절차의 위법성이나 정치인 체포 지시 등 탄핵소추 사유가 여러 경로로 충분히 입증 됐다"며 "박근혜 전 대통령도 만장일치 인용 결정이 내려졌는데, 그와 비교했을 때도 사안의 중대성이나 법률 위반 여지가 큰 사안이기 때문에 8대 0을 예상한다"고 했다. 전직 고위법관 역시 "핵심쟁점인 계엄 선포 요건 자체가 안 되므로 헌법 위반이 분명하고 이외 쟁점들도 입증이 됐다"며 "박근혜 전 대통령 때도 만장일치가 나왔는데, 현 윤석열 경우는 사안이 더 명백하고 중대하다"고 꼬집었다.

헌법재판소 헌법연구부장 출신인 김승대 변호사도 "법적으로만 따졌을 때 사실관계, 증거조사도 필요없을 정도로 위법성이 입증이 됐고, 대통령직을 더 수행하지 못할 정도인게 맞다."며 "기각이 나오기는 절대로 어렵다"고 말했다. 또한 윤석열 쪽이 주장한 '경고성 비상계엄의 정당성'도 충분히 입증되지 않았다는 지적도 나왔고 한상희 건국대 법학전문대학원 명예교수는 "위헌·위법한 계엄을 선포하지 않으면 안될 특단의 사정이 있는지, 위법성을 조각시킬 수 있는지 대통령 쪽은 제대로 주장도 못하고, 이에 대해 논증되지 않았다고 본다"고 평가했다. 한 교수는 또 "경고성 계엄이라는 것은 법적인 용어도 아니다. 사후적 변명 등은 내심의 의사일 뿐이고 객관적 행위를 갖고 판단해야 하는 것"이라고 말했다.

필자 역시 지난 25일, 윤석열의 최후 진술을 지켜 보았지만 그는 스스로의 본인 무능을 자백한 것 같았다. 계속 부정 선거가 나오고 북한과 중국의 과도한 영향, 거대 야당과의 협잡 이런 것들에 대해서만 계속 문제 제기를 했다. 이에 필자로서는 그걸 들으면서 대통령 정도가 되면 국정원, 경찰, 검찰 여러 정보기관 등을 지시하는 자리인데 왜 조용히 있다가 이제와서 계속 떠들고 있는지 이해가 안간다, 충분이 권력기관을 동원했다면 벌써 윤석열이 말하는 문제를 모두 잡아냈을 것이다. 또한 북한과 중국과의 문제도 대통령의 권력을 가지고 충분히 문제 제기를 할 수 있었다.

대통령은 언제든지 국민에게 메시지를 낼 수 있는 권한과 기회가 주어지는 막강한 자리에 있는 권력자다. 그런데 이런 문제를 해결하겠다고 군대를 동원해 비상 계엄을 선포하고 국회에 문을 부수고 들어가지 않고는 국민들에게 경각심을 심어줄 수가 없기에 내란을 저지른 행위는 너무도 그가 무능한 것을 국민들에게 보였다. 때문에 3월 11일 전후로 있을 헌재의 탄핵 심판 선고에서는 재판관 전원의 만장일치 즉, 8대0으로 탄핵을 인용하는 결과가 나올 것이라고 생각이 된다. 이러한 결과를 진단하게 하는것은 여러 쟁점들이 있지만 특히 국회의원을 체포하려고 했고 그가 작성한 포고령만 봐도 위헌이기 때문이다. 또 거기에 국회의 모든 정치 활동을 금지한다고 했는데 이는 헌법적 근거가 아예 없는 위헌의 내용들이기 때문이다.

윤석열, 그는 비상계엄 그리고 포고령의 작성을 그냥 별 생각 없이 할 수 있는 일이 아니었다. 별 생각 없이 위헌, 위법한 포고령을 낸 것 그 자체만으로도 차고 넘치는 탄핵 심판 사유가 되는 것이다. 윤석열 부부는 대통령과 영부인이 너무 쉽게 되었다. 이들은 대통령 직과 영부인 직의 무거움을 잘 몰랐고 본인들의 의무와 책임은 제대로 하지 않으면서 권한만을 주장하는 행태를 보여왔기에 결국은 현재의 탄핵심판 피청구인이 된 것이다. 윤석열은 최종 변론에서 "계엄선포는 정당했다"는 자기주장만을 되풀이 했다.

　윤석열은 최후 진술에서 "헌재 결정이 나오면 무조건 승복하고 따르겠다"는 말을 했어야 했다. 그러나 그런 말은 없었다. 그러나 이제 그는 운명적으로 대통령직에서 물러나는 '파면'을 당하게 된다. 그렇다면 그 결정에 그는 변명과 이유를 대지 말고 무조건 따랐으면 좋겠다. 최상목 권한대행이 마은혁 재판관을 추가로 임명하는 것이 누구에게 유리하고 불리하고 복잡한 상황들이 있겠지만 그런 정치적 고려를 다 치워버리고 헌재 결정이 나오면 무조건 따라야 한다. 필자는 그렇게 해야만이 그것이 우리 사회의 사법부의 틀을 지키는 기본적인 합의라고 생각이 되기 때문이다.

<2025. 2. 27>

73. 분노한 민초들의 함성!
"윤석열을 재구속하라, 심우정은 사퇴하라"

　지난 7일, 주말을 앞두고 법원이 '윤 대통령 구속 취소'라는 전격적인 결정을 내리고 다음날인 8일, 검찰이 즉시항고를 포기하면서 윤석열이 석방되자 시민들은 다양한 반응을 보이며 정치권도 요동을 치고 있다. 서울중앙지법 형사합의25부(부장판사 지귀연)가 지난 7일, 내란 우두머리 혐의를 받는 윤석열 대통령에 내린 구속취소 결정에 검찰이 즉시항고를 포기한 8일 오후, 서울 종로 경복궁 앞에 모인 시민들이 분통과 당혹감을 토해 냈다. 이들은 "헌법재판소가 즉각 윤석열을 파면하고, 법원과 검찰은 다시 윤석열을 구속해야 한다고 외쳤다.

　윤석열즉각퇴진·사회대개혁 비상행동은 이에 앞서 오후 4시 경복궁 앞에서 14차 범시민대행진을 열었다. 이날 대행진은 중앙지법의 윤석열구속 취소 결정 다음 날 열린 집회이자, 헌법재판소의 윤석열탄핵 심판 선고 전 마지막집회이기도 했다. 이날 집회에 참석한 전재호(27) 씨는 "지난달엔 집회 참석을 쉬다가 법원의 윤석열구속취소 소식을 듣고 바로 광화문을 찾았다"면서 "저는 지금 머리를 세게 맞은 느낌으로 분노가 차오르고 지금 즉시 윤석열을 즉시 끌어내리고 싶고 하루 빨리 탄핵이 이뤄지고, 검찰 개혁도 이뤄져야 한다는 생각이 더 강해졌다"고 말했다.

제주에서 왔다는 30대 여성 한애경 씨는 "제주에 살며 매주 광화문 집회에 참석하기 위해 비행기를 탄다"면서 "오늘 윤 대통령 석방 소식에 정말로 화가 났다. 오늘은 3.8여성의 날로 들떠 있었는데 더 화가 치밀었다. 그래서 오늘 집회는 SNS에서도, 현장도 한층 더 뜨거운 분위기인 것 같다"고 말했다. 25세라고 나이를 밝힌 대학원생 박소정씨도 "전혀 예상 못한 소식이라 너무 화가 나 대학원 과제도 못 끝내고 나왔다"고 말했다.

형사소송법에는 법원의 구속취소에 대해 검사는 즉시항고를 할 수 있고, 즉시항고가 제기되면 재판에 대한 집행정지의 효력이 있다고 규정돼 있다. 다만 헌법재판소는 검사가 즉시항고할 수 있도록 한 형소법 조항을 위헌으로 결정한 바 있어서, 윤 대통령 석방에 대한 해석을 놓고 검찰 내부에서도 즉시 항고를 하느냐 마느냐에 장고를 했던 모양이다.윤석열의 구속을 취소한 법원측은 "검찰이 계산을 잘못했다"고 구속취소 이유를 밝혔지만 법원이 윤 대통령의 구속 취소 청구를 받아들인 건, 검찰의 구속기간 계산이 잘못됐다고 판단했기 때문이라고 설명 하지만 사실 국민들은 뭐가 뭔지 잘모르고 있다.

재판부는 "윤 대통령의 구속기간이 만료된 상태에서 공소가 제기된 것으로 봄이 상당하다"면서 윤 대통령 구속을 취소했는데 이 부분을 구체적으로 살펴보겠다.

▶ 윤석열은 지난 1월 15일 오전 10시 33분쯤 공수처에 체포됐다. ▶ 원래 구속기간은 10일로, 지난 1월 24일 자정이 시한이었다. 이때까지 공소를 제기하지 않으면 석방해야 했다. ▶ 구속 전 피의자 심문(영장실질심사) 절차에 소요되는 시간은 10일에서 제외가 된다. ▶ 윤석열의 구속 전 피의자 심문(영장실질심사) 절차는 1월 17일부터 19일까지 3일에 걸쳐 진행됐고, 시간으로는 대략 33시간 7분이 소요됐다. ▶ 검찰은 날짜 기준으로 3일을 추가로 구속할 수 있다고 판단했고(구속기간 만료 시기 1월 27일), 1월 26일 저녁 6시 52분쯤 윤 대통령을 구속기소했다. ▶ 하지만, 법원은 날짜가 아니라 시간으로 계산해야 한다고 판단했다. 즉, 윤 대통령의 구속 전 피의자 심문에 걸린 시간(33시간 7분)을 감안하면 구속기간 만료 시점이 1월 26일 오전 9시 7분으로 본 것이다. ▶ 법원은 따라서 검찰이 9시간 45분 동안 윤 대통령을 불법으로 구속한 상태에서 구속기소했다며 구속 취소를 결정했다. 즉 법원은 "구속기간은 날이 아닌 실제 시간으로 계산하는 것이 타당하다"며 구속기간 계산을 통상 '일수' 단위로 계산해온 검찰 관행에 제동을 건 것이다. 법

원은 또 윤 대통령의 체포적부심사 절차에 소요된 시간도 구속기간에서 빼야한다는 검찰의 주장도 받아들이지 않았다. 담당 재판부는 "형사소송법은 구속 전 피의자심문과 구속적부심사의 경우에 수사 관계 서류 등이 법원에 있었던 기간은 구속기간에 불산입된다는 명문의 규정을 두고 있다."고 설명했다.

이날 집회에 참석한 노경태(40)씨도 "검찰은 내란죄 구속수사를 책임지고 즉시항고를 했어야 했는데 그것을 포기했다"며 "내란 공범들이 구속돼 있고 경찰, 검찰, 법원 모두 구속 사유를 인정, 구속을 했는데 수괴에만 구속 사유가 없어서 석방을 시킨것은 말이 되지 않고 형평성에 맞지 않는다"고 말했고 청주에서 왔다는 김규재(38세)씨도 "석방이 확정됐단 소식을 듣자 마자 '멘탈붕괴'가 왔다. 윤석열 그가 다시 바깥에 돌아다니며 극우를 선동하는 담화하는 모습을 보고 싶지 않았는데, 현실이 돼 매우 괴롭다"고 말했다.

집회 참가자 다수는 검찰에 책임을 물었다. 수원에서 왔다는 30대의 이재수 씨도 "탄핵심판 선고 전 뭔가 하나 있을 것 같았다. 윤 대통령이 얌전히 물러날 것 같지 않았다"며 "예상대로 되는 것 같아 착잡하다"고 했다. "검찰은 늘 언론플레이를 해왔으니, 어제도 지휘부는 항고 포기를 한다고 하고 수사하는 검사들은 반한다는 소식에 '그림을 만드는 것'이라고 생각했다"고 말했다.

이 씨는 "검찰의 시간 계산이 의도됐는진 모르지만 검사장 회의를 한다며 시간 끈 것은 맞지 않나. 그리고 이를 주도한 검찰 지도부 대검이 지금 다시 즉시항고 포기를 주도하고 있다"며 "이번 일은 내란동조란 말로는 약한데, 무엇이 적절한 표현인지 모르겠다. 더 우려되는 것은 구금에서 풀려난 윤 대통령이 재판 절차에 따르지 않고, 극우 세력을 향해서도 불응하도록 선동할 가능성이 높다는 점"이라고 했다.

 필자는 이날 성난 이들의 집회를 보면서 "법은 누구를 위해 존재하나. 이것이 국가권력의 현주소인가? 윤석열은 여전히 파면돼야 할, 국가 폭력과 헌법 파괴 범죄자인데 왜 이 자에게 이런 일이 주어지는가?"라고 생각을 했다. 집회 참가자들은 "윤석열을 재구속하라" "심우정은 사퇴하라" "내란당은 해체하라" 등 구호를 외쳤다. 집회와 행진 중에는 민중가요 '동지가' '불나비'와 대중가요 '위플래시' '다시만난세계' '질풍가도' '으랏차차' 등이 울려퍼졌다.

 5시께 시작한 집회는 오후 10시 너머까지 이어졌다. 이들은 6시 30분께부터 광화문 동십자각에서 헌법재판소가 있는 안국동 사거리, 종로3가를 지나 동십자각으로 다시 돌아와 2시간여 동안 집회를 이어갔다. 행진을 마친 '윤석열즉각퇴진·사회대개혁 비상행동' 공동의장단은 윤석열의 파면 시점까지 경복궁역 앞에서 철야 단식 농성을 시작했다. <2025. 3. 10>

74. 헌법재판소 재판관들, 오직 국민과 국가만을 생각하라

내란 수괴 윤석열은 경제 외교 안보에 어떻게 하면 최대의 피해를 줄 것인지를 고심한 끝에 그런 타이밍을 잡아 12.3 계엄선포를 한 것으로 보인다.

지난 1월 제이크 설리번 전 미국 백악관 국가안보보좌관은 윤석열의 계엄 선포에 대해 "충격적이었으며 잘못됐다고 생각했다"고 말했다. 더불어민주당은 이를 보고 "최고 수준의 한미동맹 이라더니 내란도 모자라 한미동맹도 흔드는 위험한 정권, 하루빨리 파면해 끝내야 한다"고 했다.

지난 달 영국의 이코노미스트 자회사는 한국의 민주주의 등급을

"완전한 민주주의" 그룹에서 "흠이 있는 민주주의" 그룹으로 내리고 22등에서 32등으로 격하시켰다. 윤석열 한 사람 때문에 국가 신인도가 전례 없이 폭락한 것이다. 환율 급등을 중심으로 번지는 경제에 대한 불안감, 윤석열 세력의 탄핵반대 시위, 그리고 윤석열 자신 스스로의 선동은 트럼프의 취임과 맞물려 일어나 그 악영향이 극대화 되었다. 국제정세가 살얼음판인데 윤석열 계엄은 여기에 폭탄을 투척한 것이다.

이런 와중에 윤석열이 파면이 안되고 복직을 하면 안보 경제는 그대로 무너질 것이다. 미친 계엄으로 국민들의 삶을 파괴하고 있는 윤석열을 편드는 가짜 보수들과 국민의힘, 보수는 원래 삶을 소중하게 여기는 이념이다. 그런데 윤석열은 왜 이런 시점에 계엄선포를 했느냐에 대해선 그가 설명하는 이유로는 이해가 안 된다. 가장 그럴 듯한 설명은 김건희 보호라고 한다. 이 설이 맞는다면 그는 부부 두 사람이 살길을 찾으려고 대한민국에 불을 지른 사람이다. 그래 놓고 추종자들을 동원, 계속 불을 확산시키고 있다. 지금 전국에서 계속 불타고 있는 전국 산하 처럼....

이제는 헌법재판소가 빨리 윤석열을 파면해야 한다. 탄핵 심리에서 어떤 판결을 하느냐를 생각할때가 아니다. 헌법재판소는 대한민국이 앞으로 공화국으로 유지될 수 있느냐 아니면 독재로 가느냐의 갈림길에서 역사적 선고를 해야 하는데 무조건 따지지도 말고 파면의 인용 결정을 해야 한다. 그런데 그 인용 결정을 내리지 못하고 이유도 없이 답답하게 시간을 끌고 있는 것을 보면 매우 수

상함이 들면서 헌법재판소 존재 의미를 생각하게 한다.

현재의 헌법재판소를 본다면 헌법, 법률, 양심에 따라 심판하는 최고의 헌법기관이 아니라 당장 해체돼야 할 기관으로 3천 명에 달하는 정의로운 판사들의 고고한 위상을 어지럽히는 8명이 존재하는 곳이다. 헌법재판소의 윤석열 선고 지연은 몰지각한 범죄 행위다. 헌법재판소 재판관들은 더 이상 국민 존경의 대상이 아니라 국민을 분노케 하는 파렴치한 집단이자 지탄 대상이 됐다.

헌법재판소가 윤석열 탄핵 심판 선고기일을 정하지 않으면서 선고기일이 4월까지 미뤄질 수 있다는 전망이 나오는 가운데 연일 시민사회단체와 시민들은 조속한 탄핵 선고를 촉구하고 있다. 탄핵 찬성 집회에 참석한 50대 시민(여)은 "요즘 시대에 어떻게 계엄이 있을 수 있는지 생각도 못 했는데 헌재는 선고도 계속 안 하니 분통이 터진다"라며 "헌재가 정치적으로 판단하는 것이 아닌 국민을 믿고 법대로 빠르게 판정해 주길 바란다"라고 말했다. 국민의힘은 윤석열 보다 한덕수 총리가 탄핵 기각 결정이 나자 윤석열도 기각 내지는 각하가 될 것으로 예상을 하고 있다는데 이는 어불성설이다. 한덕수 총리의 탄핵 심판에서는 비상계엄과 내란과 관련해서는 행위 자체 또는 선포 자체 그런 것들을 판단할 필요가 없었다. 왜냐하면 한덕수 총리가 우두머리나 주동자가 아니기 때문이다. 주동자는 윤석열이 했기 때문에 윤석열과 한덕수 총리의 사안은 완전 다른 것이다.

풍문에 의하면 윤석열 선고와 관련해서 현재 재판관들의 일치된 의견이 나오지 않고 있다고 한다. 보수 성향의 재판관들은 절차적인 정당성 문제에 대해서 계속 문제 제기를 하고 있기에 '각하' '기각' 이러한 얘기를 하고 있다고 하는데 참으로 무지의 소치들을 보이고 있다. 12, 3계엄에서 보았듯이 포고령 같은 경우에는 헌법과 법률을 위반한 것이 너무나 극명하기 때문에 인용할 수밖에 없는데 그걸 벗어난 각하, 기각 결정을 한다는 것은 국민들이 용납하지 않을 것이다.

헌법재판관들을 추천하는 쪽이 대통령·국회·대법원장 이다. 그러다보니 추천자들의 뜻을 따르는 다양한 성향과 이념 및 경향이 있다 보니 선고 결정에 지연이 있는 것 같은데 이는 윤석열 탄핵에서는 생각도 하지 말아야 한다. "나는 보수 쪽에서 추천을 받았기 때문에 그쪽의 입장을 대변해야 된다'는 생각도 할 수가 있다. 그래서 이렇게 심리가 끝 난지 100일이 훨씬 넘었는데도 우물쭈물하고 있다. 8명의 재판관 본인들은 헌법과 법률과 양심에 따라 국민들을 위하고 대한민국 국가를 위한 진정에서 결정만 하면 된다.

헌법재판관들은 처음에는 단어 하나 하나 문장 하나 하나 흠이 잡히지 않도록 꼼꼼하게 살펴본다고 생각을 했는데 이상하게도 의견일치를 보지 못하고계속 선고 지연을 하고 있음에 국민들의 분노가 하늘을 치솟고 있다. 비상계엄이란 사안 자체가 이미 중대한 사안이라면 보수니 진보니 하는 재판관들의 성향은 선고 결정에 아무런 영향이 없다. 사안의 중대성을 판단해 본다면 무조건 파면이다. 비상계엄 선포 요건이 불법이었고 포고령 자체가 헌법과 법률을 위반했다. 우리 국민들은 눈앞에서 헌법과 법률을 위반한 윤석열의 파면 사유가 되는 12.3 그날, 그의 불법 행동을 똑똑히 보았다.

그런데도 윤석열은 헌법재판소에 나와서 "내가 뭘 잘못했냐" 이런 식이었다.모든 책임을 오직 부하들 한테만 미루고 헌법을 수호할 의지도 없었던 그였기에 윤석열은 무조건 파면 인용 결정이 맞는 것이다. 그런데도 '기각' 내지 '각하'를 한다면 헌법재판소는 간판을 내려야 할 것이다. 왜? 대한민국이라는 공동체는 유지될 수가 없기 때문이다. 윤석열이 만약 복귀를 한다면 그는 수시로 비상계엄 할 것인데 그런 불안정한 나라에서 대한민국 국민들이 어떻게 살수가 있는가? 그러니 헌재는 무조건 전원일치 만장일치로 인용이 돼야 한다.

헌법재판소가 선고를 미루는 것을 보면서 재판관들이 정무적인 판단을 하는 것으로 정치적으로 오염이 됐다는 생각도 해 본다. 그러나 재판관들은 똑바로 보라! 얼마나 실질적인 피해가 많았나. 국민들이 다 봤다. 군인들이 군홧발로 국회에 들어가 창문을 깨고 의원들을 체포하려고 한 것을 수많은 국민들이 목격 했다. 그렇기 때문에 윤석열은 무조건 파면이 돼야 한다는 필자의 지론이다. 헌법재판소는 지금 즉시 윤석열 탄핵 선고를 내려야 한다. 한덕수 총리 선고도 끝난 만큼 헌재가 내란 수괴 윤석열 선고를 미룰 이유가 사라졌다. 계엄 사태의 본질은 대한민국 민주공화국에 대한 윤석열의 공격이었고, 대한민국 역사 발전에 대한 배신이요 반동분자 행동이었다. 8대0으로 윤석열이 파면이 돼야 하고 그 반대로 기각이 되면 대한민국은 제2의 민중봉기 4.19가 일어나는 것은 명명백백하다. <2025. 3. 27>

75. 4.4(死.死)에 패사(敗死)한 윤석열, 그가 갈 곳은?

　악한(惡漢) 윤석열이 결국 파면되었다. 당연한 결과로 이는 국민이 승리한 대한민국의 축제였다. 윤석열은 지난해 12월 3일 23시, 대한민국 전역에 계엄사령부 포고령을 내렸다. 포고령에는 언론과 관련한 대목도 있었고 포고령 2호는 "자유민주주의 체제를 부정하거나, 전복을 기도하는 일체의 행위를 금하고, 가짜뉴스, 여론조작, 허위선동을 금한다", 3호는 "모든 언론과 출판은 계엄사의 통제를 받는다"였다. 그야말로 뜬금없는 날벼락의 비상계엄 선포였다.

　필자가 가장 윤석열을 악한으로 본 것은 그가 2021년 검찰총장을 그만두고 대선 행보에 나섰을 때부터였다. 그는 부적절한 언론관을 드러냈고 대통령이 돼서도 달라지지 않았으며 결국 비상계

엄 포고령에서 언론에 대한 위헌적 시각을 담았다. 그런 그가 오늘 2025년 4월 4일 11시 22분,

　헌법재판소로부터 8명 재판과 전원일치로 파면 선고를 받았다. 그러나 그를 옹호했던 일당들은 "참담한 심정"이라며 강하게 반발했다. 특히 헌재 심판정에 자주 등장을 했던 변호인단 윤갑근 변호사는 탄핵 결정 후 헌재 앞에서 기자들과 만나 "완전히 정치적인 결정으로밖에 볼 수 없어 너무 안타깝다"며 말했다.

　윤 변호사는 또 "탄핵심판이 준비기일부터 결심까지 진행과정 자체가 적법절차 지키지 않았고 불공정하게 진행됐는데 결과까지 법리적으로 납득할 수 없는 결정이 이뤄졌다"면서 "여러가지 판결 이유 중에서 대통으로써 어쩔 수 없는 결정을 할 수밖에 없었다는 점을 설시하면서도 이를 정치적 이유로 배제한 것이 안타깝다. 과연 대한민국과 국민들을 위해 어떻게 작용할 것인지 참으로 참담하고 걱정스럽다"고 했다. 참으로 어불성설의 無知의 말을 뱉어냈다.

　헌법재판소가 11시 22분 윤석열에 대한 파면을 선고하자 법정 밖에 있던 그의 지지자들은 폴리스라인과 경찰들을 향해 "빨갱이 재판관들", "돈을 받았냐"는 등 미치광이가 되어 분노를 쏟아냈다. 경찰은 이날 안국역 5번 출구 인근 약 100m 부근까지 경계 설치를 했는데 폴리스라인 밖의 윤석열 지지자들은 약 100여명이 모여 함께 헌재 선고 방송을 시청하고 있다가 파면 선고가 있은 후 11시

30분경 한 집회 참가자는 통행을 막아놓은 경찰 차량을 부수는 폭력을 사용하기도 했다.

이런 모습을 본 영남대 대학생 김태우 씨는 "오늘은 경찰들이 만반의 준비를 다 했다. 여러분이 격해져 물리적 충돌을 하면 안 된다"라고 했다. 이에 40대 중년 남자가 "죽어도 괜찮다"라고 하자 김 씨는 "여러분들이 죽으면 대한민국이 없어진다"라며 "대한민국이 살아야 여러분도 살고 여러분이 살아야 대한민국을 살린다"고 했다. 그럼에도 시민들이 "대한민국 없어져도 괜찮다"라고 하자 김 씨는 "아니다. 살아갈 수 있다"라고 했다. 일부 시민들은 "너무 화가 나는데 소리라도 질러야 하지 않겠냐"며 김 씨 주장을 반박했다.

이날 집회에 참석한 60대 후반 남성은 "내가 부산에서 새벽 6시 차 타고 여기 왔다. 나는 그간 전국 탄핵 반대집회에 내 사비를 들여 다녔고, 대학생 시국선언 하는데 후원금도 보태고, 유튜브들 후원도 참 많이 했다. 내가 폐암 걸려서 수술하고 나서 담배를 끊었는데 담배도 많이 늘었다. 내가 살면 얼마나 살겠나. 전부 내 손주들 때문에 나와서 하는 거다. 내 자식들은 진짜 고생해야 한다. 야당이 주도하는 세상을 살 수 없다"며 더불어민주당을 비판하는 발언을 계속 쏟아냈다.

이들 말고도 윤석열이 파면되는 순간 안국동에 모인 윤석열 극렬 지지자들은 모두가 분노와 허탈함을 보였고 일부 참가자는 소리를 지르고 오열했다. 파면 결정이 나올 것을 전혀 예상 못한 분위기였다. 그들은 문형배 헌법재판소장 권한대행이 윤석열 측의 논리를 반박하며 "그러나"라고 말할 때마다 방송화면을 송출한 전광판을 바라보며 심한 욕설을 쏟아냈다. 문형배 권한대행이 ′윤 대통령이 중앙선거관리위원회를 압수수색 하도록 하는 등 헌법이 정한 통치 구조를 무시했다′고 하자 "야이 개새끼야"라는 외침이 나왔다.

′경고성 계엄′이라는 주장이 타당하지 않다는 판단이 나오자 "미친놈아", "이새끼야", "미친새끼" 등 욕설이 곳곳에서 쏟아졌다. 비상계엄 발동으로 국회의원 일부가 국회에 진입하지 못하는 등 방해 행위가 있었다는 판단에는 "아직도 저걸 주장하네!" "거짓말!" 등 고성이 잇따랐다. 윤석열에 대한 파면을 언급하기 직전 여성 지지자들은 "어머나" "어후" "어떻게 해"라는 탄식이 흘러나왔으며, 문형배 권한대행이 "재판관 전원의 일치된 의견으로 주문을 선고한다. 대통령 윤석열을 파면한다"고 말하자 주저앉아 눈물을 흘리고 소리를 지르는 지지자들과 "미쳤다 미쳤어" "나쁜 새끼야" 등 외침도 나왔다. 어떤 지지자는 "헌법재판소 이 새끼들"이라며 "어떻게 만장일치야", "말도 안 돼" "빨갱이"라며 "8대0 좋아하네. 말도 안 돼"라고 했다. 이들은 극우 유튜브를 중심으로 윤석열이 기각되거나 각하 될 것이라고 전망했고, 이들 역시 탄핵이 인용될 것이라고 예상하지 못한 분위기였다.

윤석열은 실패한 12.3 비상계엄을 스스로가 당했지만 그는 계엄 후 4개월간 자신의 반헌법적이고 반국가적인 잘못에 대한 반성도 없이 계속 자신의 지지자들에게 난동을 부려도 좋다는 선동을 부추키면서 일부 국힘 의원들과 국민과의 전쟁을 선포하고 계속 항쟁을 했지만 어쨌든 윤석열, 그는 국민들과의 싸움에서 패사(敗死)를 했다. 국민들을 죽이고 독재정치를 하려고 기획을 했지만 그는 묘하게도 4개월만인 4월 4일, 11시(巳時)에 쓰러지면서 정치적 죽음을 맞았다.

필자가 되돌아보는 2024년 12월 3일 밤 이후, 잃어버렸던 일상을 되찾기까지 122일은 어느 때보다 긴 시간이었다. "아무 일도 일어나지 않았다", "2시간짜리 계엄이 어디있냐", "의원이 아니라 요원을 끌어내라고", "호수 위 달그림자를 쫓아가는 느낌" "계엄이 아니라 계몽령" 이라는 궤변의 황당 주장을 늘어놓았던 악한 윤석열, 이제 그가 갈 곳은 차디찬 감방(監房)뿐이다. <2025. 4. 4>